영혼의 만족을 누리고 싶은 분들의 필독서

영혼이 만족해야 성공한다.

강요셉 지음

**마음 안에 성전이 견고해야 영혼이 만족한다.
영혼이 만족해야 육체 정신 환경에 축복이 온다.**

영혼에 만족은 주님이 자신의 주인될 때 누리게 된다.
영혼이 만족해야 영육의 건강과 행복을 누릴 수가 있다.

영혼에 만족을 누리게 하는 곳은 각 교회 예배당이다.

성령

영혼이 만족해야
성공한다.

성령

들어가는 말

하나님은 "사랑하는 자여 네 영혼이 잘됨 같이 네가 범사에 잘되고 강건하기를 내가 간구하노라"(요삼 1:2). 고 말씀하십니다. 영혼은 사람의 중심입니다. 자신의 영혼을 건강하게 하시기를 바랍니다. 그러면 범사가 잘될 것입니다. 그리고 육체도 강건하게 될 것입니다. 일이 복잡하게 얽혀있습니까? 먼저 영혼을 건강하게 해보시기 바랍니다. 그러면 희한하게도 하나씩 얽힌 것들이 풀려가게 될 것입니다. 우리 사람들은 거꾸로 하고 있습니다. 육신의 건강을 위해서 얼마나 많은 노력을 기울이고 있습니까? 그리고 하는 일이 잘되기 위해서 얼마나 노력을 많이 하고 있습니까? 그러나 아쉽게도 가장 중요한 영혼의 건강관리를 소홀히 하고 있습니다.

그 결과는 무엇입니까? 마음은 비어있고 우울하고 정신적인 질환에 시달리고, 인간관계는 좋지 않고, 무엇인가 바쁘게 살고 많이 얻는 것 같은데, 가서 보면 힘들고 우울하고 마음은 비어있습니다. 그 이유가 무엇인지 아십니까? 영혼에 주인이 없고 비어있기 때문입니다. 영혼을 중요하게 생각하고 관리해야 합니다. 우리는 육체의 건강관리를 하듯이 영혼의 건강관리를 해야 합니다. 하나님은 육체의 건강이 아니라 영혼의 건강 상태를 보십니다. 사무엘상16장 7절에 "여호와께서 사무엘에게 이르시되 그의 용모와 키를 보지 말라 내가 이미 그를 버렸노라 내가 보는 것은 사람과 같지 아니하니 사람은 외모를 보거니와 나 여호와는 중심을 보느니라 하시더라" 여기서 중심이란 영혼을 뜻합니다. 우리 마음이 육체의 상태를 살피고 약해졌으면 조치를 취하듯이, 우리 마음이 영혼의 상태를 살피고 약해졌으면 강건하기 위한 조치를 취해야 합니다. 영혼이 건강하지 않으면 행복한 생활도 불가능하기 때문입니다.

이 책에는 영혼이 강건하지 못했을 때 일어나는 현상과 조치해야하는 방법들을 상세하게 제시하고 있습니다. 영혼의 건강을 위하여 실제적으로 적용할 수 있는 방법을 실제적으로 제시했습니다. 영혼이 만족해야 육체도 건강합니다. 정신도 건강합니다. 환경도 좋아집니다. 물질적인 복도 따라옵니다. 크리스천들이여 이 책을 통하여 영혼을 잘 관리하여 하나님의 뜻인 이땅에서 천국을 누리고 아브라함의 복을 받으면서 하나님의 나라를 건설하는 군사로 쓰임을 받다가 영원한 천국에 입성하시기를 바랍니다.

주후 2016년 1월 10일
충만한 교회 성전에서
저자 강요셉목사.

세부적인목차

1부 영혼의 만족이란?

1장 영혼의 만족이 지고선인 이유

(벧전 1:9)"믿음의 결국 곧 영혼의 구원을 받음이라"

하나님의 뜻은 예수님을 믿고 예수님 안에 들어온 성도들의 영혼이 하나님으로 만족하는 것입니다. 하나님의 뜻은 언제나 지고선(至高善)입니다. 지고선이란 인간 행위가 지향해야 하는 근본적 목표가 될 수 있는, 모든 종류의 도덕적 이상 가운데 최고 위치를 차지하는 것을 말합니다. 그래서 하나님의 뜻은 언제나 지고선입니다. 크리스천들이 하나님의 뜻대로 살지 않으면 영혼에 만족을 누릴 수가 없다는 것입니다. 하나님 안에서 영혼에 만족을 누릴 수가 있는 것입니다. 영혼의 만족은 마음 안에 하나님께서 주인으로 계실 때에 가능한 것입니다.

영혼의 만족이란 마음 안에 있는 영혼에 하나님으로 채워졌을 때 느끼는 영혼의 행복감입니다. 아무 이유 없이 기쁨이 내 온 마음을 사로잡고, 모든 근심이 사라지며, 세상이 전혀 두렵지 않은 평화가 자신의 온 영혼을 지배하는 상태입니다. 영혼이 만족스러우면 근심이 사라지고 평화가 찾아옵니다. 영혼에 기쁨이 넘치면 내게 닥치는 어떠한 아픔과 고통도 이겨낼 수 있는 힘이 생깁니다. 크리스천이 늙어서 영원한 천국에 입성할 때까지 이런 영혼의 만족을 누리는 것은 하나님의 축복입니다. 하나님은 모든 크리스천들이 영혼에 만족을 누리기를 소원하십니다.

일부 크리스천들이 명성이 있고 능력이 있다는 목회자에게 영혼의 만족을 찾으려는 분들이 있습니다. 이런 분들은 예수님이 말씀하신 "예수께서 이르시되 너희가 사람의 미혹을 받지 않도록 주의하라"(막13:5). 를 바르게 이해해야 할 것입니다. 이 말씀은 보이는 예수님도 미혹의 대상이 될 수 있다는 말씀으로도 이해할 수 있습니다. 제자들도 미혹을 당하여 예수님이 십자가에서 해 받으시자 모두 본업으로 돌아갔습니다. 하나님은 영이시기 때문에 보이는 사람에게서 무엇을 얻으려고 한다면 이처럼 미혹을 당할 수가 있다는 것입니다. 그런데도 많은 크리스천들이 명성이 있고, 능력이 있다는 목사님으로부터 무엇을 얻으려고 합니다.

보이는 목사님의 설교를 이성, 지성, 머리로 이해하고 들어서 영혼의 만족을 누리려고 합니다. 이렇게 보이는 사람에게 영혼의 만족을 얻으려고 하니, 보이지 않는 하나님께 관심을 두지 못합니다. 자신 안에 계신 하나님께 관심을 두지 않으니 영혼에 만족을 누리지 못하는 것입니다. 영혼이 만족함을 누리지 못하니 이교회 저 교회를 방황하여 설교 말씀을 들으면서 설교 비평을 합니다. 기도원에 가서 은혜를 받으면 며칠이 지나면 또 갈급해집니다. 하루 종일 인터넷 설교를 들어도 영혼의 만족을 찾지 못합니다. 하루 종일 리모컨을 들고 TV채널을 돌리면서 방송설교를 들어도 영혼이 만족을 느끼지 못합니다. 영혼에 만족을 채워주시는 분은 자신 안에 계신 하나님이십니다. 자신 안에 하나님께서 주인이 되어 계실 때 밖에서 들리는 말씀이 깨달아지니 영혼에 만족함을 누리며 살아갈 수가 있는 것입니다. 자신 안에 주인으로 계시는 하나님으로부터 영적인 능력이 영-혼-육으로 흘러넘치는 상태가 영혼의 만족을 느끼는 상태입니다.

사람은 영적인 존재이므로 진리(예수님)를 만났을 때는 완전한 만족을 느낍니다. 이 예수님이 마음 안에 주인으로 좌정하고 계실 때 일시적이고 간헐적인 만족이 아닌 영원한 만족입니다. 후회함이 없는 만족입니다. 땀을 흘렸을 때 기쁨을 맛보는 것과 유사합니다. 땀이 나는데 좋아할 리가 없지만 진정으로 땀을 흘리게 되면 몸도 마음도 만족합니다. 이처럼 진리는 찾고 따를 때 육체적으로나 심적으로는 힘들고 짜증나지만 영혼의 만족을 얻습니다. 영(靈)의 지배아래 마음과 정신이 있는데 마음이 편안하다고 하여 '영혼'이 편안한 것이 아니고, 육체가 편안하다고 하여 마음이 굳이 편안하지 않는 것처럼, 마음과 육체가 편안하다고 할지라도 '영혼'이 편안하지 않기 때문에 진정한 만족을 맛보지 못합니다. 사람은 영적인 존재이기에 마음과 육체에 거슬려 행한다하더라도 일마동안 '영혼'은 편안할 수 있습니다. '영혼'이 편안하면 진정한 기쁨과 만족이 임합니다. 신앙은 이와 같은 원리를 통해 우리에게 다가옵니다. '영혼'은 진리로 인해 기뻐하고 만족해합니다. 성령으로 진리를 깨달을 때 비로소 '영혼'은 자유 함을 느낍니다. 진리를 깨닫는 만큼씩 영혼에 만족을 누릴 수가 있습니다. 진리를 깨닫는 것은 성령으로 자신이 장악된 증거가 되기 때문입니다. 영혼에 만족을 누리려면 진리를 깨달으려는 영적인 활동을 지속적으로 해야 합니다. 노력하지 않으면 영혼에 만족을 누릴 수가 없습니다.

영혼의 만족함이란 한마디로 자신의 영혼 안에 하나님으로 가득 채워진 상태를 말합니다. 마음은 사고의 판단에서 자기의 해석을 따라 이기적이고 부분적으로 만족을 누린다면 '영혼'은 절대적이고 보편적으로 만족을 누리는데 이것은 진리를 통해 옵니다. 그 진리는 곧 예수 그리스도이십니다. 그분에 대한 지식을 통해 우리의 '영혼'은 마침내 점진적으로 만족에 이릅니다. 그 진리이신 그리스도를 오늘도 만납니다. 영혼의 만족은 진리이신 예수님을 만나 마음 안에 주인으로 모셔야 누리게 되는 것입니다. 예수님으로 채워져야 누리게 됩니다.

그럼 영혼이란 무엇일까요? 이 문제는 다양한 주장과 관점이 있습니다. 많은 철학자들이 이 문제를 언급했고 많은 학자들이 '이것이다' '저것이다' 답을 했습니다. 그러나 영혼이 무엇인지를 제일 잘 아시는 분은 창조주 하나님이십니다. 그러기에 창조주 하나님이 하신 말씀, 즉 성경에서 영혼에 대해 어떻게 말하는지를 살펴보는 것이 가장 좋은 방법입니다.

첫째, 영혼이란 하나님께서 인간에게만 주신 선물이다. 인간과 동물을 생물학적으로, 그리고 해부학적으로 비교를 해봅니다. 공통점은 감각기능을 같이 가지고 있다는 것입니다. 사람이나 동물이나 시각, 청각, 후각, 미각이 있습니다. 또 호흡기 기관을 같이 가지고 있습니다. 코와 허파를 다 같이 가지고 있습니다. 물고기가 물속에서 어떻게 공기를 걸러내어 산소를 취하는지는 신비한 것이지만 어떻든 호흡기가 있습니다. 그리고 소화기 계통의 기관을 다 같이 가지고 있습니다. 입이 있고 위와 내장이 있어 소화를 시킵니다.

그리고 배설과 관련된 기관을 다 같이 가지고 있습니다. 중요한 것은 본능도 있다는 것입니다. 생리적인 본능이 같습니다. 식욕, 배설욕, 성욕, 수면욕…. 그리고 심지어 심리적인 본능도 같습니다. 소유욕(물질욕), 권세욕, 명예욕이 있습니다. 사람이나 동물이 다 갖고 있습니다. 이처럼 동물과 사람은 외적으로나 내적으로나 가질 것은 다 가지고 있다는 점에서도 같습니다. 그러나 중요한 한 가지가 다른 것이 있습니다. 그것이 무엇인지 아십니까? 영혼입니다. 동물에게는 영혼이 없습니다. 그런데 사람에게는 영혼이 있습니다. 하나님이 사람을 창조하실 때 직접 주신 선물입니다.

창세기2:7절에 보세요. "여호와 하나님이 땅의 흙으로 사람을 지으시고 생기를 그 코에 불어넣으시니 사람이 생령이 되니라"했습니다. 하나님이 사람에게 불어 넣으신 '생기' 이것이 사람과 짐승의 근본적인 차이입니다. 하나님이 동물을 만드실 때는 그냥 말씀으로 "있을지어다" 하셨습니다. 그래도 살아 움직이며 돌아다녔습니다. 그런데 사람은 흙으로 만드시고는 생기를 그 코에 불어 넣으신 것입니다. 여기 하나님의 '생기'가 들어옴으로 사람의 '생령', 즉 살아있는 영혼을 가진 존재가 되었습니다. 할렐루야! 그러기에 사람의 영혼은 창조주 하나님이 인간에게만 주신 선물입니다. 그래서 인간은 만물의 영장이라고 하는 것입니다. 참으로 대단히 영광스러운 존재입니다.

둘째, 살아있는 존재이다. 하나님은 흙으로 사람을 만드시고 생기를 불어넣으셨습니다. 그래서 사람의 육신의 재료는 흙입니다. 그래서 창세기3:19절 "네가 흙으로 돌아갈 때까지 얼굴에 땀을 흘려야 먹을 것을 먹으리니 네가 그것에서 취함을 입었음이라 너는 흙이니 흙으로 돌아갈 것이니라 하시니라"하셨던 것입니다. 그런데 그냥 흙이 아닌 하나님이 주신 생령을 받은 존재입니다. 그러기에 이 영혼은 우리 육신 속에 살아있는 것입니다.

문제는 우리 영혼이 죄로 말미암아 죽었다는 것이 문제입니다. 에베소서 2장 1절을 아시지요? "그는 허물과 죄로 죽었던 너희를 살리셨도다." 그리고 에베소서 4장 4절 이하를 보세요. "긍휼이 풍성하신 하나님이 우리를 사랑하신 그 큰 사랑을 인하여, 허물로 죽은 우리를 그리스도와 함께 살리셨고(너희는 은혜로 구원을 받은 것이라)" 원래 우리 영혼은 살아있는 존재인데 죄가 우리 인간에게 들어옴으로 그 죄로 말미암아 죽었습니다. 즉 하나님과 관계가 단절됨으로 죽었던 것입니다. 그런데 긍휼이 풍성하신 하나님이 우리를 사랑하시어 죽은 우리를 그리스도와 함께 살리셨습니다. 우리가 노력하고 힘써서 된 것이 아니고, 하나님의 은혜로 죽었다가 살아 난 것입니다. 이것이 구원입니다.

그래서 우리가 예수님을 믿어 구원을 받은 것은 우리의 영혼이 소생하여 살아 있는 존재가 된 것입니다. 그러나 아직도 믿지 않는 사람들은 영혼은 있으나 죽은 영혼입니다. 그래서 우리가 복음을 전하면 그 복음이 전해질 때 그를 믿게 하시는 하나님의 은혜로 구원을 얻는데 그때 영혼이 소생하는 것입니다. 그래서 우리에게 주어진 영혼은 '생령'입니다. '살아있는 영혼'입니다. 살아있는 영혼은 하나님의 입에서 나오는 말씀으로 삽니다.

이해를 돕기 위해 예를 들어 설명해 봅니다. 예를 들면 컴퓨터를 조립한다고 가정해 봅시다. 컴퓨터에는 많은 부품들이 있습니다. 이 부품들은 마치 사람의 인체의 臟器(장기)와 같습니다. 실제로 중국에서는 컴퓨터를 電腦(땐노)라고 합니다. 하드는 뇌라고 할 수 있습니다. 자판은 입이고, 모니터는 눈이고…. 그런데 각종 부품으로 조립을 다 하였다고 컴퓨터가 작동하나요? 아닙니다. 그곳에 전기를 넣어야 합니다. 그래야 작동합니다. 그렇듯이 흙으로 사람을 지으신 하나님께서 하나님께로부터 흐르는 강력한 전류를 코에 불어넣으셨습니다. 그게 생기입니다. 하나님의 영입니다. 그랬더니 사람이 생령이 된 것입니다.

그리고 아무리 좋은 컴퓨터라도 전원을 빼버리면 한순간 작동을 멈추게 됩니다. 그야말로 죽은 존재가 됩니다. 그것처럼 우리 육체 속에 영혼이 빠져 나가면 그 즉시 죽은 존재가 되는 것입니다. 이것은 이해를 돕기 위한 예입니다. 이해가 되시나요? 시편 146편 4절을 보세요. "그의 호흡이 끊어지면 흙으로 돌아가서 그 날에 그의 생각이 소멸하리로다." 여기 '호흡'을 '생기'로 번역할 수 있는 것입니다. 우리는 예수님을 믿어 구원받은 영혼인 것을 믿으시기를 축원합니다. 영혼이 살아 있음을 믿으시고 그 영혼을 하나님 앞에 바로 세우시기를 축원합니다.

셋째, 무형이지만 인격체이다. 서두에서 말한 것처럼 영혼은 형태가 있는 것이 아닙니다. 인간의 눈으로 볼 수 없습니다. 하나님이 영이시듯이 인간의 영혼도 영이기에 보이는 형체가 없습니다. 다시 말하면 물질이 아닙니다. 그러기에 무게를 잴 수 있는 것도 아닙니다. 사람의 영혼은 하나님이 주신 살아있는 존재입니다. 그래서 인간이 인격체가 되는 것입니다. 오늘 우리에게 주신 말씀을 보세요. 시편 42편 1~2절입니다. "하나님이여 사슴이 시냇물을 찾기에 갈급함 같이 내 영혼이 주를 찾기에 갈급하니이다. 내 영혼이 하나님 곧 살아 계시는 하나님을 갈망하나니." 내가 어느 때에 나아가서 하나님의 얼굴을 뵈올까 내 영혼이 갈급해 합니다. 내 영혼이 살아계신 하나님을 갈망합니다.

또 시편42편 5절도 보세요. "내 영혼아 네가 어찌하여 낙심하며 어찌하여 내 속에서 불안해하는가, 너는 하나님께 소망을 두라 그가 나타나 도우심으로 말미암아 내가 여전히 찬송하리로다." 내 영혼이 낙심하고 불안해하기도 합니다.

그리고 우리는 자기 영혼에게 말하기도 합니다. 이것은 영혼이 인격체라는 증거입니다. 더 나아가서 우리 영혼은 아픔을 느낍니다. 그리고 두려워 떨기도 합니다. 반면에 평안을 누리고 주를 찬양하기도 합니다. 이 영혼은 인간의 행동을 지시하기도 하고 하나님의 은혜를 사모하게 하고 좋은 일로 만족할 수도 있습니다. 한마디로 우리 영혼은 형태는 없으나 우리 속에 살아있는 인격체입니다. 그래서 하나님을 만나고 하나님을 느끼고 하나님을 섬기도록 하는 것입니다. 그 영혼을 우리에게 주신 하나님을 찬양하시기를 축원합니다.

넷째, 영혼이 만족할 때 느끼는 현상은 이렇다. 이는 5장에서 상세하게 설명이 됩니다. 여기서 간략하게 요약하여 설명한다면 영혼이 만족한 상태는 아무 이유 없이 기쁨이 내 온 마음을 사로잡고, 모든 근심이 사라지며 세상이 전혀 두렵지 않은 평화가 내 온 영혼을 지배하는 상태입니다. 아마 크리스천이라면 일시적이나마 이런 경험을 해본 적이 있을 것입니다.

비록 영구적인 것은 아닐지라도 그 시간만큼 내 영혼은 만족감으로 채워진 것입니다. 하나님의 마음으로 내 마음 안에 채워진 상태입니다. 이와 같이 영혼이 만족스러우면 근심이 사라지고 평화가 찾아옵니다. 영혼에 기쁨이 넘치면 내게 닥치는 어떠한 아픔과 고통도 이겨낼 수 있는 힘이 생깁니다.

성령의 이끌림으로 광야에서 사십 일 동안 굶주린 예수님께서 마귀의 유혹을 견딜 수 있었던 것도 바로 이와 같은 성령 충만함 때문이었습니다. "예수께서 성령의 충만함을 입어 요단강에서 돌아 오사 광야에서 사십 일 동안 성령에게 이끌리시며 마귀에게 시험을 받으시더라. 이 모든 날에 아무 것도 잡수시지 아니하시니 날 수가 다하매 주리신 지라 마귀가 이르되 네가 만일 하나님의 아들이어든 이 돌들에게 명하여 떡이 되게 하라 예수께서 대답하시되 기록된바 사람이 떡으로만 살 것이 아니라 하였느니라(눅 4:1-4)" 성령으로 충만할 때 영적인 만족으로 세상과 마귀를 이길 수 있는 영력이 영혼에서 나오는 것입니다. 영혼이 불만족스러울수록 육의 욕구는 강해집니다.

배가 고프면 메뉴판에 있는 어떤 음식도 맛있어 보입니다. 마찬가지로 내 영혼에 만족함이 없으면 죄 된 세상적인 것들이 자신을 유혹하기 시작합니다. 똑똑한 사람이 자꾸 유혹에 넘어져 알코올 중독, 게임 중독, 노름 중독, 인터넷 중독, 승마나 카지노의 중독에 빠지는 것은 자기 삶이 만족하지 못하기 때문입니다. 영혼의 만족함이 없는 사람은 세상적인 유혹에 취약하게 됩니다.

어느 사람이든지 하나님 안에서 영혼의 만족을 찾지 못하면 다른 어딘가에서 그것을 찾으려 합니다. 그렇기 때문에 성경은 기뻐하라는 명령이 많습니다. "여호와로 인하여 기뻐하는 것이 너희의 힘이니라(느 8:10)", "주 안에서 항상 기뻐하라 내가 다시 말하노니 기뻐하라(빌 4:4)"고 했습니다. 예수님은 산상 설교에서 영혼을 갈망하는 자가 '복이 있다'고 말씀하십니다. 복은 우리 사회가 말하는 것처럼 승자에게만 있는 것이 아닙니다.

또한 젊고 아름다운여자를 따르게 하는 돈 많고 권세 있는 사람에게만 있는 것도 아닙니다. 주름이 자글자글하는 사람에게도 복이 있고, 미혼자 에게도 복이 있고, 실패한 사람에게도 복이 있습니다. 자신에게 복이 있다함은 하나님께 사랑받고, 늘 하나님의 보호하심 속에 좋은 길로 성령의 인도함을 받는 자들을 말씀합니다. 우리 마음속을 세상 것이 아닌 우리 주님의 은혜인 신령한 것으로 가득히 채우시기 바랍니다. 그 안에는 상상할 수 없는 기쁨과 만족, 그리고 행복이 넘쳐나게 됩니다. 하나님의 말씀과 진리의 복음으로 채우지 못할 때 우리는 죄를 범하는 선악과를 따먹게 됩니다. 우리는 영혼의 만족을 위해 확신에 찬 구원의 믿음과 성령 충만한 삶으로 세상을 이기는 삶을 살아가야 합니다.

"하나님이 우리에게 주신 것은 두려워하는 마음이 아니요 오직 능력과 사랑과 절제하는 마음이니 그러므로 너는 내가 우리 주를 증언함과 또는 주를 위하여 갇힌 자된 나를 부끄러워하지 말고 오직 하나님의 능력을 따라 복음과 함께 고난을 받으라." (딤후 1:7-8). 영혼의 만족이란? 구원받은 혼과 거듭난 영이 주 안에서 기뻐하고 즐거워하며 감사하고 부활의 복스러운 소망가운데 살면서 늘 주님이 주시는 은혜를 누리는 것입니다.

반대로 영혼이 만족스러울수록 육의 욕구는 감소합니다. 물질, 권력, 명예와 같은 인간의 욕망은 영의 불만족에서 비롯되는 것입니다. 예수님이 육신의 몸으로 이 땅에 오셨을 때 항구적인 성령 충만한 상태에 계셨습니다. 아니 예수님 자신이 바로 성령님이셨습니다. 말 한 마디면 당장이라도 천하의 권력을 손에 쥘 수 있었음에도 예수님이 마귀의 유혹을 단 번에 뿌리칠 수 있었던 것 역시 성령에 이끌리셨기 때문입니다. "마귀가 또 예수를 이끌고 올라가서 순식간에 천하 만국을 보이며 이르되 이 모든 권위와 그 영광을 내가 네게 주리라 이것은 내게 넘겨 준 것이므로 내가 원하는 자에게 주노라 그러므로 네가 만일 내게 절하면 다 네 것이 되리라 예수께서 대답하여 이르시되 기록된 바 주 너의 하나님께 경배하고 다만 그를 섬기라 하였느니라(눅 4:5-8)"

물질, 권력, 명예와 같은 육의 만족은 실제로 내가 쟁취하는 양이 아닌, 내가 얼마나 영적으로 만족하느냐에 따라 좌우됩니다. 즉 영의 만족이 육의 만족을 가져오는 것입니다. 영혼의 만족함이 없으면 세상부귀영화를 누려도 만족하지 못하고 여전하게 갈급함을 느끼는 것입니다. 우리들의 주변을 보면 경제적으로 여유가 있는 크리스천들이 이 교회 저 교회로 방황을 하는 것을 봅니다. 이들은 영혼의 만족을 찾아서 방황하는 것입니다. 영혼이 만족하지 못하면 세상의 무엇을 얻어도 여전하게 갈급함을 해갈할 수가 없는 것입니다.

육적인 욕망은 그 어떤 것으로도 채워질 수 있는 성질의 것이 아닙니다. 성령 충만해질 때에야 비로소 욕망은 사라지고, 영혼의 만족이 욕망을 대치하게 되는 것입니다.

신앙은 하나님의 말씀을 정기적으로 잘 먹고 잘 자란 사람이 건강하고 높은 수준의 신앙을 유지할 수 있습니다. 하나님이 주시는 말씀보다는 세상이 주는 부스러기를 더 탐하고 굶주림을 면해보려고 껄떡거리는 사람은 그 영혼이 너무나 초라하고 파리합니다. 사람은 육신의 배부름과 만족만으로는 살 수 없는 영적인 존재입니다. 영이 말씀을 먹고 배부르기 전에는 만족함이 없습니다. 그리하여 죽을 때까지 육신을 위하여 끊임없이 이걸 먹을까 저걸 먹을까 껄떡거리다가 결국 영혼이 배고파 죽는 것이 인간의 본질입니다. 수준 높은 인격을 가지고 폼 나고 근사하게 살고 싶다면, 하나님이 주시는 영생의 말씀을 먹고 영이 배부르고 만족함을 누려야 합니다.

다섯째, 영혼이 잘되면 범사가 잘된다고 말씀하신다. 필자는 말씀과 성령으로 크리스천들의 영육을 치유하는 목사입니다. 영혼이 잘되게 하여 육체도 마음도 강건하도록 사역을 합니다. 필자는 사역을 하면서 체험하는 것이 있습니다. 영혼이 정상으로 회복이 되니까, 육체적인 질병도 치유가 됩니다. 물론 정신적인 병도 치유가 됩니다. 요즈음 크리스천들도 얼마나 많은 분들이 우울증이나 불면증이나 공황장애 등의 정신적인 질병으로 고생을 하고 있는지 숫자로 말할 수가 없을 지경입니다. 모두 세상을 살아가기가 복잡하기 때문입니다. 그런데 이런 정신적인 병도 영혼이 제 기능을 발휘하니 치유가 되더라는 것입니다. 하나님께서 만병의 의사이시기 때문입니다.

하나님의 영광을 위하여 창조한 자는 예수 믿는 사람인데 이들은 하나님께서 특별히 택하시고 구별하신 사람이며 하나님의 영광을 위해서 만드셨다고 합니다. 하나님의 영광을 위하여 만들었으니 잘되게 되어 있습니다. 잘되는 크리스천은 하나님 안에 들어가 영혼이 잘된 사람들입니다. 하나님은 '먼저, 그의 나라와 그의 의를 구하라' 하십니다. 먼저 영혼이 잘되도록 영적인 생활을 바르게 하라는 뜻입니다. 우리가 할 일은 하나님께 영광을 돌리는 선한 일에 관심을 가지고 그것을 위해 기도하고 살라는 것입니다. 그러면 하나님께서 모두 주시겠다고 약속하셨습니다. 영혼이 만족하여 하나님의 영광을 구하는 삶을 살아가면 다음과 같은 복을 받게 됩니다.

1)우리의 육신이 건강합니다. 우리가 아무리 좋은 일을 하려고 해도 육신이 병들면 아무 일도 할 수 없습니다. 그래서 사탄은 우리를 병들게 해서 아무것도 못하게 하려고 합니다. 그러므로 예수 믿는 사람들은 하나님을 기쁘시게 하는 선한 일을 마음껏 하기 위해서 건강을 지키고 조심해야 합니다. 제가 얼마 전에 목요일 밤 집회를 마치고 집으로 돌아가 잠을 자며 기도하니까, 성령님께서 하문하시기를 "강목사 행복이라는 것이 무엇인가? 행복하려면 어떻게 해야 하는가?" 물어보시는 것입니다. 평상시 행복에 대하여 관심을 갖지 않고 있는 터라. 대답을 하지 못했습니다. 이침에 일어나서 행복이 무엇일까, 생각하면서 기도하니 이런 생각이 떠올랐습니다. "예수님 안에서 영혼의 만족을 누리면서 늙도록 하고 싶은 일을 하는 것이 행복이다." 간단한 것 같아도 복잡해집니다. 늙도록 자신이 하고 싶은 일을 하려면 먼저 건강이 따라줘야 합니다. 자기가 하고 싶어도 건강이 따라주지 않으면 할 수가 없습니다. 건강뿐만이 아닙니다. 하나님께서 함

께 해주셔야 가능한 것입니다. 즉, 영혼에 만족함을 누려야 늙도록 하고 싶은 일을 할 수가 있다는 것입니다. 영적인 문제와 정신적인 문제 때문에 일을 하고 싶어도 하지 못하는 분들이 많습니다. 모두 상처에 악한 영들이 역사하여 영적이고 정신적인 문제를 일으킨 것입니다. 영혼이 만족함을 누리려면 말씀과 성령으로 충만해야 가능합니다. 성령의 인도 하에 영적인 생활을 바르게 하지 못하면 아무리 전문적인 능력이 있다고 할지라도 할 수가 없다는 것을 필자는 여러 사람들을 치유하면서 느낍니다.

어떤 목사님이 이렇게 말씀을 하셨습니다. 충청도 어떤 교회에 집회를 갔는데 그 교회의 장로님은 큰 부자여서 맛도 볼 수 없을 정도로 음식을 많이 차려놓고 식사 대접을 하셨습니다. 그런데 그분은 그 많은 음식들을 먹을 수가 없는 것입니다. 건강하지 못해서 미음만 조금 먹을 뿐이었습니다. 돈이 많아도, 공부를 많이 해도, 기술이 있어도 건강을 잃어버리면 아무 쓸 데가 없습니다. 육신이 병들고 몸이 망가지면 모두 끝나는 것입니다. 건강한 것에 감사하시고 영혼을 관리하시기 바랍니다. 성령의 인도를 받으면서 영적인 생활을 바르게 하여 영혼이 만족함을 누려야 육체도 강건합니다.

2)영혼이 만족하면 마음이 건강합니다. 육신의 건강보다 더 중요한 것이 마음의 건강입니다. 아무리 육신이 건강해도 마음이 병들고, 삐뚤어졌고, 음란하고, 악하다면 그 몸으로 무엇을 하겠습니까. 건강이 아무 쓸데가 없습니다. 마음이 병

들면 육신의 건강 때문에 더 저주받을 짓을 하는 것입니다. 그러므로 마음의 건강이 중요합니다. 그러므로 우리는 하나님을 기쁘시게 하고 하나님께 영광을 돌리는 삶을 살기 위해서는 마음이 건강해야 합니다. 마음이 건강한 사람은 항상 좋은 생각을 합니다. 생각은 마음을 타고 들어옵니다. 항상 마음으로 기도하여 하나님을 기쁘시게 하는 생각만 하시기 바랍니다.

성령으로 충만하여 좋은 생각을 하면, 말도 행동도 좋은 것만 하게 되어서 좋은 사람이 됩니다. 좋은 마음을 가지고 살면 행복하게 삽니다. 그런데 가장 건강하고 좋은 마음은 예수님의 마음입니다. 그래서 빌립보서 2장 5절 "너희 안에 이 마음을 품으라 곧 그리스도 예수의 마음이니"라고 했습니다. 예수님의 마음을 품으라고 말씀하십니다. 그런데 영혼에 만족을 누리지 못하면 예수님의 마음을 품지 못하도록 귀신들이 방해한다는 것입니다. 우리가 착한 마음, 의로운 마음, 진실한 마음, 너그러운 마음, 겸손한 마음으로 살면 건강한 마음의 소유자가 되는 것입니다.

반대로, 사탄의 마음은 악하고 불의하고 거짓됩니다. 잔인하고 교만합니다. 그래서 사탄은 악한자이고 살인자이고 거짓말쟁이요 거짓의 아비라고 요한복음 8장 44절에 말씀하고 있습니다. 우리가 마음이 병들어서 좋지 못한 생각을 가지고 살면 불행하게 됩니다. 아무리 상황이 좋지 않아도 부정적인 생각을 하지 말고, 긍정적인 생각을 하시기 바랍니다. 어떤 목사님이 신학대학 동기의 이야기를 한 적이 있습니다. 그의 동기가 하는 말이 "우리 집안에는 40세 이상 산 사람이 하나도 없어서 나도 40세 이전에 죽을 것이다."라고 했다는 것입니다. 그런데 그가 말한 대로 그 동기도 40세가 되기 전에 죽었다고 합니다. 그의 부정적인 생각이 그를 지배한 것입니다. 인생은 말의 지배를 받습니다. 마귀가 주는 부정적인 생각으로 무장되어 부정적인 말을 하면 생각과 말에 얼마나 힘이 있는지, 부정적인 사람이 되어서 그런 인생으로 끝이 나는 것입니다.

조급한 마음도 갖지 말아야 합니다. 불안감, 고독감, 소외감, 버림받았다는 생각을 가지면 안 됩니다. 어느 저명한 소아과 전문의는 체중 미달의 연약한 어린아이를 치료하는 특별한 방법을 알고 있었습니다. 그래서 그런 아이의 부모에게 이 아이는 세 시간마다 사랑을 받아야 할 아이라고 말했다고 합니다. 그래서 이 아이에게 사랑의 표시를 많이 하는 것이 치료방법이라는 것입니다. 애정이 필요한 것은 갓 태어난 아기뿐만이 아닙니다. 의사들은 우리의 신체적인 질병의 대부분이 불안감이나 고독감, 소외감, 버림받았다는 마음에서 기인한다는데 의견을 일치하고 있습니다. 우리가 마음을 잘못 다스리면 병이 온다는 것을 기억하고 언제나 좋은 생각과 마음을 갖기 바랍니다.

특히 원망하는 마음, 부모나 배우자, 자식을 원망하면서 사는 것은 안 좋습니다. 그런 마음으로 사는 사람은 실패하고 망하고 불행한 사람이 됩니다. 원망의 반대가 감사하는 마음입니다. 영적인 생활을 바르게 하여 영혼이 강건하여 감사하는 마음으로 살면 마음이 행복하고, 기쁘고, 몸도 좋아집니다.

결론적으로 영혼이 잘되면 육도 건강하고 마음도 건강도 하지만, 영혼이 건강하도록 유지를 잘하는 것이 더 중요합니다. 영혼이 건강하고 은혜를 받아 성령 충만한 사람들은 마음도 건강해지고, 육신도 건강해져서 모든 복이 따라오는 것입니다. 하버드 의과대학 벤슨 교수의 연구에 의하면, 신앙인은 비 신앙인보다 훨씬 더 건강하고 오래 산다는 것입니다.

질병의 60~90%는 육체적 문제가 아니라 마음의 문제, 곧 스트레스에서 오는 현상입니다. 심장수술을 받은 232명 가운데 살아남은 환자를 조사하니 신앙인이 비 신앙인보다 세 배나 많았고, 심장혈관 병으로 죽은 경우도 신앙인은 비 신앙인보다 절반밖에 안되었습니다. 그리고 신앙인과 비 신앙인의 자살률은 4배나 차이가 난다고 합니다. 정기적으로 예배를 잘 드리며 영적인 생활을 바르게 하는 사람은 불면증의 75%가 정상화되고, 불임증이 있는 여자들이 35%나 임신을 하고, 습관적으로 통증을 제거하기 위해 먹던 진통제도 34%나 감소된다고 합니다.

그래서 5년 동안의 연구결과에 의하면 신앙생활을 잘하는 사람은 그렇지 않은 사람보다 더 좋은 건강을 누리고, 발병했을 때에도 훨씬 더 빠른 회복이 온다는 사실이 증명되었습니다. 특히 기도생활을 하는 것은 스트레스 호르몬에 좋은 영향을 주고 혈압을 낮추어 주며 편안하게 하고 심장박동수와 호흡조절과 그 외, 건강에 많은 유익을 준다고 합니다.

2장 영혼은 무엇으로 만족하나?

(전 6:7-12)"사람의 수고는 다 자기의 입을 위함이나 그 식욕은 채울 수 없느니라. 지혜자가 우매자보다 나은 것이 무엇이냐 살아 있는 자들 앞에서 행할 줄을 아는 가난한 자에게는 무슨 유익이 있는가, 눈으로 보는 것이 마음으로 공상하는 것보다 나으나 이것도 헛되어 바람을 잡는 것이로다. 이미 있는 것은 무엇이든지 오래 전부터 그의 이름이 이미 불린 바 되었으며 사람이 무엇인지도 이미 안 바 되었나니 자기보다 강한 자와는 능히 다툴 수 없느니라. 헛된 것을 더하게 하는 많은 일들이 있나니 그것들이 사람에게 무슨 유익이 있으랴. 헛된 생명의 모든 날을 그림자 같이 보내는 일평생에 사람에게 무엇이 낙인지를 누가 알며 그 후에 해 아래에서 무슨 일이 있을 것을 누가 능히 그에게 고하리요."

사람은 영적인 존재로서 영혼의 만족을 얻어야 행복합니다. 오늘 말씀에서 전도자는 어리석은 인생을 살아가는 사람들의 모습을 지적합니다. 사람은 물질로는 결코 영혼의 참다운 만족을 얻을 수 없습니다. 사람은 사람으로부터 영혼의 참다운 만족을 얻을 수 없습니다. 사람은 결코 종교심이나 행위 그리고 다양한 종교의 가짓수로 영혼의 참다운 만족을 얻을 수 없습니다. 사람은 명예를 통해서 역시 영혼의 참다운 만족을 얻을 수 없습니다. 사람은 과학의 눈부신 발전으로 영혼의 만족을 얻을 수 없습니다. 사람은 제 아무리 막강한 권력으로도 영혼의 참 만족을 절대로 얻을 수 없습니다.

사람들에게는 이런 불치의 병이 있습니다. 육신의 만족이 곧 영혼의 만족으로 알고 착각한다는 점입니다. 육신의 만족이 영혼의 만족으로 이어지는 식의 연속성은 절대 없습니다. 하긴 어리석기 짝이 없는 우리 사람들은 육신의 만족과 영혼의 만족이 무엇인지? 그 차이점도 모르고 사는 존재들인지도 모릅니다. 영혼의 진정한 참 만족을 그것도 영원히 얻어서 누리려면 믿고 구원받은 성도의 불변의 신랑이신 주님을 남편으로 모시고 그분과 사랑과 신뢰와 섬김의 관계를 맺어야 합니다. 우리 크리스천들은 지금 육신의 만족과 영혼의 만족을 동시에 누리는 행복한 자들입니다.

육신의 만족이란? 우리의 몸은 성령이 거하시는 하나님의 성전 된 몸으로 하나님께 몸을 드리는 산 제물이기 때문이고, 의의 도구로 사용되기 때문입니다.

영혼의 만족이란? 구원받은 혼과 거듭난 영이 주 안에서 기뻐하고 즐거워하며 감사하고 부활의 복스러운 소망가운데 살면서 늘 자신의 영혼에 하나님으로 채워진 상태입니다.

사람의 욕구는 이렇게 세분하여 설명이 가능합니다.

첫째, 식욕이다. 전도서 6장 7절에 "사람의 수고는 다 그 입을 위함이나 그 식욕(영혼)은 차지 아니하느니라." 아담이 죄를 지은 후에 인간은 수고를 하고 땀을 흘려야만 먹고 살 수 있는 존재가 되어버렸습니다. 그래서 사람들은 싫던 좋던 일을 하면서 살아갑니다. 가끔 하나님을 모르는 사람들에게 일하는 거 재미있으세요? 라고 물어보면 자주하는 듣게 되는 말이 있습니다. "뭐 재미있어서 하나. 다 먹고 살려고 하는 짓이지." 오늘 전도자가 첫 번째로 지적하는 인생의 어리석음이 바로 이 먹고 사는 것이 인생의 전부인 줄만 알고 육신의 배고픔만을 채우려고 노력하며 살아가는 것입니다. 사실 먹는 문제는 정말 중요합니다. 먹지 않으면 죽기 때문입니다. 하지만 인간이 먹을 것을 얻기 위해서만 살다보면 어느새 정말 먹기 위해서 사는 존재가 되어버립니다. 하지만 인간은 먹기 위해 사는 존재가 아니라 살기 위해 먹는 존재입니다. 제가 아이를 키우면서 알게 된 것이 아이도 살아남으려는 욕구가 대단하다는 것입니다. 아이가 이 살려는 욕구를 무엇으로 표현합니까? 바로 식욕입니다. 그 조그만 녀석이 먹을 것만 보면 눈이 반짝거립니다. 그리고 먹고 싶은데 안주면 빽빽 소리를 지르고 아주 난리가 납니다. 이런 아이의 모습을 보면서 아 인간의 욕심이 먹는 것에서 시작되는구나 하는 생각을 해보았습니다. 그렇다면 이 식욕이 왜 위험합니까? 식욕은 이 땅에서 살아남으려는 욕망입니다. 그래서 식욕이 강할수록 이 땅에 대한 애착이 더 강해질 수밖에 없습니다. 고난 주간을 맞이해 금식을 하신 분들이 많이 계십니다. 저희가 왜 금식을 합니까? 단순히 음식을 끊어 배고픔을 경험해서 예수님이 받으신 고난을 따라해 보는 것은 우리가 하는 금식의 참목적이 아닙니다. 음식은 이 땅의 삶을 대표합니다. 그렇다면 금식이 무슨 의미가 있습니까? 생명에 대한 욕구, 이 땅에 대한 욕심과 욕망을 절제하는 것입니다. 이 땅에 대한 애착을 끊고 하늘에 소망을 두는 것을 연습하는 것입니다. 이 말씀을 준비하면서 예수님이 왜 먼저 40일 금식으로 공생애를 시작하셨을까 다시한번 생각해 보았습니다. 육체를 가진 인간의 가장 근본적인 욕구가 식욕입니다. 예수님은 죄가 없으신 분인데 예수님도 시장함을 느끼셨습니다. 식욕이 있으셨던 것입니다. 그렇다면 우리가 무엇을 알 수 있습니까? 어떤 욕구 자체가 죄는 아니라는 것입니다. 살아가기 위해서 식욕도 필요하고 생명을 낳기 위해서 성욕도 필요하고 또 가정을 지키고 선한 일을 하기 위해 일해서 돈을 벌고자 하는 욕심도 필요합니다. 이러한 욕심 자체는 절대로 죄가 아닙니다. 그렇다면 이 욕심이 언제 죄가 됩니까? 야고보서는 욕심이 잉태한 즉 죄를 낳고 라고 말합니다. 욕심이 잉태한다는 것은 무슨 말입니까? 내 안에 필요 이상의 욕심을 품고 살아가는 것입니다. 요즘 TV를 보면 맛있는 음식점을 찾아다니면서 보여주는 프로그램이 있습니다. 사람들이 그 프로를 보면서 좋아합니다. 사실 세상에서 제일 추잡한 것이 남들 먹는 것을 구경하는 것인데 그 추잡한 행동을 좋다고 하고 있는 것입니다. 맛있는 것을 먹기 위해 해외로 여행을 떠나는 사람들도 있다고 합니다. 문제가 무엇입니까? 이런 사람들의 마음속에 품고 있는 것이 이 땅의 음식이라는 것입니다. 머릿속에는 온통 음식에 대한 욕심으로 가득차 있는 것입니다. 오늘 전도자가 지적하는 것이 무엇입니까? 이런 인생은 정말 어리석은 인생이라는 것입니다. 왜 그렇습니까? 그렇게 열심히 먹어도 식욕을 채울 수 없기 때문입니다. 그런데 여기 식욕은 원어를 보면 '영혼'이란 뜻이 있습니다. 무슨 말입니까? 열심히 이 땅의 음식으로 욕망을 채우려 해도 영혼을 만족케 할 수는 없다는 것입니다. 그렇다면 영혼은 무엇으로 만족케 됩니까? 바로 하나님의 생명의 말씀으로 만족케 됩니다. 예수님은 식욕에 대해서 마귀에게 시험받으실 때에 "사람이 떡으로만 살 것이 아니요 하나님의 입에서 나오는 말씀으로 살 것이니라."는 말씀으로 이겨내셨습니다. 예수님은 결코 우리의 삶에서 떡의 필요성을 부정하지 않으셨습니다. 하지만 진정 영혼의 만족을 얻으려면 떡만으로는 안 된다고 말씀하십니다. 그리고 우리의 영혼을 채워주시기 위해 자신이 직접 생명의 떡이 되어주셨습니다. 늘 하나님의 말씀을 열심히 사모하셔서 영혼의 만족을 누리시는 성도님들이 되시기를 간절히 바랍니다.

둘째, 지식에 대한 욕구이다. 전도서 6장 8절은 "지혜자가 우매자보다 나은 것이 무엇이뇨 인생 앞에서 행할 줄을 아는 가난한 자는 무엇이 유익한고" 전도자는 인생에 나타나는 두 번째 어리석음을 지적합니다. 바로 지식에 대한 욕구입니다. 지식에 대한 욕구도 식욕만큼이나 강력합니다. 하지만 결국 이것도 식욕과 같은 맥락에서 이해할 수 있습니다. 지식이 중요합니다. 지식이 인간의 삶을 유익하게 하는 측면이 분명히 있습니다. 그래서 이 유익을 아는 부모들은 자식들에게 좋은 교육을 통해 가능한 한 최고의 지식을 갖게 하려고 합니다. 아시는 것처럼 우리나라는 특히 교육열이 강합니다. 자녀들의 교육을 위해서라면 빚지는 것도 감수하고 몇 년씩 헤어져 기러기 가족생활을 하는 것도 감수합니다. 정말 대단한 헌신입니다. 하지만 결국 지식도 우리 영혼을 만족시켜줄 수는 없습니다. 더욱이 지식의 특징은 교만입니다. 교만은 비교에서 오는 것인데 지식을 가진자 소위 지혜자라고 하는 사람들이 배우지 못한 사람 즉 우매자를 무시하는 경향이 있습니다. 또 유교적 영향이 아직도 남아있는 우리나라는 아직도 배운 자들에 대한 존경심이 남아있습니다. 이제는 석사, 박사가 널려있지만 아직도 많이 배운 사람들에게는 머리를 숙이는 것이 한국 사람들의 모습입니다. 하지만 당대 최고의 지혜자 오늘날로 하면 박사학위를 몇 십 개를 가지고 있을 지식의 대가인 전도자의 지적이 무엇입니까? 그 알량한 지식으로 우쭐대는 것은 아주 어리석은 짓이라는 것입니다. 말씀은 '인생 앞에서 행하는 가난한자'를 말합니다. 인생 앞에서 어떻게 행동하는 줄을 알고 있는 가난한 사람이 누구일까 생각해보니 조선시대의 가난한 선비들의 모습이 떠올랐습니다. 자기 아내와 자식들은 굶고 있는데 일할 생각은 안하고 방에서 글만 읽고 있는 모습입니다. 이 선비들은 사람들이 어떻게 행해야 할지를 알려주는 소위 예법에 대해서는 정통했습니다. 하지만 가족의 배를 곯려가면서도 일도 하지 않고 예를 논하는 선비의 지식은 어떤 의미에서 교만에 불과한 것입니다. 그래서 "유교가 죽어야 나라가 산다."라는 책을 쓴 유학자도 있습니다. 이처럼 전도자는 소위 지식을 가진자들(배웠다고 하는 사람들의) 모순을 지적합니다. 사람들이 그토록 소유하기 원하는 지식이 행복이 아니라 불행을 가져오는 모습을 지켜본 것입니다. 왜 그렇게 많은 지식을 가지고도 불행하게 살아갑니까? 하나님을 모르기 때문입니다. 그래서 우리가 가진 지식이 진정 유익한 지식이 되려면 하나님을 인정하는 것으로부터 시작되어야 합니다. 잠언 말씀은 여호와를 경외하는 것이 지식의 근본이라고 말씀합니다. 그러므로 자녀들이 공부를 열심히 해서 얻게 된 지식이 행복한 인생을 살도록 하는 유용한 지식이 되기를 원하신다면 성도님들은 무엇보다도 먼저 자녀들에게 하나님을 경외하는 것을 가르쳐주시기 바랍니다.

셋째, 소유에 대한 욕구이다. 전도서 6장 9절에 "눈으로 보는 것이 심령의 공상보다 나으나 이것도 헛되어 바람을 잡으려는 것이로다." 전도자가 지적하는 세 번째 어리석음이 바로 소유욕입니다. 여기 심령의 공상은 자신이 가지지 못한 것을 갖고 싶어서 안달하는 모습을 말합니다. 심리학 용어 중에 '욕망 이론'이란 것이 있습니다. 이론이라는 이름이 붙어서 뭐 대단한 것처럼 보이지만 사실 그 내용은 단순합니다. 쉽게 말해서 사람은 자신에게 없는 것을 욕망한다는 것입니다.

그런데 정작 자신이 욕망하던 것을 소유하게 되면 금방 시들해져서 또 다시 자신에게 없는 다른 것을 욕망하게 된다는 것입니다. 저희가 이런 모습을 어디에서 봅니까? 아이들에게서 봅니다. 아이들이 어떤 장난감을 보면 사달라고 난리를 칩니다. 그런데 정작 사주고 나면 금 새 싫증을 내면서 다른 장난감을 사달라고 조르는 것입니다. 소위 욕망이론이 무엇입니까? 이런 모습이 어른들에게도 있다는 것입니다. 단지 갖고 싶어서 안달하는 그 대상이 장난감이 아니라 돈이나 권력 또는 명예로 바뀐 것 뿐이라는 것입니다. 욕망이론은 인간을 움직이게 하는 보이지 않는 힘이 바로 이 욕망이라고 합니다. 하지만 전도자는 이 모습을 어리석음이라고 합니다. 왜 그렇습니까? 이 욕망은 하나님을 만나기 전까지는 영원히 만족될 수 없는 것이기 때문입니다. 그래서 일평생 영혼의 욕망을 채우기 위해 헤맸던 위대한 교부 어거스틴은 "내 영혼이 주님 품에 안식하기 전까지는 안식이 없었나이다."라고 고백했습니다. 지금도 수없이 많은 영혼이 자신들이 어떻게 해야 영혼의 안식을 얻을지 몰라 헤매고 있음을 우리는 알고 있습니다. 이들에게 복음을 전해서 영혼의 만족을 누리는 진리의 길로 인도하는데 힘쓰시는 성도님들이 되시기를 바랍니다.

넷째, 높아지려는 욕구이다. 전도서 6장 10절에 "이미 있는 무엇이든지 오래 전부터 그 이름이 칭한바 되었으며 사람이 무엇인지도 이미 안바 되었나니 자기보다 강한 자와 능히 다툴 수 없느니라" 이 말씀은 이처럼 잘난 척하고 어리석은 인생들 다시 말해 참으로 어리석은 인생들에게 하는 전도자의 충고입니다. 한마디로 하면 "까불지 말라는 것"입니다. 너희가 아무리 잘났어도 너희보다 강한 자가 계심을 잊지 말라는 것입니다. 그 강한 분과 싸우려고 하면 백전백패라는 것입니다. 참된 낙을 누리는 자는 그분과 싸우려고 하는 것이 아니라 그분에게 순복하는 것을 배운 사람입니다. 하나님을 경외하며 순복하는 인생이 진정 지혜로운 인생인 것입니다. 왜 전도자가 이토록 세상 사람들을 비판적이고 냉소적으로 바라봅니까? 하나님 앞에서 까부는 사람들이 너무 많기 때문입니다. 이 땅에서의 인생을 자랑하는 사람들이 너무 많기 때문입니다. 만약 어떻게 땅값이 올라서 돈을 번 졸부가 여기는 땅값이 이렇고 저렇고 삼성의 이건희 회장 앞에서 지식을 자랑하고 돈을 자랑한다면 이건희 회장의 느낌이 어떨까요? 지금 전도자의 눈에는 하나님을 모른 채 살아가는 사람들의 모습 속에서 이런 어리석음을 보는 것입니다. 이 땅에서 가장 많은 물질을 가져보고, 이 땅에서 가장 많은 지식을 가져본 전도자의 눈에는 조금 더 가진 것을 자랑하고, 조금 더 가진 지식을 자랑하는 모습이 너무 가소롭고 안타까워 보이는 것입니다. 이렇게 교만해서 까부는 인생의 특징이 너무 바쁘다는 것입니다. 전도서 6장 11절에 "헛된 것을 더하게 하는 많은 일이 있나니 사람에게 무엇이 유익하랴" 그렇게 바쁘게 살아봤자 우리 영혼에 무슨 도움이 되겠느냐는 것입니다.

　요즘 바쁜 사람들이 너무 많습니다. 할 일이 너무 많아서 기도회는 커녕 주일에 교회도 못나올 정도로 일이 많은 사람들이 있습니다. 겨우 주일예배에 참석하면서도 자신이 이 세상에서 잘 나가고 있음을 자랑하는 사람들도 있습니다. 하지만 전도자의 충고가 무엇입니까? 가장 중요한 것을 놓친 채 그렇게 열심히 해봐야 뭐가 남겠냐는 것입니다. 아무 유익이 없다는 것입니다.

　다섯째, 모든 것이 그림자 같은 헛된 인생이다. 전도서 6장 12절에 "헛된 생명의 모든 날을 그림자 같이 보내는 일평생에 사람에게 무엇이 낙인지 누가 알며 그 신후에 해 아래서 무슨 일이 있을 것을 누가 능히 그에게 고하리요." 전도자의 결론이 무엇입니까? 가만 보니까 사실 우리가 그토록 소중히 여기는 이 세상의 삶이 사실은 그림자 같은 인생이더라는 것입니다. 그림자는 실제가 아닙니다. 햇빛이 사라지면 사라져 버리는 것이 그림자입니다. 하나님이 그 은혜의 얼굴빛을 비춰주지 않으시면 그림자처럼 사라져 버리는 것이 우리 인생의 모습이라는 것입니다. 하나님을 알고 하나님이 주신 작은 것에 감사하며 하나님을 기뻐하며 사는 인생이 진정한 낙을 누리는 인생인데, 이 낙을 모르는 사람들의 너무 많은 모습을 보며 전도자는 안타까워합니다. 그래서 전도자는 이 땅을 살아가는 사람들에게 신후에, 즉 죽은 후에 이 땅에서 일어날 일은 어떤 사람도 알 수 없다고 충고합니다. 무슨 말입니까? 미래를 알 수없는 인간의 한계를 깨닫고 겸손해 지라는 것입니다. 전도자가 하나님을 모르는 어리석은 인생들에게 하는 충고가 무엇입니까? 미래를 주관하시는 분, 인생이 다퉈서 이길 수 없는 강한 분 앞에 고개를 숙이라는 것입니다. 이처럼 미래를 주관하시는 하나님께 고개를 숙이는 자의 특징이 무엇입니까? 바로 기도입니다. 당장 몇 분 후에 일어날 일도 모르는 인간의 현실을 인정하는 사람들은 미래의 주인이신 하나님께 겸손하게 머리를 숙입니다. 그리고 그림자 같은 우리의 인생을 비추고 계시는 그분의 은혜가 나와 우리의 가족 그리고 내가 사랑하는 사람들에게서 떠나지 않도록 기도합니다. 그리고 하나님은 이러한 겸손한 영혼을 기뻐하시고 축복해 주시며 그 은혜를 거두어가지 않으시는 것입니다. 우리가 어리석은 인생을 살지 않고 있는 것은 정말 하나님의 은혜입니다. 하나님께 머리를 숙이고 있는 것이 얼마나 큰 축복인지 모릅니다. 언제나 기도의 자리를 사모하셔서 이 큰 은혜 이 큰 축복을 누리시는 복된 성도님들이 되시기를 간절히 바랍니다.

여섯째, 영혼은 무엇으로 만족하는가? 우리 교회가 신조로 믿는 웨스트민스터 대요리문답 제17번을 보면 "하나님은 인간을 어떻게 창조하셨는가?"라는 질문이 나옵니다. 여기에 답이 이것입니다. 읽어보겠습니다. "하나님이 다른 모든 피조물을 만드신 후에, 인간을 남자와 여자로 창조하였는데, 남자의 육체는 땅의 먼지로 지었고, 여자는 남자의 갈비뼈로 만들었고, 그들에게 살아있고 합리적이며 불멸하는 영혼을 부여하고, 그들을 지식과 의로움과 거룩함에서 그 자신의 형상대로 만들어 하나님의 법을 그들의 마음속에 기록하며 그것을 성취할 수 있는 힘을 주어 피조물을 다스리도록 하셨으나, 타락할 수 있다" 읽어보세요. "그들에게 – 살아있고 – 합리적이며 – 불멸하는 – 영혼을 부여하고 – 그렇습니다. 우리 영혼은 하나님이 주신 것인데 살아 있습니다. 합리적입니다. 그리고 불멸하는 영혼입니다. 그렇다면 이런 우리의 영혼에는 무엇이 필요할까요?

1) 하나님의 은혜가 있어야 합니다. 예수를 믿지 않는 영혼은 잠든 영혼이고 죽은 영혼입니다. 이 영혼을 살리려면 무엇이 필요할까요? 다른 것이 없습니다. 하나님의 은혜가 있어야합니다. 하나님의 은혜로 말미암아 믿음으로 구원을 받습니다. 엡 2:8절을 보세요. "너희는 그 은혜에 의하여 믿음으로 말미암아 구원을 받았으니 이것은 너희에게서 난 것이 아니요 하나님의 선물이라" 그렇습니다. 하나님의 은혜가 없으면 우리 영혼은 소생, 즉 살아 날 수가 없습니다.

그런데 그 은혜로 우리를 살리셨습니다. 그러나 우리 영혼은 주님께서 주신 것이고 주님 것이지만 犯罪(범죄)하면 그 영혼은 죽으리라 하셨습니다. 에스겔18:4절을 보세요. "모든 영혼이 다 내게 속한지라 아버지의 영혼이 내게 속함 같이 그의 아들의 영혼도 내게 속하였나니 범죄하는 그 영혼은 죽으리라" 하셨습니다. 여기서 죽는다는 말은 없어진다는 것이 결코 아닙니다. 지옥(地獄)가는 영혼도 결코 없어지지 않습니다. 그러면 "죽는다"는 말은 뭔가요? 하나님과의 관계가 단절된다는 것입니다.

그래서 죄와 허물로 죽은 너희를 살리셨다고 할 때 죽었다는 것은 하나님과의 관계 단절입니다.

또 야고보서 5:20절을 보겠습니다. "너희가 알 것은 죄인을 미혹된 길에서 돌아서게 하는 자가 그의 영혼을 사망에서 구원할 것이며 허다한 죄를 덮을 것임이라"했습니다. 그래서 우리가 전도해야 합니다. 전도하면 그의 영혼을 사망에서 구원하는 것입니다. 허다한 죄를 덮게 될 것입니다. 할렐루야! 그래서 전도가 중요한 것입니다. 죽어가는 병자 한사람 살리는 것도 중요하나 예수 안 믿으면 다 지옥으로 갑니다. 그러나 복음으로 그 영혼을 살리면 그는 하나님 나라 백성이 되고, 영원한 복을 누리며 살게 되고, 하늘나라에서 영생을 누리는 것입니다.

2) 하나님의 말씀이 있어야 합니다. 사람의 육신의 양식은 밥입니다. 그러나 영혼의 양식은 말씀입니다. 마4:4절을 아시지요? "예수께서 대답하여 이르시되 기록되었으되 사람이 떡으로만 살 것이 아니요 하나님의 입으로부터 나오는 모든 말씀으로 살 것이라 하였느니라" 육신의 떡도 필요합니다. 그러나 우리는 영혼을 가진 존재입니다. 그러기에 하나님의 말씀이 절대적으로 필요합니다. 그래서 사슴이 시냇물을 찾기에 갈급함 같이 내 영혼이 주의 말씀을 갈급해 해야 하는 것입니다.

영적인 사람은 설교말씀을 못 들으면 갈증이 있습니다. 영적 갈급함이 있습니까? 그러면 살아있는 영혼이 있는 사람입니다. 그러나 아무리 예수를 잘 믿는 사람도 몇 달 동안 설교를 안 듣고 예배를 못 드리면 그는 곧 세상 사람과 똑같아 집니다. 그러기에 우리는 영혼을 주신 주님, 영혼을 죽이기도 하시고 살리기도 하시는 주님을 두려워해야 합니다. 마10:28절을 보세요. "몸은 죽여도 영혼은 능히 죽이지 못하는 자들을 두려워하지 말고 오직 몸과 영혼을 능히 지옥에 멸하시는 자를 두려워하라"

3) 영혼은 지속적인 관리가 필요합니다. 우리 영혼은 살아있는 인격체입니다. 그러기에 영적인 능력을 가지고 늘 경건한 삶을 살아야 합니다. 그러려면 살아 역사하는 성령님이 우리를 붙잡아 주셔야 하고 성령으로 늘 충만해야 합니다. 우리는 육체의 건강을 위해서는 운동도 하고 몸에 좋다는 보약도 먹고 별짓을 다합니다. 그런데 영혼의 관리를 잘 안합니다. 우리 영혼은 영이기에 말씀과 영력이 있어야 합니다.

그러려면 말씀으로 충만해야 하고 그리고 성령의 충만함을 받고 성령의 인도를 받아야 합니다. 그래야만 우리 영혼이 강건해집니다. 그래야만 원수 마귀를 이길 수 있는 것입니다. 당신의 영혼은 어떤 상태입니까? 혹시 말씀의 기근이 없나요? 말씀과 성령의 충만이 있나요? 말씀이 살아있고 하나님의 영이 우리 속에 거하시면 우리는 강건한 그리스도인이 되는 것입니다. 우리 속에 하나님의 영이 거하시면 우리는 육신에 있지 아니합니다. 성령의 사람입니다. 그러나 만약 우리 속에 그리스도의 영이 없다면 그리스도의 사람이 아닙니다. 그러기에 우리는 우리 속에 거하시는 그리스도의 영인 성령을 따라 행해야 합니다.

3장 영혼의 양식은 무엇이며 어디에 있을까?

(벧전2:25)"너희가 전에는 양과 같이 길을 잃었더니 이
제는 너희 영혼의 목자와 감독 되신 이에게 돌아왔느니라."

하나님은 크리스천들의 영혼이 강건하기를 소망하십니다.
당신의 영혼을 건강하게 하시기 바랍니다. 그러면 범사가 잘될
것입니다. 그리고 육체도 강건하게 될 것입니다. 일이 복잡하
게 얽혀있습니까? 먼저 영혼을 건강하게 해보시기 바랍니다.
그러면 희한하게도 하나씩 얽힌 것들이 풀려가게 될 것입니다.
우리 사람들은 거꾸로 하고 있습니다. 육신의 건강을 위해서 얼
마나 많은 노력을 기울이고 있습니까? 그리고 하는 일이 잘되기
위해서 얼마나 노력을 많이 하고 있습니까? 그러나 아쉽게도 가
장 중요한 영혼의 건강관리에 소홀히 하고 있습니다.

그 결과는 무엇입니까? 마음은 비어있고 우울하며 정신적인
질환에 시달리어 인간관계는 좋지 않고, 무엇인가 바쁘게 살고
많이 얻는 것 같은데, 가서 보면 힘들고 우울하고 마음은 비어있
습니다. 이유가 무엇인지 아십니까? 그 영혼이 비어있기 때문입
니다. 당신의 인생을 멋지고, 아름답고, 위대하게 만들고 싶습
니까? 먼저 당신의 영혼을 건강하게 하는 일에 힘쓰시기를 바랍
니다. 석가 이후 인도의 최대 지도자인 마하트마 간디도 기도라
는 힘에 격려 받지 않았다면, 자신의 기를 소진해 버렸을 것이라

말했습니다. 이는 그가 "기도가 없었다면 나는 벌써 미쳐버렸을 것이다"라고 말한 것으로 알 수 있습니다. 윌리엄 제임스도 거의 같은 말을 하고 있습니다. "신앙은 인간이 살아가는데 필요한 하나의 힘이다. 신앙이 전혀 없다는 것은 허탈을 의미한다." 이와 같은 사실에 대해서는 수천 명의 사람들이 같은 증언을 하고 있습니다. "나의 아버지도 만약에 어머니의 기도와 신앙이 없었더라면 물에 빠져 자살하고 말았을 것이다."(데일 카네기).

오늘날에는 정신의학자까지도 새로운 복음 전도자가 되었습니다. 그들은 우리에게 내세 지옥의 업화(業火)를 모면하기 위해 종교적인 생활을 보내라는 것이 아니라, 현세 지옥의 업화인 위암이라든지, 협심증이라든지, 신경쇠약, 또는 광기 등을 피하기 위해 종교적 생활을 하라고 권하고 있는 것입니다.

윌리엄 제임스가 하버드 대학의 철학교수로 있을 때 그는 "고민에 대한 최대의 처방은 신앙의 믿음이다"라고 말했습니다. 근대 심리학의 아버지인 윌리엄 제임스는 그의 친구 모머스 데이빗슨에게 다음과 같은 말을 써 보냈습니다. "나이를 먹어감에 따라 하나님 없이는 하루하루를 지내기가 더욱 어려워졌다는 것을 깨달았네." 당신의 영혼을 건강하게 하시기를 바랍니다. 문제가 꼬여있습니까? 더 열심히 하나님 앞에 기도하시기를 바랍니다. 그러면 범사가 잘되고 강건할 것입니다.

첫째, 영혼관리의 원리는 건강관리의 원리와 같다. 건강관리를 잘하기 위해 가장 중요한 것은 좋은 음식을 먹는 것입니다. 건강관리는 음식관리에 의해 결정됩니다. 좋은 음식을 먹으면 몸이 건강해지고 잘못된 음식을 먹으면 몸이 병들게 됩니다. 오늘 우리 몸의 상태는 우리가 먹어 온 음식의 결과입니다. 좋은 음식의 결과로 건강한 몸을 유지해 왔다면 계속 그 음식을 먹어야겠지만, 나쁜 음식을 먹음으로 몸이 병들게 되었다면 음식을 바꿔야 할 것입니다. 즉 과거의 음식으로 오늘 우리의 몸이 형성되었다면, 오늘의 음식에 변화를 줌으로 미래 우리의 몸을 새롭게 만들 수 있다는 말입니다.

우리의 영혼도 마찬가지입니다. 우리 영혼의 건강 상태는 우리가 지난날 섭취해 온 영혼의 양식의 결과입니다. 좋은 양식을 먹었다면 우리의 영혼이 건강하겠지만, 잘못된 양식을 먹었다면 우리 영혼은 병들어 있을 것입니다. 즉 우리의 영혼을 건강하게 유지하려면 좋은 영적 양식을 선택해서 먹어야 합니다.

어떤 의미에서 보면, 우리 인생은 먹는 것에 의해 결정됩니다. 아담과 하와의 타락은 먹는 것을 잘못 선택한 결과였습니다. 하나님은 그들에게 "선악을 알게 하는 나무의 실과를 따 먹지 말라"고 명하셨습니다. 그리고 "그것을 먹는 날에는 정녕 죽으리라"고 말씀하셨습니다. 그러나 그들은 하나님의 말씀을 무시하고 선악과를 따 먹었습니다. 그들은 자신의 인생뿐 아니라 전 인류가 비참함에 처하게 되는 결과를 낳았습니다.

선택은 결과를 낳습니다. 선택은 순간이지만 결과는 영원합니다. 그러므로 우리는 선택을 잘해야 합니다. 선악과를 따 먹었다는 것은 단순히 선악과를 따 먹은 것 이상의 의미를 가지고 있습니다. 선악과를 따 먹은 것은 불순종을 따 먹은 것입니다. 아담과 하와가 선악과를 따 먹은 것은 하나님처럼 되고자 하는 교만을 따 먹은 것입니다. 하나님의 뜻을 알고도 고의로 죄를 범하는 완악함을 따 먹은 것입니다.

예수님도 먹고 마시는 것의 중요성에 대해 가르치셨습니다. 무엇보다 예수님은 생명의 떡이십니다. 생명의 떡을 먹는 자는 영원히 목마르지 않습니다(요 6:35). 예수님의 살과 피는 참된 양식이요 참된 음료입니다(요 6:55). 예수님의 살과 피를 먹고 마실 때 영원한 생명을 얻게 됩니다(요 6:53~54).

영혼의 건강을 위해 생명의 본체이신 예수님의 말씀을 먹어야 합니다. 예수님을 증거하고 있는 모든 말씀을 먹어야 합니다. 신령한 젖을 마실 뿐 아니라 딱딱한 음식을 먹어야 합니다(벧전 2:2, 히 5:13~14). 하나님의 입에서 나오는 모든 말씀을 먹어야 합니다(마 4:4). 생명의 양식을 먹을 때는 성령으로 기도함으로 먹어야 합니다. "너희가 내 안에 거하고 내 말이 너희 안에 거하면 무엇이든지 원하는 대로 구하라 그리하면 이루리라"(요 15:7). 말씀은 성령의 임재가운데 먹어야 합니다.

성경 말씀은 쌀과 같습니다. 쌀을 그냥 먹으면 딱딱합니다. 그래서 맛있고 부드러운 밥으로 만들어 먹습니다. 이처럼 쌀과 같은 말씀으로 밥을 해 먹는 과정이 기도와 묵상입니다. 그리고 밥이 뜸이 들려면 시간이 필요한 것처럼, 영혼의 밥이 뜸이 들려면 시간이 필요한 것처럼, 영혼의 밥인 말씀을 읽고 뜸을 들이는 과정이 바로 기도와 묵상의 시간입니다.

음식을 많이만 먹는다고 좋은 것이 아닙니다. 중요한 것은 먹은 음식을 잘 소화하는 데 있습니다. 소화된 음식만이 에너지가 되고 생명이 됩니다. 반면에 소화되지 않은 음식은 우리 몸을 비대하게 만듭니다. 비만은 모든 병의 원인이 됩니다. 마찬가지로 소화되지 않은 영혼의 양식은 우리를 영적 비만으로 만듭니다. 소화되지 않은 말씀의 지식은 우리를 바리새인처럼 교만하게 만듭니다. 외식하게 만듭니다. 그래서 바울은 "지식은 교만하게 하며 사랑은 덕을 세우나니"(고전 8:1)라고 말합니다.

성경을 읽을 때 영혼의 양식으로 여기고 읽으십시오. 성경 공부 자료나 설교 자료가 아니라 영혼의 양식을 위해 읽으십시오. 지식을 위해서가 아니라 변화를 위해서 읽으십시오. 판단이 아니라 순종을 위해 읽으십시오. 사랑을 위해 읽으십시오. 성숙을 위해 읽으십시오. 예수님을 닮아 가기 위해 읽으십시오.

또한 읽은 말씀을 붙들고 기도하십시오. 깊이 묵상하십시오. 묵상하는 중에 깨달은 말씀을 삶속에 적용하십시오. 하나님의 말씀이 당신의 생각이 되고, 언어가 되고, 행동이 되고, 인격이 되도록 하십시오. 이것이 말씀이 우리 존재 속에 스며드는 과정입니다.

올바로 먹어야 올바로 자랍니다. 올바로 먹는 것은 균형 있게 먹는 것입니다. 올바로 먹는 것은 정기적으로, 규칙적으로 먹는 것입니다. 아름다운 영혼을 위해 날마다 좋은 영혼의 양식을 드십시오. 예수님이 주시는 생명수를 마시도록 하십시오(요 4:14; 7:38). 영혼의 관리는 음식관리임을 기억하십시오.

  둘째, 영혼의 양식을 어디에서 찾아야 할까? 많은 분들이 영혼의 양식은 교회에 있는 것인데 별 이상한 말을 다한다고 하실 분도 있을 것입니다. 처음부터 별 이상한 말을 다 들어보겠다고 하는 사람들도 있을 것입니다. 당연히 교회에서 찾아야지 하면서, 부릅뜬 눈을 치켜뜨고 쳐다보면서 말입니다. 그래서 필자가 한번 물어보겠습니다. 교회의 어디에서 찾고 계시느냐 말입니다. 그냥 교회의 예배에 참석하면 되는 것 아닙니까? 그래서 목사님들이 예배에 성공을 하라고 하시잖아요. 필자가 예배의 성공이 뭐냐고 묻는다면 무어라고 대답하실 것입니까? 예배의 성공이란 교회에서 시행하는 공적 예배에 빠짐없이 참석하여, 설교를 열심히 들어서 영혼의 양식을 듬뿍 채우는 것 아닙니까? 과연 그렇습니까? 필자가 생각하는 것은 그렇지 못하다는 것입니다. 왜 그렇지 못한지는 예배의 성공을 잘 아시는 분에게 질문하여 명쾌한 답변을 들어보면 된다는 것입니다.
  예배의 성공을 가장 잘 하는 분을 알고 있습니다. 이분은 깨어 있는 동안 국내의 유명한 목회자의 설교를 끊임없이 듣고 계십니다. 손에 리모컨을 들고 하루 종일 설교방송 채널을 이러저리 돌리며, 인기 있고 유명하다는 목회자의 설교를 듣고 계십니다. 그래서 설교자의 평가가 궁금하다면 이분에게 물어보면 됩니다. 이분의 설교 평가는 신학교의 설교학 교수의 수준이기 때문입니다. 그러나 궁금한 게 있습니다. 하루에 십여 편의 설교를 주야장천 듣고 있는 이분의 영혼에 양식이 가득 차 있냐는 것입니다. 영혼이 만족스러우면, 왜 끊임없이 설교방송을 이리저리 돌리고 계시겠습니까?

필자의 충만한 교회의 성령치유훈련에 자주 오시는 어떤 집사는 고등학교 교사입니다. 그런데 청소년시절부터 지금까지 예수님의 은혜와 영혼의 만족을 위하여 살아온 인생이라고 말했습니다. 그래서 시간이 넉넉한 여름과 겨울방학이 되면 충만한 교회에 찾아와 6개월 동안 사용할 영의 양식을 채운다고 하였습니다. 그래서 그 집사는 국내의 영성훈련하시는 유명한 목회자나 영성치유 센터의 영성 훈련 훈련프로그램에 대해 모르는 게 별로 없었습니다. 그래서 여름, 겨울 방학에는 어떤 훈련에 참가할까 몇 군데를 저울질을 하다가, 필자의 충만한 교회 성령 치유훈련에 참가했다고 말했습니다.

이렇듯 영혼의 양식을 채우는 방식은 사람마다 조금씩 다릅니다. 어떤 분은 유명한 목사의 설교방송을 듣는 분도 있고, 어느 분은 인기 있는 훈련 프로그램을 이수하는 분도 있습니다. 그러나 이렇게 영혼의 양식을 찾아 적극적으로 다른 데를 기웃거리지 않는 대다수의 사람들은, 자신의 교회예배에 성실하게 참석해서 설교말씀을 잘 듣고 있으면 된다고 믿고 계실 것입니다. "예수께서 대답하여 이르시되 이 물을 마시는 자마다 다시 목마르려니와 내가 주는 물을 마시는 자는 영원히 목마르지 아니하리니 내가 주는 물은 그 속에서 영생하도록 솟아나는 샘물이 되리라"(요4:13,14).

위의 말씀은 남들의 이목을 피해 뜨거운 한 낮에 물을 길러온 수가성 여인에게 하신 예수님의 말씀입니다. 예수님의 말씀의 요지는, 예수 그리스도를 통해 성령이 주시는 생수의 강을 퍼서 마시면 다시는 목마르지 않을 것이라는 말씀입니다.

굶주리고 목마른 자신의 영혼의 양식을 채우기 위해 성령이 주시는 생수의 강물을 퍼마시고 계신가요? 아쉽지만 자신이 즐겨 듣는 설교나 영성센터나 영성훈련프로그램은 성령이 주시는 생수가 아니라, 원재료를 가공하여 입맛에 맞게 맛깔스럽게 가미를 해서 아름답게 포장된 일회용 가공식품일 뿐입니다. 이 양식을 먹으면 쉬 배가 고프게 되며 영양가도 보장되지 않습니다. 귀를 간질이는 설교가 그렇고, 감정을 터치해주고 들뜬 분위기를 조장하여 감정을 격앙시키는 예배나 기도회가 그렇습니다. 이런 곳에서 양식을 찾는 사람은 예배나 훈련 프로그램이 끝나자마자 배가 고파, 또 다른 설교나 훈련 프로그램을 찾아다녀야 합니다.

한마디로 말씀드리자면, 자신의 주린 영혼을 끊임없이 채워주는 공급원은 유명목사의 설교나 신앙서적이나 인터넷 카페의 글, 선교단체의 훈련프로그램이 아닙니다. 그런 곳을 찾아 기웃거리면 기웃거릴수록, 자신의 영혼은 핍절할 것이며 더욱 목이 마를 것입니다. 자신의 영혼을 만드신 분을 찾아야 더 이상 주리고 목마르지 않으며 지극히 만족스러울 것입니다. 그게 바로 성령을 자신의 마음속에 모시는 일입니다. 성령님을 주인으로 모시고 그분으로부터 올라오는 영혼의 양식으로 만족하는 것입니다. 그러나 사람들은 성령이 내주하는 깊은 영의기도와 말씀의 습관을 들여, 성령과 깊고 친밀한 교제를 할 생각이 없이, 귀를 간질이는 설교나 감정을 격앙시키는 예배프로그램을 찾아다니고 있습니다.

"그들이 선견자들에게 이르기를 선견지 말라 선지자들에게 이르기를 우리에게 바른 것을 보이지 말라 우리에게 부드러운 말을 하라 거짓된 것을 보이라(사30:10)" 이사야 시대의 이스라엘 백성들도 그랬습니다. 하나님의 말씀을 찾아다닐 생각이 없이, 자신들이 듣기 원하는 것들을 이리 저리 찾아다녔습니다. 그래서 바른 말을 하는 예언자들을 핍박하고 박해하였으며, 자기들의 입맛에 맞게 말하는 예언자들을 쫓아다니며 그들의 달콤한 말을 즐겨 들었습니다.

작금의 우리네 교회의 양들도 그렇습니다. 자기의 귀를 간질여주며 세속적인 축복을 마구 퍼부어주는 설교를 즐겨 듣고, 각종 악기로 분위기를 달구며 감정을 터치하는 찬양예배를 즐기고, 현학적인 성경지식을 넣어주며 지성을 만족시켜주는 훈련프로그램에서 지적 만족을 누리고 있습니다. 그러나 날마다 골방에 들어가 허리가 끊어질 듯 하나님을 찾고 부르는, 고되고 힘든 기도에는 관심조차 없습니다. 그래서 자신이 얻은 것이 무엇입니까? 그간 희생적인 신앙행위로 하나님이 기뻐하신 증거로서, 자신의 영혼이 만족스러우며 삶이 평안하고 형통하십니까?

그간 자신이 희생적인 신앙행위와 예배의식을 무한반복해도, 자신의 영혼에 만족이 없고 공허하고 건조한 이유를 아십니까? 그 이유는 성령이 주시는 샘을 팔 생각이 없기 때문입니다. 자신 안에 임재하신 성령과 깊고 친밀하게 교제하는 깊은 영의기도와 말씀묵상의 습관이 없이는 영혼의 만족을 기대하지 말아야 합니다. 습관적으로 영혼의 만족을 위해서 자신의 영을 강화시키는 훈련을 해야 합니다. 이 책을 끝까지 읽으면 영혼의 만족을 위한 영적인 활동을 알고 체험하며 숙달하게 될 것입니다. 성령이 주시는 생수가 아닌 다른 모든 것들은 거짓이고 가짜일 뿐입니다. 달콤한 설교와 감정을 터치하는 찬양, 지성을 만족시켜주는 훈련은 먹으면 쉬 허기지는 일회용 양식일 뿐입니다.

자신의 마음속에 내주하신 성령님의 이끌림을 받는 깊은 영의기도의 강을 건너지 않고는 깊은 영혼의 만족을 경험할 수 없습니다. 그 길만이 당신의 영혼을 영원한 천국으로 건네주는 가이드이며, 이 땅에서 평안하고 형통하게 살게 해주는 유일한 비결입니다. 영의통로를 뚫고 깊은 영의기도를 숙달하시기를 바랍니다. 자신의 심령 안에서 성령의 생수가 올라와야 합니다.

성령의 불이 자신의 마음 속에서 나와야 합니다.

셋째, 사람의 영혼은 무엇으로 어떻게 소생하게 될까?

1)하나님의 입에서 나오는 말씀으로 소생하게 된다. 영의 통로가 뚫려서 마음에서 성령의 불이 올라오면 말씀과 성령으로 영혼을 소생시키게 됩니다. 사람의 영혼은 오직 하나님의 입에서 나오는 말씀으로 소생케 됩니다. 사람은 떡으로만 살 수 없고 오직 하나님의 입에서 나오는 말씀으로 산다고 예수님께서는 말씀하셨습니다. 마태복음4:4절을 보면 "예수께서 대답하여 이르시되 기록되었으되 사람이 떡으로만 살 것이 아니요 하나님의 입으로부터 나오는 모든 말씀으로 살 것이라"고 기록되어 있습니다. 사람은 영혼과 육체로 구성되어 있습니다. 그러므로 사람은 육체와 영혼. 이 둘을 다 채워주어야 만족할 수 있습니다. 육체는 떡을 통하여 만족할 수 있고, 영혼은 하나님의 입에서 나오는 말씀으로 만족할 수 있습니다. 성경에 보면 영혼의 기갈에 빠진 엘리야 선지자를 하나님께서 소생시켜주셨습니다. 열왕기상 18:20-40절 내용을 보면 엘리야 선지자가 바알과 아세라 선지자 840명을 다 진멸하는 내용이 나옵니다. 그런 후 열왕기상 19장에 들어가면서 아합의 아내 이세벨이 자신이 섬기던 바알과 아세라 선지자들이 다 죽었다는 소식을 듣고 엘리야 선지자를 죽이겠다고 위협합니다. 이에 엘리야 선지자는 이세벨을 두려워하여 남쪽 끝인 브엘세바 에까지 도망을 가

서 한 로뎀 나무 아래에 쓰러져 심각한 우울증에 사로잡혀 자살 충동을 느끼면서 하나님께 자신을 죽여 달라고 요청하기에 이릅니다. 그러다가 지쳐 로뎀 나무 아래에 쓰러져 잠이 듭니다. 이에 하나님께서는 천사를 보내어 엘리야 선지자를 어루만지며 '일어나 먹으라'고 하시면서 머리맡에 숯불에 구운 떡과 한 병의 물을 먹고 마시게 합니다.

그리고 또 다시 누워 자게 하시고 또 다시 천사가 와서 어루만지며 일어나 먹으라 하여 고기와 떡을 먹게 하고 물을 마시게 하여 지친 엘리야 선지자를 소생시켜 주십니다. 하나님의 말씀은 영혼의 양식입니다. 시편19:7절 말씀을 보면 "여호와의 율법은 완전하여 영혼을 소생시키며…."라고 기록되어 있습니다. 베드로전서2:2절을 보면 "갓난아이들 같이 신령한 젖을 사모하라 이는 이로 말미암아 너희로 구원에 이르도록 자라게 하느니라"고 기록되어 있습니다. 여기서 말하는 신령한 젖은 하나님의 말씀을 지칭합니다. 시들은 영혼, 나약한 영혼이 소생하려면 생명의 양식인 말씀을 많이 섭취하면 됩니다. 그러므로 아모스 선지자는 아모스8:11절에서 "주 여호와의 말씀이니라. 보라 날이 이를지라 내가 기근을 땅에 보내리니 양식이 없어 주림이 아니요 물이 없어 갈함이 아니요 여호와의 말씀을 듣지 못한 기갈이라"고 탄식했습니다.

2)사람의 영혼은 하나님의 성령으로 소생케 된다. 하나님의 성령은 살리는 영이십니다. 하나님께서는 흙으로 최초의 사람

아담을 만드셨습니다. 하지만 그에게는 생명이 없었습니다. 이에 하나님께서는 아담의 코에 입을 대시고 생기를 불어넣어주셨습니다. 이에 사람은 생령이 되었습니다. 이 때 아담의 코에 불어넣으신 생기(루아흐)가 바로 성령(루아흐)입니다.

성경에 보면 에스겔37장 7-10절을 보면 에스겔 골짜기에 사방으로 흩어져 있던 마른 뼈들에게 여호와의 명령을 따라 대언할 때에 이 뼈 저 뼈가 움직이며 서로 연결되었고, 또 다시 생기를 향하여 대언할 때에 사방에서 생기가 죽임당한 자에게 붙어서 살아나게 되었습니다. 여기서 대언하는 것은 하나님의 말씀을 의미하며 생기는 하나님의 성령님을 의미합니다. 죽은 것 같이 얼어붙었던 자연위에 봄기운이 임하고 봄바람이 불 때 자연 만물이 소생하여 새 움을 틔우고 새 싹을 내 듯이, 죽은 영혼들과 시들은 영혼들에게도 하나님께서 생명의 말씀 들려주시고, 생명의 성령님이 들어가 역사해 주실 때에 영혼들이 소생하게 될 것입니다. 성령으로 충만하면 영혼이 살아납니다.

3)성령으로 충만하려면 기도해야 된다. 초대 기독교의 교부 중에 한 분이신 크리스스톰이라고 하는 분이 기도를 이렇게 정리했습니다. "기도는 노여워하는 사자의 입에 재갈을 물리고 난세를 정복시켜 고요하게 하고, 전쟁을 종결시키며, 폭풍우를 달래고, 마귀를 내어 쫓으며, 사망의 결박을 풀고, 질병을 완쾌시키고, 협잡꾼을 내쫓고, 도시들을 파멸에서 구출하며, 태양을 멈추게 하고, 천둥의 진행을 막는다." 유명한 스펄전 목사님

은 기도에 대해 "기도 없는 영혼은 마치 그리스도가 없는 영혼과도 같다"고 말했습니다.

일부 크리스천들이 기도를 짐이라고 생각하는 경향이 있습니다. 기도를 마치 지겨운 노동처럼 생각하기도 합니다. 마치 노동자가 대가를 바라고 그 노동시간을 늘리듯이 기도시간을 늘리면 하나님께서 기도의 대가를 우리들에게 주실 것이라고 생각하곤 합니다. 그러나 이렇게 기도하게 되면 기도 자체가 업적이 되고, 기도자체가 공로가 되고 기도 자체가 큰 짐이 됩니다. 우리가 하나님께 기도하고 하나님께 나아갈 수 있는 그 이유는 우리의 성품이 뛰어나기 때문이 아닙니다. 우리가 기도를 오래하기 때문이 아닙니다. 기도란 무거운 짐이 아니라, 하나님께서 우리에게 주시는 선물이 기도입니다. 하나님의 자녀 된 우리 모든 사람에게 주는 최대의 선물이 바로 이 기도입니다. 그래서 기도하지 않는 것은 하나님의 자녀 된 특권을 포기하는 것입니다. 이것을 사탄이 제일 좋아합니다.

사무엘 채드윅이라고 하는 사람이 이렇게 말했습니다. "사탄이 관심을 갖고 있는 것은 그리스도인들이 기도를 하지 못하게 하는 것이다. 사탄은 기도하지 않는 연구, 기도하지 않는 노력, 기도하지 않는 경건은 결코 두려워하지 않는다. 사탄은 우리의 수고를 비웃고 우리의 지혜를 조롱한다. 그러나 우리의 기도에 대해서는 두려워 떤다." 그렇습니다. 기도는 하나님께서 우리에게 주시는 선물입니다. 기도는 결코 짐이나 의무가 아니라,

하나님의 자녀들이 누려야할 특권입니다. 기도해야 자신의 마음 안에 계신 하나님으로부터 영혼의 양식인 성령을 공급받을 수 있습니다. 성령으로 기도하여 자신의 마음 안에 있는 하나님으로 만족을 누리는 것이 진정한 영혼의 만족입니다.

봄이 오면 자연만물이 약동합니다. 봄에 자연 만물이 약동함과 같이 우리들의 영혼도 소생할 수 있기를 바랍니다. 여호와는 우리의 목자가 되셔서 우리들의 영혼을 소생시켜 주실 것입니다. 그의 입에서 나오는 말씀과 생명의 성령으로 우리들의 영혼을 소생케 해 주실 것입니다. 봄에 자연만물이 소생하는 것과 같이 우리 모두의 영혼도 말씀과 성령을 충만히 섭취하여 소생할 수 있기를 소원합니다. 봄을 영어로 'Spring'(스프링)이라고 합니다. 'Spring'이란 단어는 샘, 원천, 원동력, 기원, 근원, 시작, 봄, 청춘, 도약, 용수철, 반동, 탄력 등의 명사적 의미와 '싹트다','도약하다', '뛰어넘다','날아가게 하다'라는 동사적 의미도 있습니다.

봄을 'Spring'이라고 하는 충분한 이유가 'Spring'이란 단어가 갖는 그 모든 의미들이 봄과 연관되기 때문일 것입니다. 그야말로 봄은 자연만물이 스프링(용수철)처럼 샘이 되고, 원천이 되며 시작의 기원이 되고 도약하며 싹틔우고 뛰어 넘고 날아가는 역사가 일어난다는 사실입니다. 우리들의 영혼도 새봄을 맞아 하나님의 말씀과 성령으로 소생하여 스프링처럼 통통 튕기며 생기발랄하고 힘 있게 도약할 수 있기를 소원합니다. 여호와 목자께서 우리들의 영혼을 소생케 해 주실 것입니다.

4장 관심이 영혼을 건강하게 한다.

(요한3서 1~4)"장로인 나는 사랑하는 가이오, 곧 내가 참으로 사랑하는 자에게 편지하노라. 사랑하는 자여 네 영혼이 잘됨 같이 네가 범사에 잘되고 강건하기를 내가 간구하노라. 형제들이 와서 네게 있는 진리를 증언하되 네가 진리 안에서 행한다 하니 내가 심히 기뻐하노라. 내가 내 자녀들이 진리 안에서 행한다 함을 듣는 것보다 더 기쁜 일이 없도다."

하나님은 크리스천들이 영혼을 강건하게 하는 일에 관심을 갖기를 소원하십니다. 무엇이든지 관심을 가지면 이루어지게 되어 있기 때문입니다. 영혼을 건강하게 하는 것도 관심을 가지면 이루어지기 때문입니다. 우리가 잘 아는 바와 같이 예수님에게는 12제자가 있었습니다. 그 가운데 예수님께 특별히 사랑 받았던 제자로 요한을 들 수 있을 것입니다. 12제자 중 요한의 나이를 정확히 가늠할 수는 없지만 젊은 편에 속했을 것으로 보입니다. 요한은 12제자 중 가장 장수한 사람입니다. 요한3서를 기록할 때만 해도 그의 나이가 거의 90세가 넘어가는 고령이었습니다.

요한은 평생 복음을 위해 사역하면서 많은 영적 자녀들을 낳았습니다. 특별히 요한에게 언제나 감사와 기쁨을 주는 한 사람이 있었습니다. 바로 가이오라는 사람입니다. 요한3서에는 요한이 가이오에게 쓴 짧은 편지 내용을 담고 있습니다. 가이오를 생각할 때면 얼마나 축복하고 싶었던지 그는 편지 서두에서부터 축복을 아끼지 않고 있습니다. "사랑하는 자여, 네 영혼이 잘됨 같이 네가 범사에 잘되고 강건하기를 내가 간구하노라." 현대 말로 요약하면 다음과 같습니다. "영혼이 강건해지기를 바라노라. 육신이 건강하기를 원하노라. 범사에 형통하기를 원하노라." 이것은 행복한 인생을 만들기 위한 절대 요인으로 여길 만큼 소중한 것입니다.

요한이 가이오에게 축복하고 싶었던 내용은 하나님께서 오늘 우리를 향해 축복하고 싶어하시는 내용입니다. 그래서 우리가 성경을 읽을 때마다 "하나님이 나를 이렇게 붙들어주시길 원하시는구나! 내 영혼이 잘되길 원하시는구나! 내 육신이 강건하길 원하시는구나! 내가 원하는 범사의 모든 일들이 형통하길 하나님이 원하시는구나!" 하는 사실을 기억할 수 있도록 성경에 기록해 놓으셨습니다. 그러므로 이 말씀은 바로 우리를 향하신 하나님의 축복의 말씀인 것입니다. 하나님은 우리의 영혼만 건강한 것으로 만족하지 않으십니다. 하나님은 우리의 육신도 건강하길 원하십니다. 하나님은 성도들이 세상에서 가난하게 살길 원하시지 않습니다. 오히려 형통하길 원하십니다. 이것이 하나님의 마음입니다.

또한 이 말씀을 통해서 우리가 명심해야 될 사실이 있습니다. 우리는 '네 영혼이 잘됨 같이'라는 말의 뉘앙스를 읽을 수 있어야 합니다. 하나님은 영혼이 잘되는 사람이 육신도 건강하고 범사에 형통하기를 원하시지, 영혼이 병든 사람이 만사형통하여 세상에서 자신만만하게 사는 것을 원하시지 않습니다. 하나님께서 원하시는 것은 일단 영혼이 잘될 때 다른 것들도 함께 잘되는 것입니다. 영혼이 잘되지 않는 사람에게 이런 축복이 나오지 않습니다. 그러므로 우리는 먼저 영혼의 강건함을 항상 소망하고 이를 위해 노력해야 합니다.

그렇다면 과연 영혼이란 무엇일까요? 창세기 2장 7절에 보면 하나님께서 처음 사람을 만드실 때 흙으로 빚어서 몸을 만드시고, 그 코에 생기를 불어넣으셨습니다. 그리고 나서 '생령이 된지라.'하고 말씀하셨습니다. 곧 사람이 영혼을 가진 존재가 되었다는 이야기입니다. 이를 통해 하나님께서는 사람의 몸을 만드셨을 뿐만 아니라 영혼까지 주셨음을 알 수 있습니다. 이것이 동물과 다른 점입니다. 짐승에겐 영혼이 없습니다. 그러나 사람은 육신과 결합된 영혼이 있기 때문에 하나님께서 자기 형상대로 만들었다고 말씀하십니다. 그러기에 우리의 영혼은 하나님의 모습을 닮은 형상인 것입니다.

마태복음 10장 28절은 육신과 영혼을 잘 비교해서 설명해 놓은 대표적인 성경 구절입니다. 예수님께서 말씀하셨습니다. "몸은 죽여도 영혼은 능히 죽이지 못하는 자들을 두려워하지 말고, 오직 몸과 영혼을 능히 지옥에 멸하시는 자를 두려워하라." 몸은 죽을 수 있지만 영혼은 죽지 않는다는 사실을 대비시켜 우리의 존재가 몸과 영혼으로 구성되어 있음을 시사해주고 있습니다. 그러나 신약성경에서는 '영혼'이라는 단어를 '마음', '정신'이라는 단어와 번갈아 사용하고 있음을 자주 발견할 수 있습니다. 이렇듯 보이지 않는 내면의 세계를 가리키는 만큼 그 표현이 다양해질 수 있음을 염두에 두어야 할 것입니다.

영혼이란 보이지 않는 내면의 자아입니다. 우리의 속사람입니다. 하나님께서 우리 안에 거하심으로 가득 찰 수 있는 내면의 실체입니다. 하나님과 만나는 가장 적합한 장소입니다. 찬양과 감사와 기쁨이 충만하여 하나님께 거룩한 제사를 드릴 수 있는 우리 내면의 깊은 곳에 자리잡은 지성소입니다. 경우에 따라서는 하나님을 사모하고 사랑하고 갈망하는 우리 내면의 자아입니다. 시편 42편 1절을 보면, 이러한 영혼의 갈망이 나오고 있습니다. "하나님이여, 사슴이 시냇물을 찾기에 갈급함 같이 내 영혼이 주를 찾기에 갈급하니이다." 하나님을 찾아 갈망하는 내면의 자아, 이것이 바로 영혼인 것입니다. 어떤 때는 엄청난 에너지가 분출되는 힘의 원천이라고 할 수 있습니다. 경우에 따라서는 심오한 고통과 고통, 갈증과 갈급함을 느끼면서 몸부림치기도 합니다. 우리 모두는 바로 이러한 영혼을 갖고 있습니다.

그런데 일반적으로 세상 사람들은 영혼에 대해서 관심이 없습니다. 자기에게 영혼이 있느냐, 없느냐에 대해서도 전혀 관심이 없는 것처럼 보입니다. 그들의 궁극적인 관심은 오직 육신이나 육신의 건강, 세상에서 누리는 행복과 성공뿐입니다. 물론 우리가 몸을 가지고 세상을 사는 이상 여기에 관심을 쏟는 것이 나쁜 것만은 아닙니다. 그러나 육신의 건강에 쏟는 관심의 10분의 1이라도 영혼에 쏟는다면 세상 사람들의 모습은 아마도 달라질 것입니다. 참으로 크리스천들이 영혼에 관심이 없습니다.

그 대표적인 인물이 바로 누가복음 12장에 등장하는 어리석은 부자입니다. 그는 젊고 건강했습니다. 게다가 하는 일마다 잘되어 재산이 점점 불어났습니다. 농사를 지으면 다른 사람보다도 2-3배 많은 수확을 거두었습니다. 나중에는 쌓아놓을 창고가 없을 정도로 곡식이 넘쳐 났습니다. 가끔 창고 안을 둘러보는 것만으로도 배가 불렀습니다.

그래서 "영혼아! 여러 해 쓸 물건을 많이 쌓아 두었으니 평안히 쉬고 먹고 마시고 즐거워하자."고 말할 정도로 부유한 나날을 보내고 있었습니다. 그러나 이 사람은 영혼에 대해서는 관심이 없었습니다. "내 영혼아"라고 스스로 말하긴 했지만 정작 영혼에 대해서는 관심이 없었습니다. 다만 먹고 마시고 즐기면 영혼이 저절로 잘 될 줄로 알았습니다. 몸을 잘 위하면 영혼은 절로 따라올 것으로 착각했던 것입니다. 그런데 하나님께서는 이 부자를 향해 무엇이라고 말씀하십니까? "어리석은 자여, 오늘 밤에 네 영혼을 도로 찾으리니 그러면 네 예비한 것이 누구의 것이 되겠느냐?" 영혼에 대해서 관심을 가져야 될 인간이 영혼을 무시하고 살면 나중에 어리석은 종말을 맞게 될 것입니다. 우리 주변을 보면 이런 사람들이 한두 명이 아닙니다.

예수 믿는 우리는 어떻습니까? 본래 우리의 영혼은 하나님과 만나는 내면의 처소이지만, 죄로 인해서 병들고 부패하자 하나님을 만날 수 없는 형편없는 모습이 되고 말았습니다. 그러나 예수를 믿게 되자 하나님께서 예수의 피로 우리의 모든 죄를 씻어 주시고, 성령을 주셔서 우리의 망가진 영혼의 기능을 다시금 회복시켜주셨습니다. 그래서 우리의 영혼이 우리 존재의 가장 중요한 위치를 차지하게 되었습니다.

세상 사람에게는 영혼이 병들었던지, 영혼이 휘청거리든지 상관이 없습니다. 다만 육신적으로만 잘되기만 하면 됩니다. 그러나 예수 믿는 사람은 영혼이 병들면 모든 존재마저 흔들리고 맙니다. 이것을 느끼지 못하면 그는 중생 받은 하나님의 자녀가 아닙니다. 영혼이 제대로 기능 하여 건강한 모습으로 하나님과 올바른 관계를 유지할 때 비로소 우리의 존재가 행복해질 수 있고, 우리의 삶이 정상궤도를 달려갈 수 있는 것입니다. 그러나 우리의 영혼이 항상 강건한 것만은 아닙니다. 우리가 육신을 입고 세상에 살기 때문에 때로는 영혼에 이상이 생길 수도 있습니다. 그러므로 '내 영혼이 강건한가? 내 영혼이 잘되고 있는가'를 한번 씩 진단하면서 우리 자신을 돌아보아야 합니다. 그러면 다음 3가지 부분에서 진단해봅시다.

첫째, 하나님 자신을 즐거워하고 있는지 점검해 보십시오. 내가 하나님을 즐거워하면 내 영혼이 건강한 것입니다. 그러나 만일 그렇지 않다면 내 영혼에 지금 이상이 있다는 것입니다. 알다시피 아담과 하와가 에덴동산에서 행복한 나날을 보낼 때 그들은 하나님과 매일 만났습니다. 그들에게 있어서 하나님은 가장 큰 즐거움이요, 행복이었습니다. 하나님이 다가오는 소리만 들리면 어린 아이처럼 달려가 그 품에 안기곤 했습니다. 그러나 마귀의 유혹에 넘어가 죄를 용납하자마자, 영혼이 오염되어 버렸습니다. 그 결과 나타난 첫 번째 나타난 현상은 하나님을 싫어하게 된 것입니다. 그들은 하나님께서 거니시는 소리를 듣자마자 나무 밑에 숨어버렸습니다. 영혼이 건강하지를 못하면 아담과 하와에게 나타난 이 증세가 우리에게도 나타나게 됩니다.

예배드리는 것을 기뻐합니까? 주일 아침 우리가 일찍 일어나 준비하고 모든 불편을 무릅 쓰고 예배당에 나와 예배드리는 이유는 너무나 자명합니다. 하나님이 좋아서 모이는 것입니다. 우리를 사랑하시는 하나님, 우리를 창조하시는 하나님, 우리를 구원해주신 하나님, 우리를 위해 죽으시고 부활하신 예수님이 너무나 좋기 때문에 성령의 감동함을 받아서 우리가 예배당에 나와 예배드리는 것입니다. 그러므로 영혼이 건강한 사람은 예배를 사모합니다. 기도하기를 좋아합니다. 말씀을 펴 놓고 하나님의 음성을 조용히 묵상하며 듣는 것을 기뻐합니다. 항상 마음속에 하나님을 모시고 살면서 하나님과 깊은 교제를 나눕니다. 그러나 놀랍게도 예수 믿는 분들 가운데 많은 분들이 이렇게 하나님을 즐거워하지 못하는 것 같습니다. 하나님과 단 둘이 있기를 굉장히 거북스럽게 여기는 사람들이 많습니다. 성경을 읽긴 하지만 억지로 1장정도 읽는 정도입니다. 기도를 하긴 하지만 억지로 한 5분 정도 눈감고 앉아 있는 것입니다.

그래서 어떤 사람이 빈정거리면서 이렇게 말했습니다. "예수 믿는 사람들 가운데 하나님이 혼자 계시는 방에 집어넣고 한 30분 정도 지나면 아마 기절하고 나올 사람들이 꽤 있을 것이다." 하나님과 단 둘이 있는 것이 겁나는 정도가 되면 우리의 영혼에 이상이 생겼다는 증거입니다. 영혼이 건강하면 하나님을 즐거워합니다. 예배드리는 것이 행복합니다. 하나님과 동행하는 행복을 항상 사모하게 됩니다.

둘째, 건강하고 형통할 때 내 마음이 세상으로 기울어 있진 않은지 진단해 보십시오. 대부분의 사람들은 일단 세상에 태어나 한 생을 건강하게 삽니다. 그리고 그들 가운데 많은 사람들은 소위 세상에서 말하는 성공하는 사람들입니다. 자기가 목표한 목적을 달성하기도 하고, 자신의 능력 이상으로 여러 가지 형통함을 맛보면서 세상을 살게 됩니다. 예수를 잘 믿는 사람 가운데 하나님께서 복을 주셔서 몸도 건강하고, 가정도 평안하고, 하는 일마다 형통한 경우도 있습니다.

그런데 젊고 건강하고 형통할 때 내 마음이 세상으로 기울어 있지는 않은지 잘 살펴보십시오. 열의 아홉은 그렇게 될 확률이 굉장히 많습니다. 내가 병들었을 때에는 하나님이 없으면 못살 것처럼 매달렸습니다. 내가 가난할 때는 세상에 정 주지 않고, 오직 내 마음을 나를 사랑하사 나를 위하여 십자가에 죽으신 예수님께 드렸습니다. 내 일이 제대로 안될 때에는 오직 예수님만이 나의 기쁨이요, 소망이라고 고백했습니다. 그러나 건강하고 형통하자 세상사는 재미가 생기게 되었습니다. 나도 모르게 점점 세상으로 마음이 기울어졌습니다. 그래서 하나님과의 관계는 형식적으로 때우고 많은 시간과 노력, 돈을 자신의 즐거움과 행복을 위해 투자해버렸습니다. 그래서 마음이 세상으로 기울어지게 되었습니다. 이런 사람은 그 영혼에 이상이 생겼음을 꼭 기억하시기 바랍니다.

이상하게도 우리 영혼은 고난보다는 형통할 때 아주 약합니다. 아마도 우리가 육신을 입고 있기 때문에, 세상에 살고 있기 때문인 것 같습니다. 내가 고난을 당할 때는 영혼이 아주 생생하게 살아 있는데, 내가 형통하게 되면 영혼이 그냥 죽어 버리고 맙니다. 그만큼 형통할 때는 영혼의 위기를 맞이할 때가 많다는 것을 전제하는 것입니다. 이런 이유인지 디모데전서 6장 10절 이하에 보면, 돈을 많이 벌고 세상적으로 행복하게 사는 사람들에게 경고합니다. 돈은 벌면 벌수록 돈을 더 사모하게 되고, 나중에는 믿음에서 떠날 수 있다고 말합니다. 결국 하나님보다 재물에 소망을 두는 타락한 인간이 되기 쉽다고 이야기합니다. 내가 건강하고 출세하고 돈을 모으면 그만큼 더 위험해지는 것입니다. 이럴 때 내 마음이 하나님에게서 세상으로 기울어지는 것을 알리는 이상신호가 켜있다는 사실을 알아야 합니다.

우리가 욥처럼 영혼이 강건하면 무슨 걱정이 있겠습니까? 욥은 고대에서 가장 큰 부자로 젊고 건강했습니다. 많은 자녀들을 낳은 복을 받았고 가정도 행복했습니다. 부러울 것이 하나도 없었습니다. 그러나 욥이 그러한 형통을 누리면서도 영혼이 강건한 사람이었기에 조금도 그 영혼에 문제가 생기지 않았습니다. 욥기 31장을 보십시오. "내가 언제 금으로 내 소망을 삼고 정금더러 너는 내 의뢰하는 바라 하였던가? 언제 재물의 풍부함과 손으로 얻은 것이 많음으로 기뻐하였던가?"(욥기31:24-25) 그는 영혼이 건강하기 때문에 세상에 마음을 주지 않았습니다. 하나님께서 우리 모두에게 이런 은혜를 주시기를 바랍니다. 이런 은혜가 있을 때 우리의 건강도, 물질의 축복도 복이 되는 것이지 영혼이 병들면 무엇을 받아도 소용없는 것입니다.

셋째, 인생의 풍랑을 만났을 때 내가 어떻게 반응을 하느냐에 따라 내 영혼이 강건한지, 아닌지를 알 수 있습니다. 누구나 한 세상을 살아갈 동안 풍랑을 만나게 되어 있습니다. 간혹 태어나면서부터 무덤에 이를 때까지 풍랑이 무엇인지 전혀 모르고 사는 사람도 있습니다. 그러나 그런 사람은 소수에 불과합니다. 그리고 그런 사람은 행복한 사람이 아닙니다. 왜냐하면 영적으로 소망이 없는 사람이기 때문입니다. 하나님께서 사랑하는 사람은 때를 따라 인생의 풍랑을 만나게 해 주시는 것을 봅니다. 풍랑은 위기입니다. 위기란 우리 스스로 통제할 수 없는 사건을 말합니다. 누구에게나 이러한 위기는 있습니다. 우리 모두는 부모 밑에서 자라다가 20대 중반쯤 되면 이제 부모의 그늘에서 벗어나는 단계로 접어듭니다. 그래서 좋은 직장에 들어가면 만족할 만큼 월급을 받고, 해마다 월급이 올라갈 것으로 생각합니다. 그리고 자기 아들의 출세가도가 확 열려있다고 생각합니다.

그리고 자기 나름대로의 꿈과 이상을 가지고 열심히 뜁니다. 결혼을 하면서 우리의 결혼 생활은 절대 권태도 없을 것이라고 믿습니다. 그리고 어떤 문제도 생기지 않는다고 확신합니다. 그리고 많은 사람들이 고통 하는 병이 있어도 그것은 나와 상관이 없는 것처럼 생각합니다. 이렇게 우리는 20대, 30대를 열심히 뛰면서 앞을 향해 달려갑니다.

그러나 40대 중반을 넘어가보십시오. 들려오는 소식들 대부분이 우울하고 슬픈 소식들입니다. 어떤 친구는 이혼했고, 어떤 친구는 자녀가 교통사고가 나서 장애아가 되고, 어떤 친구는 상처를 당하고, 어떤 친구는 부도를 냈다는 소식 등등. 저도 40대, 50대를 보내면서 교회 안이나 주변에 아는 사람들로부터, 동창들로부터 들려오는 소문들을 들어보면 이런 저런 풍랑을 만나 허우적거리는 사람들이 얼마나 많았는지 모릅니다. 그러다가 60대가 넘어가면 외롭고, 차갑고, 무서운 인생의 계절인 겨울을 앞에 놓고 저마다 불안해합니다. 이 모든 것이 누구나 경험하게 되는 인생의 풍랑인 것입니다.

영혼이 강건하지 못하면 이런 풍랑을 만났을 때 정신을 차리지 못합니다. 물에 빠져서 소리치는 사람처럼 자기 힘을 가누지를 못합니다. 낙담하고 불안해하며 술독에 빠집니다. 자포자기에 빠져 헤어 나오지 못합니다. 그러나 영혼이 건강하면 이런 위기를 만났을 때 그 사람의 진가가 드러나게 됩니다. 하나님께 기도하여 하나님의 지혜를 구합니다. 하나님께서 알려주신 지혜대로 순종하여 위기를 극복합니다. 주변 사람에게 전화위복을 체험하게 합니다. 그러므로 인생의 풍랑을 만났을 때 어떻게 반응하느냐를 보면 내 영혼이 어느 정도의 수준인가를 알 수 있습니다.

당신의 영혼은 어떻습니까? 건강합니까? 하나님을 정말 마음으로 즐거워하세요? 아무리 세상적인 일들이 잘 되어도 마음이 세상으로 기울지 않고, 항상 하나님을 향해 있습니까? 풍랑을 만났을 때 뒤집어 졌다가도 다시 제자리로 돌아오는 그런 은혜가 있습니까? 그렇다면 우리 모두의 영혼은 건강한 것입니다. 그러나 조금이라도 문제가 있다고 생각된다면 영혼의 강건함을 회복해야 합니다. 수면 위에 보이는 것은 아무것도 아닙니다. 일시적인 건강은 언제 없어질지 모릅니다. 내가 아무리 재산을 많이 가지고 있어도 언제 아무것도 없이 날아갈지 모르는 것입니다. 중요한 것은 사람들의 눈에 보이지 않는 내 영혼의 건강, 내 영혼의 안전함입니다.

인간에게 있어서 보다 중요하고 먼저 중요하고 잘되어야 하는 것이 영혼입니다. 영혼은 보이지 않지만 인간 본질의 핵이며, 인간 생명의 진수가 영혼입니다. 성경 말씀에서 "사람의 영혼은 여호와의 등불이라 사람의 깊은 속을 살피느니라."(잠 20:27). 영혼이 하나님 앞에서 하나님 보시기에 등불이 켜져 있는 것처럼 밝게 빛나는 영혼이 있고 등불이 꺼진 것처럼 어둡고 캄캄해진 영혼이 있다는 것입니다. 영혼은 하나님의 진리를 순종하므로 깨끗한 영혼이 됩니다(벧전1:22).

보이지 않는 영혼은 마치 나무나 식물의 뿌리와 같은 것입니다. 식물의 본질적 생명은 보이지 않는 뿌리에 있습니다. 뿌리가 튼튼하면 나무의 줄기와 잎은 무성하고 많은 열매를 맺습니다. 혹은 줄기와 가지가 꺾어지고 잘리고 불태워져도 새로운 줄기가 나고 가지와 잎이 무성해집니다. 그러나 뿌리가 썩거나 벌레가 먹으면 아무리 튼튼한 나무라도 무성한 가지와 잎도 마르고 죽습니다. 나무의 생명은 뿌리에 있는 것이지 줄기나 가지나 혹은 잎이나 열매에 있는 것이 아닙니다.

영혼이 잘되게 하는 것은 진리입니다. 예수님은 제자들을 위해 기도하실 때 "저희를 진리로 거룩하게 하옵소서 아버지의 말씀은 진리니이다"(요17:17) 아버지의 말씀이 진리입니다. 사람들은 이 땅위에 무수한 책들을 만들었습니다. 그런데 정말 책 중의 책이요 우리의 영혼을 소생케 하고 우리 영혼을 건강하게 하며 영원한 생명을 누리고 살게 하는 것은 하나님 말씀인 성경책밖에 없습니다. "너희가 성경에서 영생을 얻는 줄 생각하고 성경을 상고하거니와 이 성경이 곧 내게 대하여 증거하는 것이로다.”(요5:39). 하나님의 말씀이 건강한 영혼을 만듭니다.

예수님은 “내가 이를 위하여 났으며 이를 위하여 세상에 왔나니 곧 진리에 대하여 증거하려 함이로다”(요18:37). “너희가 내 말에 거하면 참 내 제자가 되고 진리를 알지니 진리가 너희를 자유케 하리라”(요8:32). 하셨습니다. 예수님이 주시는 자유란 병으로부터 악령으로부터 죄와 사망으로부터의 자유입니다. 육체의 질병이 가져다주는 불행보다 영혼의 질병이 주는 불행이 더 큽니다. 영혼의 약이 성경이고 영혼의 의사가 하나님이십니다. “하나님의 말씀은 살았고, 운동력이 있어 좌우에 날선 예리한 검보다도 예리하여 혼과 영과 및 관절과 골수를 찔러 쪼개기까지 하며 또 마음의 생각과 뜻을 감찰하사나니”(히4:12). 진리의 말씀이 영혼을 잘 되게 합니다.

영혼은 보이지 않는 내면의 자아이며 우리의 속사람입니다. 하나님께서 우리 안에 거하실 수 있는 처소도 우리 영혼입니다. 하나님과 만날 수 있는 영적인 속사람, 하나님께 찬양과 감사와 기쁨이 충만하여 하나님께 거룩한 제사를 드릴 수 있는 속사람을 가리키는 것입니다. 그래서 바울은 우리의 겉 사람은 후패해지나 우리의 속사람은 날로 새로워진다고 하였습니다. 또한 경우에 따라서는 하나님을 사모하고 사랑하고 갈망하는 우리 내면의 자아를 영혼이라고 말할 수 있습니다.

마태 10: 28절에 육신과 영혼을 비교하시며 말씀하시기를 “몸은 죽여도 영혼을 능히 죽이지 못하는 자들을 두려워하지 말고, 오직 몸과 영혼을 능히 지옥에 멸하는 자를 두려워하라."고 말씀하시며 영혼이 얼마나 귀중한 것을 말씀하셨습니다. 우리 주님께서는 자신의 영혼관리에 철저하셨습니다. 그래서 그 바쁜 와중에서도 무리를 떠나 한적한 곳을 찾아 기도하셨고 새벽 미명에 조용한 시간을 이용하여 하나님과 교제하시며 하나님의 음성에 귀를 기울이셨습니다. 그러므로 그는 사단의 모든 시험을 이기셨고 세상의 모든 유혹을 물리치며 강건하게 하나님의 사역을 담당하셨습니다. 그러므로 우리들도 영적인 속사람이 강건해야 됩니다. 그래야 하나님의 사역을 감당할 수 있고 하나님의 힘이 있는 일꾼이 될 수가 있는 것입니다. 영혼이 병들면 아무것도 못합니다.

그런데 세상 사람들에게는 영혼이 병이 들던지, 영혼이 휘청거리든지 상관을 하지 않습니다. 그들은 육신적으로만 잘되기만 하면 됩니다. 그러나 예수 믿는 사람은 영혼이 병들면 모든 존재가 다 흔들리고 맙니다. 이것을 느끼지 못한다면 그는 중생 받은 하나님의 자녀가 아닙니다. 영혼이 건강하여 하나님과 올바른 관계를 유지할 때 비로소 우리의 존재가 행복해질 수 있고, 우리의 삶이 정상궤도를 달려갈 수가 있는 것입니다. 그러나 우리의 영혼이 항상 강건한 것만은 아닙니다. 우리가 육신을 입고 세상에 살기 때문에 때로는 영혼에 이상이 생길 수도 있습니다. 그러므로 '내 영혼이 강건한가? 내 영혼이 잘되고 있는가?'를 한 번씩 진단하면서 우리 자신을 돌아보아야 하는 것입니다.

5장 영혼이 만족할 때 느끼는 현상

(요한3서 1~2)"장로인 나는 사랑하는 가이오, 곧 내
가 참으로 사랑하는 자에게 편지하노라. 사랑하는 자여
네 영혼이 잘됨 같이 네가 범사에 잘되고 강건하기를 내
가 간구하노라."

영혼이 만족하면 아무 이유 없이 기쁨이 내 온 마음을 사로잡
고, 모든 근심이 사라지며 세상이 전혀 두렵지 않은 평화가 내
온 영혼을 지배하는 경험을 해본 적이 있을 것입니다. 비록 영
구적인 것은 아닐지라도 그 시간만큼 내 영혼은 만족감으로 채
워진 것입니다. 영혼이 만족스러우면 근심이 사라지고 평화가
찾아옵니다. 영혼에 기쁨이 넘치면 내게 닥치는 어떠한 아픔과
고통도 이겨낼 수 있는 힘이 생깁니다.

영혼은 인간의 정신 작용(감정, 소원, 의지, 욕망 등)을 지배
하는 기관(시86:4)입니다. 영혼은 하나님이 지으신 것이요(창
2:7), 하나님께 속한 것으로서(겔 18:3-4), 불멸(不滅)하며(마
10:28), 천하보다 귀한 가치를 지닙니다(마16:26). 성경에서는
'생명'(삼상 24:11) 또는 '마음'(시42:1-2)으로 표현되기도 했습
니다. 더욱이 성경은, 살아 있는 존재로서의 인간에게서 그 영혼
은 몸과 분리될 수 없는 하나의 통일체로 보고, 또 둘을 상호 보완
적인 것으로 여깁니다(약 2:26). 하지만 육체가 죽으면 그 육체

에 깃들여 있던 영혼은 분리되는 것이라 봅니다(마 27:50).

　한편으로, 영혼은 괴로움을 당하기도 하고(욥 7:1; 시 35:13), 외로움(시 35:12)과 낙망(시 42:5), 피곤함(시 107:5), 주림(시 107:26), 즐거움(사61:10), 처절한 절망감(시107:26) 등을 경험하기도 합니다. 하나님은 당신을 자랑하며(시 34:2), 당신을 갈망하고(시63:1), 기다리는 영혼에게(시 130:5) 소생의 은혜를 베푸시고(시 23:3), 피난처가 되어주시며(시 57:1), 그 영혼을 보호하시고(시97:10), 강하게 하시며(시138:3), 또 그 영혼을 기쁘고 즐겁게 하시고(시94:19), 영원토록 함께하십니다(계 20:4). 영혼의 만족함을 누리면 영육의 강건한 복을 받게 됩니다.

　어느 회사의 사장과 전무가 함께 점심식사를 했습니다. 두 사람이 같이 같은 식당에서 같은 음식을 먹었는데 회를 먹은 것이 식중독이 원인이 되어 사장은 죽고 말았습니다. 부검해 본 결과 아주 지독한 비브리오 균에 감염되어 불과 몇 시간 만에 죽게 되었다고 합니다. 그런데 이상한 것은 함께 회를 먹은 전무의 위액에서도 비브리오 균이 검출되었습니다. 그런데 한 사람은 죽고 한 사람은 건강에 이상이 없었다는 것입니다. 죽은 사장은 4년 째 부인과 별거하고 있었습니다. 교회의 집사였지만, 교회는 다니는 둥 마는 둥 하였고, 영적인 체험이 없는 그런 껍데기뿐인 신앙인이었습니다. 그러나 건강에 이상이 없었던 전무는 부인과의 사이도 각별했고, 성령으로 기도하며, 범사에 늘 감사하며, 영과 진리로 예배드리며, 열심히 성령으로 봉사하는 집사였습니다. 우리가 뜨겁게 믿음생활을 하면 우리 몸 안에 강한 면역력이 생겨서 웬만한 병균이 침투해 와도 능히 이겨낼 수 있습니다. 그러기에 영혼이 잘되어 만족하면 우리 육체도 건강해 진다는 것은 진리 중의 진리입니다.

첫째, 하나님과 친밀한 삶으로 전환된다. 영혼이 만족함을 누리면 하나님과 친밀한 관계가 됨으로 하나님의 손을 구하는 삶에서 하나님의 얼굴을 구하는 삶으로 전환이 됩니다. 우리가 아무리 사모하고, 기도를 많이 하고, 아무리 능력을 경험해도 하나님의 얼굴을 구하는 삶으로 전환하지 않으면 하나님과 친밀함은 절대 열리지 않습니다. 바꿔 말하면 하나님의 손을 구하는 삶에서는 하나님과 친밀함은 절대 불가능합니다.

하나님의 손을 구한다는 것은 자신의 목적과 목표를 위해 하나님의 도움이나 능력과 같은 하나님의 손길을 구하는 것입니다. 하나님의 얼굴을 구한다는 것은 하나님 자신을 구하는 것을 의미합니다. 쉽게 설명하면 "너희가 내 안에 거하고 내 말이 너희 안에 거하면 무엇이든지 원하는 대로 구하라. 그리하면 이루리라."(요15:7). 하나님과 하나가 된 상태라는 것입니다. 하나님을 더 알기를, 더 사랑하기를 구하는 것입니다. 하나님을 주인으로 모시기 위하여 얼굴을 구하는 것입니다.

하나님의 손을 구하는 사람들은 홍해 가에 있던 이스라엘 사람들입니다. 잘되면 하하~ 하고 문제가 생기면 하나님께 원망하면서 소리만 지르는 사람들입니다. 모세는 하나님의 얼굴을 구하여 대면하는 삶을 살았던 사람입니다. 하나님의 손을 구하는 사람은 능력이나 은사를 달라고 기도하는 사람입니다. 하나님의 얼굴을 구하는 사람은 하나님의 마음을 달라고 기도하는 사람입니다. 하나님의 마음을 자신의 영혼 안에 채우려고 기도하는 사람이 하나님의 얼굴을 구하는 사람입니다. 하나님만 자신 안에 채워지면 무엇이든지 할 수가 있기 때문입니다. 하나님을 채우려고 하나님의 찾으니 그분과 친밀하게 되는 것입니다.

신앙의 본질은 하나님과 친밀함입니다. 하나님을 알고 사랑하는 삶을 말하는 것입니다. 하나님을 알기 위해서는 하나님께서 자신을 계시(조명)하실 때만 하나님을 알 수 있습니다. 하나님의 얼굴을 구하는 것이 필수입니다. 따라서 하나님의 얼굴을 구하는 삶은 신앙의 첫 단추와 같습니다. 반대로 하나님의 손을 구하는 삶에서는 하나님과 친밀함이 절대로 가능하지 않습니다. 자신의 목적과 목표를 위해 하나님의 도움이나 능력과 같은 하나님의 손길을 구하는 것이기 때문입니다.

모세는 시종일관 하나님의 얼굴을 구했습니다. 이스라엘 백성들을 가나안으로 인도하면서 문제에 봉착할 때마다 하나님의 얼굴을 구하므로 하나님의 방법으로 문제를 해결하였습니다. 이스라엘 백성을 애굽에서 인도하여 나오자 얼마가지 못하여 홍해가 나타났습니다. 설상가상으로 애굽 군대가 쫓아옵니다. 하나님의 손을 구하는 이스라엘 백성들은 모세를 원망합니다. 출애굽기 14장 11절을 보면, 그들이 입을 열어 불평합니다. "그들이 또 모세에게 이르되 애굽에 매장지가 없어서 당신이 우리를 이끌어 내어 이 광야에서 죽게 하느냐 어찌하여 당신이 우리를 애굽에서 이끌어 내어 우리에게 이같이 하느냐" 하나님께 기도하려고 하지 않고 죽을 생각부터 합니다. 하나님의 얼굴을 구하지 않으니, 하나님의 마음을 모르고, 하나님의 길을 모르니 원망하는 것입니다. 하나님의 얼굴을 구하는 사람은 하나님의 길(뜻)을 알기 때문에 문제를 만나도 당황하거나 원망하지 않습니다. 하나님의 손을 구하는 자들이 문제를 만났을 때 제일 먼저 하는 것이 불평입니다. 원망입니다. 남의 탓입니다. 모세를 탓하고 하나님을 원망했습니다.

하나님의 얼굴을 구하는 모세는 하나님이 함께 하신다는 믿음으로 하나님께 기도하여 음성을 듣고 담대히 말했습니다. 출애굽기 14장 13절, 14절 말씀을 봅니다. "모세가 백성에게 이르되 너희는 두려워하지 말고 가만히 서서 하나님께서 오늘 너희를 위하여 행하시는 구원을 보라 너희가 오늘 본 애굽 사람을 영원히 다시 보지 아니하리라 하나님께서 너희를 위하여 싸우시리니 너희는 가만히 있을 지니라" "하나님께서 우리를 위하여 대신 싸우실 것이므로 너희는 가만히 있을 것이라. 잠잠하고 조용하고 불평하지 말고 가만히 있어라. 그저 주님께서 하라는 대로 순종하고 맡기고 주님 앞에 감사하며 찬양하며 나아갈 것이라." 이것이 바로 하나님의 얼굴을 구하는 사람에게 있는 살아있는 믿음입니다.

하나님의 얼굴을 구하지 않으면 하나님의 길을 알지 못합니다. 하나님의 길을 따라 행할 때 하나님이 기뻐하는 삶이 가능한 것입니다. 하나님의 길을 모르면 하나님을 기쁘시게 하는 삶은 불가능합니다. 하나님의 손을 구하는 삶에서는 친밀함이 불가능합니다. 따라서 하나님의 길을 알 수 없습니다. 고로 하나님을 기쁘시게 하는 삶은 불가능한 것입니다. 모세는 하나님의 얼굴을 구하는 사람으로 하나님의 길을 알았다는 것입니다. 모세는 하나님의 얼굴을 구하며 하나님과 대화하여 하나님의 계획을 환하게 알고 있었습니다. 하나님의 얼굴을 구하는 사람은 하나님 자신을 필요로 하기 때문에 하나님의 길을 알았다는 것입니다. 그래서 하나님은 모세를 온유함이 지면에 뛰어난 사람이라고 말씀하신 것입니다(민21:3).

모세가 하나님의 얼굴을 구하니까, 모세에게서 하나님의 얼굴이 나타납니다. "모세가 그들에게 말하기를 마치고 수건으로 자기 얼굴을 가렸더라. 그러나 모세가 여호와 앞에 들어가서 함께 말할 때에는 나오기까지 수건을 벗고 있다가 나와서는 그 명령하신 일을 이스라엘 자손에게 전하며, 이스라엘 자손이 모세의 얼굴의 광채를 보므로 모세가 여호와께 말하러 들어가기까지 다시 수건으로 자기 얼굴을 가렸더라"(출34:33-35). 그러니까 하나님과 대면하는 선지자가 된 것입니다. 영혼이 만족하면 성령으로 충만한 상태라 하나님을 대면해도 죽지 않습니다. 하나님은 하나님의 얼굴을 구하는 사람과 일하십니다. 하나님의 얼굴을 구하니 하나님의 권능이 100% 나타나기 때문입니다.

둘째, 항상 기도하는 성도가 된다. 성령 충만하고 성령으로 거듭났다고 말하는 이를 보는 것은 쉬운 일이지만, 성령이 내주하시는 증거인 놀라운 영적 능력을 나타내 보이라 하면 꼬리를 내리고 과거의 사건만 반복해서 말하는 이가 적지 않습니다. 하나님은 과거의 하나님이 아니라, 현재의 하나님이시듯이, 과거에 성령 충만했던 사실이 중요한 게 아니라, 현재에도 그러한 상태를 항상 유지해야 합니다. 이는 쉬지 않고 기도하는 영적인 습관을 들이지 못한 탓입니다. 한 때 성령 충만한 것이 중요한 게 아닙니다. 지금 이 순간 내주하시는 성령님과 친밀한 삶을 유지해야 하는 것입니다. 과거에 열심히 기도했던 경험은 중요하지 않습니다. 지금 이 순간에도 쉬지 않고 기도하는 사람이 되어야 합니다. 교회의 기도시간이나 기도원에서의 기도가 아니라, 일상의 삶에서 쉬지 않고 기도하는 영적인 습관을 들이지 않는다면 성령으로 거듭나는 삶은 언감생심(焉敢生心)입니다.

필자는 아침과 잠자리에 들기 전에 각각 한두 시간 기도하는 것을 습관으로 들이고 있지만 그게 전부가 아닙니다. 낮에도 틈만 나면 기도를 시도합니다. 자동차 안이든, 집이든, 걷기를 하든, 공원의 벤치이든 상관하지 않습니다. 눈을 뜨고 기도할 때도 많습니다. 그래서 하루 종일 기도하며 하나님의 영(마음)으로 채우려고 노력을 합니다. 물론 아직까지 기도의 달인의 경지에 도달했다고 할 수 없지만, 적어도 기도의 달인이 되려고 애쓰고 노력하고 있는 것은 분명합니다. 쉼 없는 기도에 도달하려면 성령이 내주하시는 기쁨과 평안을 누려야 가능합니다. 성령이 내주하시면 자신의 의지가 아니라, 성령의 이끌림에 따라 기도에 몰입하게 됩니다. 물론 이 때의 기도는 응답을 바라는 기도목록의 나열이 아니라, 하나님의 이름을 찾고 부르며 그분의 내주를 갈망하고 찬양하고 감사하는 기도가 대부분입니다. 기도가 신앙인의 의무가 아니라, 기쁨과 평안을 누리는 시간으로 채워짐을 경험할 때 비로소 쉬지 않고 기도하는 경지에 도달할 것입니다.

셋째, 강하고 담대해진다. 영혼이 만족함을 누리면 강하고 담대하여 하나님께서 사용하시는 크리스천이 됩니다. 하나님은 사람을 통하여 자신의 일을 하십니다. 그렇기 때문에 합리적인 사람이나 나약한 사람을 통해서는 하나님은 일을 하실 수가 없습니다. 다윗과 같이 강하고 담대한 사람을 통해서 일을 하십니다. 하나님은 여호수아에게 강하고 담대하라고 하셨습니다. 자신 앞에 일어나는 일은 자신이 하는 것이 아니고, 하나님께서 자신을 통하여 하신다는 믿음을 가지고 행하는 사람이 필요한 것입니다.

하나님은 강하고 담대한 마음을 가질 때 그 사람을 통해서 큰 일을 할 수 있습니다. 우리의 주위에 우리를 위협하는 여러 가지 일들이 많이 다가오고 다가옵니다. 태산과 같은 경제적인 타격도 다가오고, 원수들도 다가오는 것입니다. 환경의 어려움도 다가옵니다. 우리는 마음이 위축되어서 그만 놀래서 뒤로 물러가려고 합니다. 그러나 성경은 말씀하기를 "나의 의인은 믿음으로 말미암아 살리라 뒤로 물러가면 내 마음이 저를 기뻐하지 아니하리라."고 말씀하신 것입니다. 강하고 담대한 마음을 가진 사람을 하나님은 찾으시는 것입니다.

넷째, 마음의 평안을 유지할 수 있다. 영혼이 만족함을 누리는 크리스천은 새로운 삶을 살아야 합니다. 새로움을 유지하기 위해서 새로운 영, 마음이 하나님이 주시는 온갖 것으로 충만하게 채워져야 합니다. 그래야 마음 안에 좌정하고 계시는 하나님으로부터 능력을 공급받아 마음이 평안하고 안정한 심령을 유지할 수가 있습니다. 충만하지 못하면 이런 믿음을 깨뜨리고 불신의 모습과 냉랭한 모습과 상처의 모습이 자리 잡게 되는 것입니다. 건강하지 못하기에 병들이 침투하는 것입니다. 건강치 못하면 지탱하지 못합니다. 곧바로 주님과 거리를 두는 것으로 바뀝니다. 새로운 피조물은 항상 하나님이 주시는 은혜를 공급받아야 합니다. 무엇인가 채워주지 않으면 사람뿐만 아니라, 동물, 기계 등 다 멈춰버리고 만다는 것입니다. 성령으로 충만하여 새로워진 영과 마음은 똑같은 예배, 기도, 찬양, 말씀, 물질이라 할지라도 달리 보이는 것입니다. 영혼이 만족을 누리기 전에는 예배, 기도, 찬양, 말씀, 물질이 다 무거운 짐과 같이 느껴지는 것입니다. 충성, 봉사, 헌신이 눈에 들어오지 않습니다. 그러나 하나님이 주시는 은혜로 영혼이 만족을 누리어 성령으로 충만하면 모든 것이 은혜요, 감사뿐인 것입니다. 가난한 것도, 아픈 것도, 고달픈 것도, 온갖 힘겨운 일이 있어도 하나님이 영과 마음에 부어주시는 은혜로 힘이 있고 믿음이 살아나고 긍정적이고 생산적이고 창조적인 사람으로 바뀌지게 되는 것입니다.

예수님은 제자들에게 서로 사랑하라고 하셨습니다. 새 계명은 없던 것이 새로 말씀되어지는 것이 아니었습니다. 이미 하나님이 하신 말씀입니다. 그런데 인간은 구원받은 그 은혜를 망각하고 하나님이 명하신 사랑을 하지 않기에 또 다시 예수님이 하신 말씀입니다. 영과 마음이 연약해진 자는 이 주님의 말씀을 받아서 사랑을 주고 사랑해 줄 수 있는 성도가 되어야 합니다. 옛적에 하신 구약의 말씀이지만 예수님은 신약에서 말씀하셨습니다. 우리들도 그렇습니다. 옛적에 말씀을 듣지 않았나요? 다 들은 말씀입니다. 원인은 나에게 있는 것입니다. 새롭게 받아 드리고 가르침을 잘 받아 말씀으로 무장될 때 그것이 새로운 양식이 되고 새로운 양식이 나를 영적으로나 마음으로나 건강하게 만든다는 것입니다. 주님이 주신 사랑으로 모든 것을 삭제하고 새로운 사람으로 거듭나서 과거의 것, 현재의 것을 기억조차 하지 마시고 예수 사랑, 아가페적인 사랑을 지금부터 실천해나가시는 성도들이 되시기를 바랍니다. 우리 모두는 영혼의 만족을 얻었습니다. 그러므로 중도에 더렵혀지게 해서는 안 됩니다. 주님을 위하여 더 생각하고 행하고 섬기고 발전되는 신앙이 되도록 한 걸음 한 걸음 나아가는 것입니다. 인간은 육체를 가지고 있기 때문에 범죄 하기 마련입니다. 아담 이후에 하나님은 범죄 할 것을 아셨습니다. 그리고 사람을 지으심을 한탄하셨습니다. 바벨탑, 노아의 홍수 등은 인간을 벌하시고 노아를 통해 새로운 피조물이 되게 하셨습니다. 그런데 인간은 그때뿐이었습니다. 하나님이 주신 에덴을 다 잃어버렸습니다. 지금도 예수 그리스도로 말미암아 받은 은혜를 세상 것으로 잃어버리는 예가 많습니다. 이것이 인간의 역사입니다. 얼마 못가 또 다시 죄를 짓고 하나님을 버리고 등지고 대적하여 교회를 아프게 하고 하나님이 세우신 주의 종들의 마음을 아프게 합니다. 여기서 알아야 할 사실이 있습니다. 하나님은 근본적인 영혼의 치료를 원하십니다. 그것은 우리는 성전인 교회에 모여서 영과 진리로 예배를 드리며 회개 기도하고, 하나님의 얼굴을 구하며 사는 것을 지금도 요구하시고 계시는 것입니다. 사무엘과 백성들이 이런 신앙을 가질 때 사무엘이 사는 날 동안에는 블레셋이 쳐들어 오지 않았다고 하였습니다. 이것이 우리의 신앙이어야 합니다. 지금의 믿음이어야 합니다. 근본과 본질을 놓치지 마시기 바랍니다. 하나님은 돌아 서도록 하기 위해서 하나님은 진노하시고 채찍을 들으시고 내어 버리시는 것도 있다는 것입니다.

하나님이 하시는 역사는 때로는 질병의 채찍, 고통의 채찍, 물질의 채찍, 자녀들의 불순종의 채찍, 가정에 이유없는 어려움이 오는 채찍, 죽음의 채찍, 나라와 민족 속에 임하는 채찍, 전

세계 속에 임하는 채찍이 있습니다. 이것을 하나님은 형벌이라고 하셨습니다. 오늘날 우리는 하나님을 모시고 복을 받으며 살아야 합니다. 영과 마음이 죽은 상태로는, 영과 마음이 부서진 상태로는, 영과 마음이 파괴된 상태로는, 영과 마음이 병들어버린 상태로는 안 됩니다. 우리는 새로운 피조물이라는 존재를 잘못되게 만들어서는 안 됩니다. 내 영이, 내 마음이 하나님이 거하시고 늘 함께 하시는 존재가 될 때 진정 우리는 복 있는 사람이 되어 복을 주시는 하나님으로부터 행복한 신앙의 삶을 살 수 있게 되는 것입니다. 이런 성도가 교회를 평안하게 하고 주의 마음을 기쁘시게 하고 하나님의 마음을 시원케 하는 것입니다.

다섯째, 범사가 잘 된다. 영혼이 잘됨같이 범사에 잘되고 강건해진다는 말씀은 영혼이 잘되므로 범사가 잘되어지고 강건해진다는 의미와 지금 가이오는 영혼이 잘되고 있는데 그 영혼처럼 모든 범사도 잘되고 강건해지기를 기도한다는 의미가 있습니다. 우리 인간이 바라는 것은 범사가 잘되고 강건해지는 것입니다. 범사가 잘된다는 말은 자녀가 잘되고, 사업도 잘되고, 가정도 평안하고, 계획도 소망도 잘 이루어지고, 어려운 문제도 잘 해결되어진다는 말입니다. 범사가 잘되는데 어떻게 잘된다는 말입니까? 하나님이 잘되게 해주시도록 기도한다는 것이며, 하나님이 잘되게 해주신다는 것입니다. 영혼이 잘되는 것처럼 영혼이 잘된 사람에게 범사에 잘되게 해주시도록 기도한다는 것입니다. 그리스도인은 하나님의 도움 없이 무조건 자기 힘으로 자기 능력이나 지혜로 잘되어 질 수가 없는 것이고, 또 그리스도인이 자기 힘이나 능력으로 잘되어지는 것은 복이 아니고 불행입니다.

건강한 영혼은 근심하거나 걱정하지 않습니다. "너희는 마음에 근심하지 말라 하나님을 믿으니 또 나를 믿으라"(요14:1). 하나님을 믿으면 근심 걱정이 물러가고 희망과 낙관을 갖게 됩니다. 세상의 어두운 힘과 불안한 미래가 자신감을 잃고 비관론에 감염되게 합니다. 건강한 영혼은 낙관론만 선택합니다. 건강치 못한 영혼은 비관론만 선택합니다. 머리는 기억을 쌓아두는 창고입니다. 영혼이 건강치 못한 사람의 머릿속에는 나쁜 기억들로 가득 차 있으나, 건강한 영혼의 창고에는 좋은 기억들로 가득 차 있습니다.

낙관론자는 미래를 낙관하며 긍정적 사고와 가능성을 가지고 있습니다. 비관론은 근심, 걱정, 두려움이 가득합니다. 윈스턴 처칠은 "낙관적인 사람은 위험 속에서도 기회를 찾고 비관적인 사람은 기회 속에서도 위험을 찾는다."고 했습니다. 인생은 선택입니다. 선택은 나의 영혼이 합니다. 교회와 인연을 갖고, 하나님을 알게 되고, 신뢰하게 되고 사랑하게 되면 좋은 일이 있을 것입니다. "하나님을 아버지라 부르는 자는 좋은 일이 있으리라 많이 있으리라…."

여섯째, 육체가 건강해 진다. 요즘 신문에서 심심찮게 '9988'이라는 말을 봅니다. 99세까지 팔팔하게 살자는 뜻이랍니다. 건강은 현대인들의 으뜸가는 종교가 되었습니다. 건강 문제는 정말 중요합니다. 건강이 무너지면 마음도 무너지기 쉽습니다. 그렇기에 신앙은 정신의 일이라면서 몸을 소홀히 한다면 그것은 크게 잘못된 일입니다. "건전한 육체에 건전한 정신이 깃든다"는 말이 있습니다. 로마시대의 문장가인 유베날리스(Decimus Junius Juvenalis)의 풍자시에 나오는 대목입니다.

범사가 잘되어 지는 사람, 건강도 강건해진다는 것입니다. 육체의 건강은 복의 기초이고 주춧돌입니다. 건강을 통해서 모든 어려움을 극복하고 회복할 수 있습니다. 범사가 잘되고 강건해지는 것은 상부상조의 관계가 있습니다. 범사가 잘되면 마음이 기쁘고, 마음이 기쁘면 건강에 유익이 되고 도움이 됩니다. 범사가 잘되고 강건해지는 것, 하나님이 주시는 복입니다. "너는 범사에 하나님을 인정하라 그리하면 네 길을 지도하시리라, 여호와를 경외하며 악을 떠날지어다. 이것이 네 몸에 양약이 되어 네 골수로 윤택하게 하리라."(잠3:6, 8) 하나님께서 범사에 네 길을 지도하시고 네 골수로 윤택하게 하신다는 것입니다. 사람이 강건해야되는 것은 육체만이 아니라 속사람도 강건해야 합니다. 속사람은 마음이나 의지나 능력입니다. 육체도 건강하고 마음도 의지도 능력도 강건해야 됩니다. "성령으로 말미암아 너희 속사람을 능력으로 강건하게 하신다."(엡3:16)고 했습니다. 이처럼 범사가 잘되고 육체도 강건하고 속사람도 강건해지는 복은 영혼이 잘됨같이 육체적으로도 받아야할 복이고 하나님이 주시는 복입니다.

2부 영혼이 불만스러울 때

6장 영적 감각이 둔해진다.

(시42:5)"내 영혼아 네가 어찌하여 낙심하며 어찌하여 내 속에서 불안해하는가 너는 하나님께 소망을 두라 그가 나타나 도우심으로 말미암아 내가 여전히 찬송하리로다."

하나님은 인간을 영적인 존재이면서 육적인 존재로 창조하셨습니다. 인간의 주인은 영혼입니다. 영혼이 육을 덧입고 살아가고 있습니다. 인간은 영적인 존재로서 영혼이 만족함을 누리지 못하면 영적인 감각이 둔해집니다. 영적인 감각이 둔해짐에 따라, 육체도 무기력해 집니다. 가정이나 사업장의 환경에도 문제가 생깁니다.

영혼이 자유 함을 누리지 못하면 기도의 문이 막혀서 기도하기가 힘듭니다. 분노와 혈기와 찌증이 심해집니다. 가장 신뢰하고 사랑해야 할 부부 사이에 불화가 생깁니다. 자기의 잘못을 인정하기보다 다른 사람에게 책임 전가를 하는 이기주의자가 됩니다. 하는 일마다 잘 되지 않아 경제적인 고통이 찾아옵니다. 살아가는 것이 짐으로 느껴집니다. 거짓말을 스스럼없이 하고 삽니다. 하나님보다 사람의 눈치를 보며 삽니다. 습관적인 죄에 빠지며 삶의 변화가 없는 입술의 고백만을 하고 삽니다. 마음이 불안하고 답답하며, 심각한 정신 질환인 우울증, 조울증, 공황장애, 불안장애 등으로 고통을 당하기도 합니다. 시기 질투가 강하여 다른 사람을 죽이고 싶은 충동까지도 종종 느끼게 됩니다. 약을 사용해도 아무 효력이 없는 원인 모를 육신의 질병으로 고생을 하기도 합니다. 이곳저곳에 뼈와 신경의 질병과 근육통이 생깁니다. 영적인 질병으로 발전이 되어 가위눌림을 당하기도 합니다. 귀신들림으로 고통을 당할 수도 있습니다. 육신이 병든 증거로 고통이 극심함과 같이, 영혼이 병들은 증거도 이와 같이 영적 고통이 임하는 것입니다. 곡식이 자라는 데도 병들면 많은 고통들이 뒤따르기 마련입니다.

예를 들면 가시나무와 잡풀로 인해서 곡식이 고통당하고(눅 8:14), 천재지변으로 인해서 고통이 있을 수도 있고(계 8:7, 롬 8:22), 가뭄으로 인해 수분이 부족하여 오는 경우도 있을 것이며(암 4:6-7), 영양 부족으로 오는 고통도 있을 것입니다(눅 13:6-9). 이같이 영혼들도 여러 가지 이유로 인해 괴로워하며 고통당합니다(욥 27:2, 3:1-19). 예를 들면 가시나무나 잡풀 같은 인생들에게 영육 간에 피해를 당하는 괴로움과 고통이 있고, 죄악이라는 균이 들어와 성도의 심령을 병들게 하여 생기는 괴로움과 고통도 있는 것입니다(사 1:4-6). 또한 수분이 부족한 곡식과 같이 영혼에 은혜가 약해짐에 따라 생기는 괴로움과 고통에 시달리는 영혼이 있으며, 아모스 선지자의 예언처럼 말세가 가까울수록 여호와의 진리의 말씀을 듣지 못하므로 생기는 영적인 괴로움과 고통을 받는 성도들도 있을 것입니다(암 8:11-13).

그러나 무엇보다도 물을 떠난 고기와 같이, 뿌리가 잘린 나무와 같이, 생수의 근원이신 하나님의 은혜에서 떠난 심령이 겪는(렘 2:13) 괴로움과 고통이 임하는 경우도 있을 것입니다. 이러한 괴로움은 예수님께로 나와서 회개할 때에 해결 받을 수 있으나, 끝내 해결 받지 못하면 환난 때에 가서 낙망과 실망할 수도 있습니다. 괴로워하는 영혼들의 형태는 영혼의 고통으로 인하여 근심합니다(사 38:15). 핍박 중에 영혼이 괴로워합니다(시 3:1-2). 원수로 인하여 영혼이 쫓길 때에 괴로워합니다(롬 7:21-24). 그 중에서도 중생했던 영혼이 괴로워하는 것은 첫 사랑, 첫 믿음, 첫 열심, 첫 감격을 잃은 심령들입니다. 이는 성령 충만한 생활을 계속 유지 못한 결과입니다. 초대 교회의 성도들은 세상의 부귀와 영화까지도 초월하여 물질을 유무상통 하면서 봉사생활을 했으므로 영혼의 기쁨과 즐거움을 계속 유지했습니다.

요즘 신앙인들은 성령으로 시작하여 육으로 돌아가는 경우가 흔합니다. 이런 심령들에게는 음부의 권세가 반영되어 괴로움을 겪는 것은 어쩌면 당연한 일일지도 모릅니다. 어떤 이들은 영혼의 즐거움이나 만족이나 찬송이나 괴로움과 고통이 무엇인지 모르고 있는 교인도 있습니다. 이들은 영혼이 죽어 있거나 깊은 잠에 취한 교인들에 속해 있기 때문입니다(엡 5:14). 그러므로 예수 그리스도가 재림하시기 전에 심령의 은혜를 회복해야 합니다. 그렇지 못하고 대환난이 임하면 그 때는 영적인 은혜를 회복하기 힘든 시대이기 때문에 지금이 은혜 받고 구원받을 때입니다.

바울은 말하기를, "가라사대 내가 은혜 베풀 때에 너를 듣고 구원의 날에 너를 도왔다 하셨으니 보라 지금은 은혜 받을 만한 때요 보라 지금은 구원의 날이로다"(고후 6:2). "또한 너희가 이 시기를 알거니와 자다가 깰 때가 벌써 되었으니 이는 이제 우리의 구원이 처음 믿을 때보다 가까왔음이라"(롬 13:11). 그러므로 영혼의 은총을 입고 예수님을 믿으라. 그리하면 영적 평화가 있고 동시에 은혜와 진리가 충만할 것입니다. 영혼이 불만족스러울 때 보편적으로 다음과 같은 현상이 일어납니다.

첫째, 기도하기가 힘들어 집니다. 기도를 하려고 앉았지만 입이 열리지 않고 마음이 무거워 기도가 전혀 되지 않는 경우를 경험하였을 것입니다. 기도가 쉽게 풀리지 않고 힘들고 지금 이 기도를 주님이 받으시지 않는 것 같은 느낌을 받아 더욱 기도가 어려워집니다. 이러한 현상을 영적 눌림이라고 표현합니다. 영혼이 만족함을 누리지 못하여 일어나는 초기 현상입니다. 이 현상은 "영적 침체"와 비슷한 것이지만, 영적 침체는 영적 눌림의 현상이 해결되지 않고 계속되는 경우에 생기는 것입니다. 그러므로 영적 눌림은 영적 침체의 가벼운 증상이라고 생각할 수 있겠습니다. 영적 눌림에 이르면 가슴이 답답하고 기도는 해야 하겠는데 막상 기도하려고 하면 아무런 생각도 나지 않고 힘이 빠져 기도할 마음이 사라집니다.

기도는 해야 하겠는데 기도할 기분이 들지 않아 몇 분을 지나지 못해서 자리에서 일어나게 됩니다. 이러한 영적 눌림이 일어나는 이유가 무엇이겠습니까? 이럴 때 우선적으로 생각해 보아야 할 것이 그릇된 행동의 문제입니다. 주님의 말씀을 어기고 그릇된 행동을 하여 양심에 가책을 받을 때 이러한 현상을 경험하게 되는 것입니다. 가벼운 죄일 경우 가벼운 눌림의 현상이 나타나지만, 죄가 큰 경우는 무거운 눌림의 현상이 나타납니다. 주님이 원하는 것은 하지 아니하고 원하지 않는 것을 행하여 성령을 근심케 하였을 때 이러한 현상을 경험하게 됩니다.

영적 눌림은 자주 경험하는 흔한 일입니다. 이는 우리가 잘못했을 때마다 주님이 우리에게 주님의 마음을 깨닫게 하시기 위해서 이런 일을 행하시는 것입니다. 자신 안에 주님이 주무시는 경우입니다. 영혼이 육체에 눌려서 일어나는 현상입니다. 주님의 간섭을 통해서 우리는 주님의 마음을 깨닫고 옳고 그른 것이 무엇인지 깨닫게 되는 것입니다. 사람의 생각에는 올바른 것 같을지라도 하나님의 시각에서는 올바르지 못한 것이 많습니다. 주님이 제동을 걸지 않으면 우리는 자신의 생각이 올바르다고 생각하고 그 행동을 계속하게 됩니다. 그러므로 주님이 영적 눌림을 사용하여 우리에게 말씀하시는 것입니다. 자신의 행동이 아무리 선한 의도로 행하였다 하더라도 주님의 뜻에 어긋날 수 있습니다. 이런 사실들을 일일이 점검 받음으로써 우리는 주님의 마음에 더 가까이 다가가게 되는 것입니다. 그리고 주님의 시각에서 사물을 보고 행동하게 되는 것입니다.

영적 눌림의 현상은 자신의 영적인 행동을 살펴보고 영혼을 교정하라고 보내는 신호입니다. 이를 무시하고 교정하지 않으면 서서히 영적 침체에 빠지게 됩니다. 영적 침체는 질병입니다. 그러므로 치유하기가 쉽지 않습니다. 영적 눌림이 영적 침체로 가기 전에 주님 안에서 교정 받아야 합니다. 기도가 되지 않는다고 해서 자리에서 일어나는 것은 오히려 성령을 근심케 하며, 주님을 실망시키는 일이 된다는 사실을 기억하십시오. 이런 경우 억지로 기도를 하려하지 말고 조용히 마음으로 묵상을 하십시오. 기도를 시작하면 먼저 말부터 하려는 사람들이 많습니다. 마음으로 찬양부터 하십시오. 주변 환경 때문에 소리 내어 찬양하기가 어려운 사람들은 굳이 소리 내어 할 필요까지는 없습니다. 조용히 마음속으로 찬양하십시오.

그래도 마음이 답답하다면 교회로 가십시오. 그리고 마음껏 소리 내어 찬양하십시오. 찬양하려고 시도하면 부르고 싶은 찬양이 떠오를 것입니다. 그 찬양을 하십시오. 그리고 찬양의 가사를 묵상하십시오. 같은 주제의 찬양을 몇 곡 때로는 한 곡을 계속 찬양하게 되기도 합니다. 찬양이 되지 않는 사람은 조용히 묵상하십시오. 묵상의 방법은 여러 가지가 있지 않습니까? 말씀을 묵상하는 방법도 있습니다. 지나간 삶을 뒤돌아보면서 묵상하는 방법도 있습니다. 추리하여 묵상하는 방법도 있습니다. 좌우지간 자신에게 맞는 묵상방법을 가지고 묵상하십시오.

자신이 최근에 행한 일들을 주님 앞에 내어놓고 주님의 말씀을 듣기를 사모하십시오. 주님께 물어보십시오. 그러면 어떤 일이 생각나고 그 일의 어떤 부분에서 주님의 뜻에 어긋났는지를 알게 됩니다. 이는 자연적으로 알게 되는 것입니다. 자연스럽게 떠오르는 내용을 마음에 간직하고 기도하기 시작하십시오. 그러면 기도가 자연스럽게 시작되면서 갑갑하던 마음이 풀어지고 기도에 힘이 들어가게 됩니다. 기분이 상쾌해지고 억눌렸던 기분이 되살아납니다. 기도가 다시 자연스럽게 이어지고 무겁던 마음이 가벼워집니다. 이렇게 되면 영적 눌림은 사라진 것입니다. 주님의 가르침을 받아들이게 된 것입니다. 그러면 다음부터는 그런 실수를 하지 말아야할 것입니다.

둘째, 말씀이 들리지 않고 보이지 않습니다. 영혼이 불만족스러워 영적인 침체에 빠지면 하나님의 말씀이 들리지 않고 보이지 않는 것입니다. 필자가 교회를 개척하고 한동안 이런 체험을 했습니다. 성령집회에 참석하여 은혜를 받노라면 강단에서 전하는 말씀이 하나도 들리지를 않습니다. 잡념이 머리에 가득하여 말씀을 듣는 중에 다른 곳에 가있는 것입니다. 참으로 두려운 문제입니다. 어떻게 보면 가장 두려운 것입니다. 영혼이 잠자고 있어서 하나님으로부터 오는 말씀이 들리지 않다가 끊어지는 겁니다. 우리 인생에서 가장 끔찍한 하나님의 심판 중에 무서운 심판이 하나 있는데 그것은 말씀을 거두어가는 것입니다. 무서운 저주입니다. 이 사실에 대해서, 구약성경 아모스서 8장에서 한번 말씀을 살펴보겠습니다. "주 여호와께서 가라사대 보라 날이 이를지라. 내가 기근을 땅에 보내리니 양식이 없어 주림이 아니며, 물이 없어 갈함이 아니요, 여호와의 말씀을 듣지 못한 기갈이라. 사람이 이 바다에서 저 바다까지, 북에서 동까지 비틀거리며, 여호와의 말씀을 구하려고 달려 왕래하되 얻지 못하리니, 그 날에 아름다운 처녀와 젊은 남자가 다 갈하여 쓰러지리라."(암8:11~13).

이렇듯 가장 두려운 심판은, 하나님으로부터의 말씀이 끊어지는 것입니다. 양식이나 물이 문제가 아니라, 여호와의 말씀을 듣지 못한 기갈이라. 이런 때가 오면 정말 비참해지는 것입니다. 사역자나, 한 개인의 삶에서도, 이런 비극은 얼마든지 일어날 수 있습니다. 예를 들면, 사사시대의 마지막 사사요, 제사장이었던 엘리 제사장이 있었습니다. 이스라엘 민족의 가장 최고 지도자였는데, 이 엘리 가문이 타락을 했습니다. 말하자면 하나님께 순종하지 아니하고, 자식들을 엉망 진창으로 키워서 얼마나 사악한 행동을 했습니까?

하나님을 조롱하는 짓을 다 하는데, 제사장, 성직자가 이런 짓을 했다는 말입니다. 직분이나, 신학적 지식이나, 이런 것으로, 타락한 인간의 악을 막을 수는 없습니다. 그러니까 직분을 가지고 안심할 수 없는 겁니다. 교회에 직분을 가지고 있다고, 그 사람이 저절로 거룩해지는 게 아닙니다. 위험천만한 일입니다. 말씀과 성령으로 거룩해지는 것입니다.

그 때 엘리 가문에 저주가 임했는데, 엘리 제사장이 이스라엘 백성을 대표하는 귀가 되어서, 하나님의 음성을 대표로 들어야 했었는데, 무서운 저주가 임했습니다. 밥을 못 먹는 게 아닙니다. 몸도 건강했습니다. 허우대는 멀쩡했으나, 문제는 하나님의 종으로 세움을 받은 사람에게 가장 무서운 저주는 하나님의 말씀이 임하지 않는 것이었습니다. 말씀을 들을 수 없었습니다. 얼마나 어처구니없는, 비참한 지경에 있는지를 보여주시기 위해서 사무엘이라는 어린 아이가, 엘리 제사장이 있는 성막에 와서 지내게 될 때 놀랍게도 나이 먹은 제사장이 못 듣는 하나님의 음성을, 어린 아이가 들은 것입니다.

엘리 가문에 대한 심판의 말씀을, 제사장에게 들려준 게 아니라 어린 아이에게 들려주신 것입니다. 이 얼마나 비극적인 일입니까. 상황이 이렇게 되는 겁니다. 인간이 타락하여 영혼이 불만족스러우면 이 지경이 되는 겁니다. 무슨 직분을 갖든 어떤 위치에 있든 상관없습니다.

교회가 아무리 대단하고, 위세를 떨치고, 굉장한 조직을 가지고 있다고 해도 만약에 이런 비극이 임하면… 진짜 끔직한 일입니다. 가장 무서운 심판이 임한 것입니다. 그 다음엔 나머지

수순만 남아 있을 뿐입니다. 엘리 가문에는 이미 저주가 약속이 되어 있었던 겁니다.

그 다음에 이스라엘의 초대 왕이었던 사울 왕이 있었습니다. 똑똑한 사람이었고, 역사에 선택을 받은 이스라엘 나라를 세운, 초대 왕이 되는 특권을 받았습니다. 아주 인물 좋고, 키도 크고, 똑똑한 사람이었습니다. 그런데 놀랍게도 자아와 탐욕의 구덩이를 벗어나지 못한 채 하나님께 대한 경외보다, 하나님을 이용하는 권력에 미쳐서, 권력에 중독되면, 기본적인 양심도 작동을 안 합니다.

그래서 미친 왕 사울은, 하나님의 백성 이스라엘의 왕이었음에도 불구하고 그 생애 가운데 무서운 저주, 즉 하나님의 말씀을 들을 수 없어서 나라가 도탄에 빠졌을 때도, 왕은 아직도 왕의 자리에 남아있긴 한데 이미 벌써 폐위된 왕입니다. 아직도 왕이라는 자리에 있지만, 하나님으로부터는 이미 버림 받은 것입니다. 그래서 미쳐서 발광하던 귀신 들린 왕 사울이, 나중에는 무슨 짓을 하냐면, 나라의 미래가 어떻게 되는지 알 수 없어서… 점 치는 무당에게 가서, 하나님의 말씀, 음성을 구합니다. 들으려고 합니다. 하나님의 말씀이 임하지 않고, 하나님의 말씀을 듣지 못하는 사람은 그 자리에 있어도, 벌써 폐위된 왕처럼, 이제 망하는 수순만 남았다는 겁니다. 우리 각자가 두려워해야 할 일입니다.

필자는 교회만 개척하면 하루에 삼천 명씩 구름 떼와 같이 사람들이 모여들 것이라고 확신했습니다. 그런데 교회를 개척하고 한 주일, 두 주일 지나면서 낙담과 좌절이 찾아오기 시작했습니다. 방문객들이 끊기도 몇 명 안 되는 교인들 앞에 섰을 때 침체의 그림자가 나를 엄습했습니다. 개척한 지 4개월 만에 불안 장애가 찾아왔습니다. 손이 부들부들 떨리는 것입니다. 사모에게 이야기를 하지 못했습니다. 약국에 가서 청심환을 많이 사서 먹었습니다. 무슨 이유인지를 알지를 못했습니다. 나중에 발견한 사실이지만 그것은 영적 침체와 함께 두려움, 염려와 근심이었습니다. 불안이 가슴에 차고, 좌절감에 사로 잡혔습니다. 무력감이 찾아 왔습니다. 삶의 의욕을 상실했습니다. 좋아하던 책도 보기 싫고, 교회 개척도 의미를 못 느꼈습니다.

　믿음이 상실되고, 누구든 저를 괴롭히는 사람으로 보였습니다. 피해의식이 저를 괴롭혔습니다. 비전을 잃기 시작했습니다. 포기하고 싶었습니다. 죽고 싶었습니다. 그런데 문제는 돌이킬 수 없는 환경이었습니다. 피할래야 피할 수 없는 현실이 저를 더욱 괴롭혔습니다. 힘들어하는 모습을 지켜보고 있는 가족들에게 더욱 심한 죄책감을 느꼈습니다. 무엇보다도 괴로운 것은 말씀이 들리지 않고 보이지 않는 것입니다. 은혜를 받겠다고 성령집회에 찾아가면 말씀을 들을 수가 없었습니다. 잡념과 졸음으로 집중을 하지 못하였습니다. 그렇게 6개월여를 고통을 하다가 하나님께 지혜를 구했습니다. 그랬더니 이렇게 감동하시는 것입니다. 말씀을 받아쓰기를 하라는 것입니다. 그리고 녹음을 하라는 것입니다. 이유는 이렇습니다. 받아쓰기를 하면 집중할 수가 있기 때문입니다. 녹음을 하는 이유는 받아쓰기를 못한 부분은 교회에 돌아와 저녁에 녹음한 것을 들으면서 보강하라는 것입니다.

무엇이든지 공짜로, 거저 되는 것은 하나도 없습니다. 영혼의 만족을 위하여 노력하라는 것입니다. 그래서 순종했습니다. 약 3개월이 지나니까, 서서히 말씀이 들리기를 시작했습니다. 영혼이 소성되어 기도가 되었습니다. 영혼이 불만족하여 일어나는 영적인 침체는 가만히 있어서는 10년이 되어도 해결되지 않습니다. 적극적인 노력을 해야 합니다.

셋째, 영적인 일에 무기력해 집니다. 영혼이 불만족한 사람은 방향감각이 없습니다. 정신이 흐리멍덩하며 자신이 지금 어디로 향하고 있는지 위치 파악이 안 되는 것처럼 이런 사람은 지금 자신이 가고 있는 방향이 어디인지를 모릅니다. 목표와 방향이 없기 때문에 왜 신앙생활을 해야 하는지를 모릅니다. 무엇 때문에 교회에 출석하고 봉사하는지를 모릅니다. 무엇 때문에 말씀을 들어야 하는지도 모릅니다. 방향을 모르기 때문에 위치 파악이 되지 않고 주변의 분위기를 파악하지 못합니다. 이리 저리 방황하며 어찌 할 바를 모르지요. 기도는 해야 한다는 사실은 알지만 어디서부터 시작해야 하고 어떻게 해야 하는지도 모릅니다. 무작정 닥치는 대로 이렇게도 해보고 저렇게도 해봅니다. 그리고는 쉽게 포기합니다.

영혼이 불만족한 사람은 감정을 이기지 못합니다. 속사람이 겉 사람을 이기지 못하기 때문에 겉 사람의 요구에 끌려 다닙니다. 감정적인 사람은 감정에 이끌리고 이지적인 사람은 논리에 끌려 다닙니다. 그러므로 한 쪽으로 치우쳐서 생활하게 됩니다. 감성과 이성이 조화를 이루지 못하고 자연인의 상태로 더욱 기울어집니다. 감정적인 사람은 즉흥적인 행동을 하게 되고, 이지적인 사람은 논리적으로 따지게 됩니다. 감정적인 사람은 대부분이 여성이고, 이지적인 사람은 남성들이기 때문에 상대적으로 감정적인 사람이 무언가 부족하고 비합리적인 것으로 취급을 받지만 실상은 이 두 가지는 다 같이 문제입니다. 교회도 주도권이 남성중심으로 이루어졌고 게다가 영이 약한 사람들이 대부분이기 때문에 이지적이고 논리적인 것이 올바른 것처럼 오해되고 있습니다.

말씀과 능력이 균형을 이루어야 하는데도 불구하고 어느 한 쪽으로만 치우쳐 있기가 쉽습니다. 이 둘이 균형을 이루는 일이 말처럼 쉬운 일이 아니기 때문에 어려운 과정을 거쳐 바람직한 영적 균형을 이루려는 생각을 하지 못하는 것입니다. 영혼이 약하면 균형을 이루기가 쉽지 않습니다. 약한 영혼은 모험을 두려워합니다. 하나님에 대한 지식은 모험을 필요로 합니다. 학문적인 과정을 통해서 배우는 이론적이고 교리적인 지식은 시간을 필요로 하지만 성령을 통해서 배우는 지식은 많은 도전을 필요로 하고 위험하게 보이는 모험을 통과해야 합니다. 그래서 이 학교를 광야의 학교라고 부릅니다. 그런데 영혼이 약하면 이 과정을 소화할 수 없습니다. 영혼이 약한 사람은 광야의 시험을 두려워합니다.

영혼이 불만족한 사람은 새로운 것을 거부합니다. 안전하고 일상적인 것을 좋아하고 새롭고 낯선 것은 싫어합니다. 항상 똑같은 절차와 방식으로 살아가려고 합니다. 일정한 수준과 경계를 만들어 놓고 그 범위를 넘어서려고 하지 않습니다. 이런 태도는 본능에 기인한 것입니다. 사람이나 동물이나 본능적으로 영역에 대한 집착이 있습니다. 늘 다니던 길로만 다니고 자신의 영역 안에서만 활동합니다. 생명에 위험이 닥쳐도 영역을 벗어나려고 하지 않습니다. 이처럼 영이 약한 사람은 안전하고 예측이 가능한 길로만 갑니다. 그래서 성령의 변화와 다양한 역사를 받아들일 여지를 만들어내지 못합니다. 기적을 만드는 삶은 더더욱 꿈도 꾸지 못합니다. 제사장들이 율법에 기록된 대로 하듯이 틀에 박힌 종교 행위에만 관심을 가집니다.

영혼이 불만족한 사람은 삶에서 영적 경험이란 거의 없습니다. 그래서 영적인 일이란 성경을 읽고 배우고 실천하는 것이 전부라고 생각하고 그 이상은 오히려 신비주의로 위험한 것이라고 생각합니다. 자신의 의지로 판단하고 세상적인 안목으로 결정하려고 합니다. 도덕적이고 윤리적이고 상식적이기 때문에 사람들에게 거부감을 주지 않습니다. 합당한 논리도 있고 말씀에 근거하기도 하므로 이상하게 여길 것이 전혀 없습니다. 이런 결정은 하나님의 뜻을 따른 것이라고 여깁니다. 그러나 그들의 삶은 봉사의 수준은 될지언정 기적을 만들고 하나님의 능력을 드러내는 것에는 미치지 못합니다. 정말로 하나님이 원하시는 것이 무엇인지 모르기 때문에 성령의 열매는 맺지 못합니다.

우리가 하나님의 마음을 알 수 있는 유일한 길은 우리 안에 계시는 성령님을 통해서 감동을 받는 것입니다. 성령을 통해서 하나님의 마음을 알기 위해서는 우리의 영혼이 성령으로 인해서 단련되고 훈련되어야 하며, 그렇기 위해서는 영혼이 강건해야 하는 것은 필수입니다. 어느 정도의 수준에 이르지 않고서는 성령의 역사하심을 알지 못합니다. 그러므로 이 수준에 이르기까지 불가불 전문적인 지도자의 도움을 받아야 하고 영혼이 강건해지는 법을 배우고 실천해야 하는 것입니다.

충만한 교회는 말씀과 성령으로 성도들을 깨워서 영적인 자립을 하는 것을 목표로 훈련합니다. 하나님께서 부여하신 권능을 사용하여 세상을 장악하게 합니다. 그래서 주일날도 강한 성령의 역사가 일어나는 예배를 드립니다. 예배 시간은 1부 11:00-/ 2부 13:30-입니다. 영적인 눈이 열리고 사고가 영적으로 변하는 말씀을 준비하여 교재로 제공하고 설교를 합니다. 기도를 40분 이상 하면서 담임 목사가 일일이 안수하여 성령으로 충만 받도록 합니다. 자신의 영을 자신이 지킬 수 있는 강한 성도가 되게 훈련하고 있습니다.

7장 우환 환란과 풍파가 생긴다.

(마 8:24-27)"바다에 큰 놀이 일어나 배가 물결에 덮이게 되었으되 예수께서는 주무시는지라. 그 제자들이 나아와 깨우며 이르되 주여 구원하소서 우리가 죽겠나이다. 예수께서 이르시되 어찌하여 무서워하느냐 믿음이 작은 자들아 하시고 곧 일어나사 바람과 바다를 꾸짖으시니 아주 잔잔하게 되거늘, 그 사람들이 놀랍게 여겨 이르되 이이가 어떠한 사람이기에 바람과 바다도 순종하는가 하더라"

영혼이 불만족스러우면 삶에서 이해하지 못할 우환이나 환란과 풍파를 당하기도 합니다. 하나님과 관계가 멀어지니 마귀가 일으키는 일들입니다. 우리가 인생을 살아가면서 바다의 풍랑이나 육지의 폭풍우는 자연현상으로 우리는 수차례 경험합니다. 그러나 자연현상이 아닌 풍랑이나 폭풍이 있습니다. 그것이 바로 인생살이 중 다가오는 삶의 풍랑이나 폭풍입니다. 우리는 이런 일을 당하게 되면 우리 삶의 내면을 살펴보지 아니할수 없습니다. 더구나 그리스도인은 왜 우리의 삶에 풍랑이나 폭풍우가 다가왔는지 깊이 가슴에 손을 얹고 생각해 봐야 됩니다. 그리고 어떻게 풍랑이나 폭풍우를 잠재우며 살아갈 수 있는지 깨달아야 합니다. 오늘 우리는 자연현상이 아닌 특이한 풍랑을 만난 예수님의 제자들의 삶을 통하여 교훈을 얻고자 합니다.

 첫째, 예수님을 주무시게 한 제자들을 우리가 생각해 봐야 됩니다. 주님께서 갈릴리 해변에서 저 건너편을 바라보시고 저 건너편으로 가자고 하셔서 제자들이 배를 준비하여 예수님과 함께 배를 타고 갈릴리 호수를 지나는 중에 예수님은 주무시고 말았습니다. 제자들끼리 정답게 이야기를 하고 예수님 홀로 물끄러미 바다를 바라보고 계시다가 그만 손을 베개로 하고 주무셨습니다. 예수님이 주무시게 된 것은 크나큰 비극입니다.

 제자들의 가슴속에 세상에 대한 사랑이 들어오자 예수님과는 멀어졌습니다. 그들은 세상의 부귀, 영화, 공명을 생각하고 그 이야기에 꽃을 피우는 동안에 예수님은 홀로 대화의 상대가 없이 계시다가 주무시고 만 것입니다. 예수님과 제자들이 각각 다른 세계에 처하게 된 것입니다. 예수님은 하늘나라에서 오셔서 하늘나라의 일을 말씀하는데 제자들은 세상에 속하여서 세상나라 이야기를 하고 세상 생각을 하므로 하늘나라와 세상나라가 함께 있을 수가 없어 거기에 간격이 생길 수밖에 없었습니다. 제자들이 주님을 중심으로 주님과 대화하고 주님의 말씀에 귀를 기울일 때는 하늘나라가 그들 속에 와있었지만 예수님과 멀리 떨어지고 예수님의 말씀에 귀를 기울이지 아니하고 예수님과 대화를 그치자 세상나라가 들어오고 세상이 그들 마음속에 들어와서 세상의 대화를 하니 예수님과의 거리가 멀어져 버리고 만 것입니다.

　요한복음 3장 31절에 "위로부터 오시는 이는 만물 위에 계시고 땅에서 난 이는 땅에 속하여 땅에 속한 것을 말하느니라 하늘로서 오시는 이는 만물 위에 계시나니"예수님은 하늘에 속한 일을 말씀하는데 제자들은 땅에 속해서 땅의 일을 말하니까 서로 거리가 생기고 간격이 생길 수밖에 없게 된 것입니다.

　고린도전서 2장 14절에 "육에 속한 사람은 하나님의 성령의 일을 받지 아니하나니 저희에게는 미련하게 보임이요 또 깨닫지도 못하나니 이런 일은 영적으로라야 분변함이니라"라고 말한 것입니다. 그렇기 때문에 주님은 우리에게 늘 말씀하신 것이 먼저 그의 나라와 그의 의를 구하라. 그리하면 이 모든 것을 더하시리라. 먼저 하늘나라와 하늘의 의를 구하면 세상 것은 주님이 도와주실 것이니 세상을 먼저 생각지 말라고 말한 것입니다. 세상을 먼저 생각하고 말하고 그 속에 살면 하늘나라 일을 잊어버리게 되고 마는 것입니다.

　둘째, 우리도 예수님으로부터 멀어질 수 있다는 것을 우리가 늘 마음속에 기억해야 되는 것입니다. 무엇이 우리를 세상으로 이끌고 가는지 아십니까? 우리의 마음속에 탐욕이 들어오면 탐욕이 우리와 주님 사이를 갈라놓고 마는 것입니다. 성경에는 네 앞에 다른 신을 두지 말라고 했는데 탐욕은 하나님의 대한 관심을 빼앗아 가는 다른 신인 것입니다. 탐욕이 들어오면 하나님에 대한 관심을 빼앗아가는 것입니다. 하나님 중심에서 세상 중심으로 끌고 가는 것입니다. 완전히 탐욕은 다른 신인 것입니다. 성경에는 각 사람이 시험을 받는 것은 자기 욕심에 끌려 미혹됨이니 욕심이 잉태한즉 죄를 낳고 죄가 장성한즉 사망을 낳는다고 말씀하고 있는 것입니다.

골로새서 3장 5절로 6절에 "그러므로 땅에 있는 지체를 죽이라 곧 음란과 부정과 사욕과 악한 정욕과 탐심이니 탐심은 우상숭배니라 이것들을 인하여 하나님의 진노가 임하느니라"고 말씀하고 있는 것입니다.

탐욕은 우리를 주님으로부터 멀리 떨어지게 하고 탐욕은 하나님 대신에 세상을 신으로 섬기게 만들어 주는 것입니다. 탐욕에 빠지면 점점 주님과 멀어져서 세상을 섬기고 세상의 성공에 집착합니다. 결국 세상으로 말미암아 도적질당하고 죽임을 당하고 멸망을 당하고 말게 되는 것입니다.

또 교만이 우리와 하나님 사이를 틈을 내어 놓는 것입니다. 우상에 절하지 말라고 했는데 교만은 바로 우상숭배가 되는 것입니다. 루시퍼가 왜 사탄이 되었습니까? 그가 말하기를 "내가 하늘에 올라 하나님의 뭇별위에 나의 보좌를 높이리라 지극히 높은 자와 비기리라"고 자기를 우상화 했습니다. 그 결과로 하나님과 사이가 멀어지고 쫓겨나서 사탄이 되고 만 것입니다. 성경에는 말하기를 "네가 아름다움으로 마음이 교만하였으며 네가 영화로움으로 네 지혜를 더럽혔다."고 말하고 있는 것입니다.

잠언서 8장 13절에 "여호와를 경외하는 것은 악을 미워하는 것이라 나는 교만과 거만과 악한 행실과 패역한 입을 미워하느니라"고 말했습니다. 잠언서 15장 18절에 "교만은 패망의 선봉이요 거만한 마음은 넘어짐의 앞잡이니라"고 말한 것입니다. 우리 마음에 하나님보다 자기를 바라보고 하나님보다 자기를 자랑하고 섬기게 되면 망하게 되는 것입니다. 하나님과의 거리는 천리만리 멀어지게 되는 것입니다.

우리가 인생의 풍랑을 만나면 우리 안에 있는 세상을 버리고 주님을 찾고 주님을 깨워야 하는 것입니다. 예수님이 깨어나시기만 하면 풍랑은 사라지고 파도는 잠잠해질 수밖에 없는 것입니다. 또 하나님과 우리 사이를 멀리하는 것은 말씀공부가 등한히 되어서 신앙이 식어지는 것입니다. 믿음은 들음에서 나며 들음은 그리스도의 말씀으로 말미암습니다. 우리의 믿음이란 말씀 없이는 생겨나지 않습니다. 하나님의 말씀이 우리에게 믿음을 가져오는 것입니다. 그러므로 말씀을 읽고 묵상하고 사랑하는 마음이 사라지면 마음의 믿음도 사라지고 불신앙이 들어오게 되는 것입니다. 말씀이 멀어지고 신앙이 멀어지면 하나님과의 교통도 멀어지는 것입니다. 말씀을 통해서 신앙이 들어오면 그 믿음이 하나님과 열린 문이 되어서 하나님과 교통을 하지만 말씀을 등한히 하면 신앙이 사라지고 하나님과의 교제는 끊어지고 마는 것입니다.

잠언서 13장 13절에 "말씀을 멸시하는 자는 패망을 이루고 계명을 두려워하는 자는 상을 얻느니라"고 말한 것입니다. 말씀을 멸시하면 결국 하나님과의 교제가 없어지고 믿음이 사라지기 때문에 패망하고 마는 것입니다. 하나님의 말씀과 계명을 두려워하고 사랑하면 상을 얻게 된다고 성경은 말하고 있는 것입니다. 로마서 10장 17절의 말씀을 늘 기억하십시오. "그러므로 믿음은 들음에서 나며 들음은 그리스도의 말씀으로 말미암았느니라"말씀은 우리에게 믿음을 주는 너무나 귀하고 놀라운 하나님의 은총과 축복인 것입니다.

그리고 또 하나님과 우리 사이에 틈을 내는 것은 불순종인 것입니다. 자기가 주인이 되어 종의 위치를 떠납니다. 우리는 다 하나님을 섬기도록 지음을 받았습니다. 하나님은 주인이요, 우리는 종입니다. 성경에는 종이 주인을 여종이 주모의 손을 바라봄같이 우리가 여호와 하나님을 바라보고 긍휼을 기다린다고 말씀하고 있는 것입니다. 우리가 주인이 아닙니다. 주인인 것 같으면 우리 마음대로 하지요. 그러나 종은 주인을 섬기기 위해서 있기 때문에 항상 주인을 바라보아야 되는 것입니다. 우리는 항상 하나님을 바라보며 살아야 되는 것입니다. 나를 바라보면 안 됩니다. 하나님을 바라보고 살아야 되는 것입니다. 언제나 하나님 말씀에 순종할 만반의 태세를 갖춰야 되는 것입니다.

예레미야 17장 13절에 "이스라엘의 소망이신 여호와여 무릇 주를 버리는 자는 다 수치를 당할 것이라 무릇 여호와를 떠나는 자는 흙에 기록이 되오리니 이는 생수의 근원이신 여호와를 버림이니이다"라고 말했습니다. 에베소서 5장 6절에 "누구든지 헛된 말로 너희를 속이지 못하게 하라 이를 인하여 하나님의 진노가 불순종의 아들들에게 임하나니"라고 말한 것입니다. 순종이 제사보다 낫고 하나님의 말씀을 듣는 것이 수양의 기름으로 드리는 것보다 낫다고 성경은 말하는 것입니다. 그렇기 때문에 우리는 항상 모든 일에 하나님을 순종하려고 마음에 작정하고 늘 주님을 바라보는 것을 쉬지 말아야 되겠습니다.

셋째, 세상이 만일 우리 마음속에 들어오면 그 세상 틈을 통해서 풍랑도 함께 들어오는 것입니다. 하나님과 우리 사이에 세상이 들어오면 세상의 주인 된 마귀가 따라 들어오는 것입니다. 탐욕이 들어오고 교만이 들어오고 불신앙이 들어오고 불순종이 들어오면 하나님과 우리 사이에 거리를 두게 되는 것입니다. 주님과 우리 사이에 간격을 두게 되고 그 빈틈을 통해서 세상이 밀물처럼 밀려 들어오면 그 밀물을 타고 사탄이 들어오는 것입니다. 세상이 제자들을 주님으로부터 격리시켜 놓았을 때 마귀는 공격했습니다. 예수님과 제자들이 배를 타고 갈릴리 호수를 지나가는데 예수님과의 교제가 끊어졌습니다. 예수님은 하늘나라 말씀을 하는데 제자들은 세상 말을 했습니다. 예수님은 하늘나라 생각을 하셨는데 제자들은 세상일을 생각했습니다. 주님과 제자들과 사이에 교통이 끊어졌습니다. 그래서 예수님은 팔을 베개하고 주무셨습니다. 그 틈에 사탄이 들어왔습니다.

마귀는 그 배를 뒤엎어서 예수님과 제자들을 멸망시키려고 한 것입니다. 그래서 한낮에 하늘에 먹구름이 끼고 천둥번개가 치고 거센 바람이 불어와서 갈릴리 호수에 거대한 풍랑이 일어나게 된 것입니다. 이 풍랑을 제자들이 잠재워 보려고 무수히 애를 썼습니다. 물을 퍼내고 돛을 감아 들이고 온갖 일을 다 해도 배는 물에 가라앉고 있었습니다. 우리의 인생에 하나님과의 간격이 벌어져서 풍랑이 일어났을 때 하나님 없이 우리 스스로 문제를 해결하려고 발버둥을 쳐도 소용이 없습니다.

이사야 59장 1절로 2절에 "여호와의 손이 짧아 구원치 못하심도 아니요 귀가 둔하여 듣지 못하심도 아니라 오직 너희 죄악이 너희와 너희 하나님 사이를 내었고 너희 죄가 그 얼굴을 가리워서 너희를 듣지 않으시게 함이니" 사람의 힘으로는 다가오는 풍랑을 막을 수가 없습니다. 마귀가 일으키는 세상의 풍랑은 인간의 힘으로 다스릴 수 없습니다. 오직 주님을 찾아야 풍랑이 잠잠해질 수가 있는 것입니다. 어떻게 풍랑을 잠재워야 되겠습니까? 회개하는 길밖에 없습니다. 큰 풍랑이 일어나 배가 침몰할 위기에 처하자 그때야 제자들은 예수님이 배에 같이 탄 것을 알았습니다. 그전에는 세상이 들어와서 예수님이 함께 계신 것조차 의식하지 못했습니다. 풍랑이 들어와서 죽게 되자 예수님이 함께 배에 타고 있고 예수님이 주무시고 있는 것을 깨닫게 되어 예수님께 가까이 나가서 주님을 깨웠습니다.

"주여! 주여! 우리가 죽게 되었습니다." 그들은 비로소 주님

없이는 살 수 없는 그들의 형편을 깨닫고 회개하고 돌아선 것입니다. 부귀, 영화, 공명 다 가져도 물에 빠져 죽어버리면 무슨 소용이겠습니까? 무엇보다 귀한 것은 예수님의 신앙이라는 것을 그들은 다시한번 마음속에 깊이 깨닫게 된 것입니다. 탐욕과 교만과 불신앙과 불순종을 떠나고 버려야 예수님을 깨울 수가 있는 것입니다. 예수님과 우리 사이에 무엇이 틈을 내었습니까? 바로 탐욕과 교만과 불신앙과 불순종이 그 틈을 내었는데 그 틈을 없애 버리기 위해서는 회개해야 되는 것입니다. 탐욕을 회개하고 교만을 회개하고 불신앙을 회개하고 불순종을 회개하고 주님께 손들고 나와야 되는 것입니다.

디모데전서 6장 11절에 "오직 너 하나님의 사람아 이것들을 피하고 의와 경건과 믿음과 사랑과 인내와 온유를 좇으며"라고 말한 것입니다. 요한계시록 2장 5절에 "그러므로 어디서 떨어진 것을 생각하고 회개하여 처음 행위를 가지라 만일 그리하지 아니하고 회개치 아니하면 내가 네게 임하여 네 촛대를 그 자리에서 옮기리라"고 말한 것입니다. 회개가 그렇게 중요한 것입니다.

풍랑을 만났을 때 우리는 무엇보다 회개하고 주님을 찾아가야만 하는 것입니다. 주님을 깨워야 합니다. 그러면 주님께서 우리를 의와 진리의 거룩함으로 지으심을 받은 새사람으로 만들어 주어서 풍랑을 잠재워 주시는 것입니다. 그리고 풍랑이 왔을 때는 주님을 찾고 주님을 깨우는 일에 우리가 게으르지 말아야 됩니다. 예수님의 제자들이 "주여! 구원하소서. 우리가 죽겠나이다." 라고 외친 것처럼 우리가 고난당하면 인간의 힘으로 수단과 방법으로 발버둥치지 말고 회개하고 예수님을 찾아야 되는 것입니다.

시편 44편 23절에 "주여 깨소서 어찌하여 주무시나이까 일어나시고 우리를 영영히 버리지 마소서" 예레미야 33장 3절에 "너는 내게 부르짖으라 내가 네게 응답하겠고 네가 알지 못하는 크고 은밀한 일을 네게 보이리라"고 말씀한 것입니다. 잠언서 8장 17절에 "나를 사랑하는 자들이 나의 사랑을 입으며 나를 간절히 찾는 자가 나를 만날 것이니라"고 말한 것입니다. 그러므로 인생에 위기가 다가오면 인간의 수단과 방법으로 피하려고 하지 말고 주님 앞에 엎드리는 것이 최고입니다. 회개하고 주님의 얼굴을 찾고 찾으면 주님이 만나 주시는 것입니다.

풍랑은 우리가 하나님과 멀어졌을 때 귀신이 와서 일으키는 것입니다. 그러나 우리가 회개하고 주님을 다시 중심에 모셔 들이기만 하면 예수님이 다시 자리를 중심에 점령하시면 풍랑도 잠잠해지고 모든 일이 회복되게 되는 것입니다. 바깥의 풍랑에 지는 것이 아니라 마음에 풍랑도 잠잠해지고 생활에 풍랑도 잠잠해지는 것입니다. 그리고 풍랑을 잠잠케 하기 위해서는 우리의 삶이 변화를 받아야 되는 것입니다. 의와 진리의 거룩함으로 지으심을 받은 새사람을 입고 살기로 결심해야 되는 것입니다. 풍랑이 다가왔는데도 불구하고 우리의 삶에 변화를 가져오지 않으면 안 되는 것입니다. 풍랑은 하나님이 우리의 삶에 대해서 기뻐하지 아니하신다는 증거이기 때문에 그 삶을 벗어 버리고 새로 갈아입어야 되는 것입니다.

로마서 6장 6절에 "우리가 알거니와 우리 옛 사람이 예수와 함께 십자가에 못 박힌 것은 죄의 몸이 멸하여 다시는 우리가 죄에게 종노릇 하지 아니하려 함이니" 죄의 종의 멍에를 벗어 버리고 주님 앞에 올바르게 서야만 되는 것입니다. 에베소서 4장 22절로 24절에 "너희는 유혹의 욕심을 따라 썩어져 가는 구습을 좇는 옛 사람을 벗어 버리고 오직 심령으로 새롭게 되어 하나님을 따라 의와 진리의 거룩함으로 지으심을 받은 새 사람을 입으라"고 말씀한 것입니다.

고난은 우리에게 회개하라는 하나님의 채찍입니다. 채찍을 맞고도 회개하지 아니하면 점점 채찍이 굵어지게 되는 것입니다. 큰 채찍이 오기 전에 우리는 변화를 받아 새사람이 되어 주님 품에 안겨야 되는 것입니다. 그리고 주님이 깨어나시면 풍랑은 사라지는 것입니다. 주님께서 일어나사 바다를 꾸짖으시는데 아주 잔잔하게 되었다고 성경은 말하고 있는 것입니다. 주님은 하늘과 땅의 모든 권세를 다가지고 계십니다. 풍랑과 홍수도 주님 수하에 있는 것입니다. 주님의 명령 한마디면 풍수도 풍랑도 잠잠해지고 마는 것입니다.

세상에 일어나는 모든 정치, 경제, 교육, 문화, 군사, 산업의 모든 문제가 사람에게는 문제가 되지만 주님에게는 문제가 되지 않습니다. 죽은 자를 살리시며 없는 것을 있게 하시는 하나님의 말씀 한마디면 모든 풍랑은 물러가게 되어있는 것입니다.

요즈음 예수를 믿는 성도들이 자꾸 인간의 수단과 방법을 의지해서 문제를 해결하려고 합니다. 그러나 주님을 깨우시면 주님이 풍랑을 잠잠케 하는 것입니다. 우리의 개인의 삶 속에 우리의 가정에 우리의 사회, 국가에 주님을 주무시게 해 놓고 주님을 그대로 두면 풍랑은 사라지지 않습니다. 저가 나를 사랑한즉 내가 저를 건지리라. 저가 내 이름을 안즉 내가 저를 높이리라. 저가 내게 간구하리니 내가 응답하리라 환난의 때 저와 같이하여 저를 건지고 영화롭게 하리라. 주님께서 우리 가운데 깨어나시면 주께서 모든 문제를 해결해 주시는 것입니다.

넷째, 주님은 풍랑을 일으키는 귀신을 쫓아내십니다. 주님께서는 바다를 향해서 고요하라. 잠잠하라고 꾸짖었습니다. 물을 보고 꾸짖습니까? 살아있어 듣고 있는 존재를 향해서 꾸짖고 있잖아요. 풍랑을 일으킨 배후의 마귀를 보고 주님이 꾸짖으신 것입니다. 고요하라. 잠잠하라. 바람과 바다를 꾸짖었다고 성경에 말했습니다. 돌멩이 보고 꾸짖은들 무슨 소용이 있습니까? 나무보고 꾸짖은들 무슨 소용이 있습니까? 그러나 살아있는 존재는 꾸짖으면 그 꾸짖음에 응답하는 것입니다. 주님께서 꾸짖은 것은 바람과 파도의 배후에 있는 원수 마귀를 꾸짖으신 것입니다. 풍랑은 귀신이 일으킨 것입니다. 예수님이 거라사 지방에 건너오지 못하도록 거라사 지방에 귀신들린 사람 속에 있는 군대마귀가 풍랑을 일으킨 것입니다. 결국에는 예수님이 풍랑도 잠잠케 하시고 군대마귀도 쫓아내신 것입니다.

요한 1서 3장 8절에 "죄를 짓는 자는 마귀에게 속하나니 마귀는 처음부터 범죄함이니라 하나님의 아들이 나타나신 것은 마귀의 일을 멸하려 하심이니라" 베드로전서 5장 8절로 9절에 "근신하라 깨어라 너희 대적 마귀가 우는 사자 같이 두루 다니며 삼킬 자를 찾나니 너희는 믿음을 굳게 하여 저를 대적하라 이는 세상에 있는 너희 형제들도 동일한 고난을 당하는 줄을 앎이니라"고 말한 것입니다.

우리가 회개하고 돌아오면 우리 가정에서 귀신을 쫓아내야 가정이 평안해 지는 것입니다. 교회에서 귀신을 쫓아내야 교회가 잠잠해지지요. 직장에서 사회에서 귀신을 쫓아내어야 조용해지는 것입니다. 귀신은 예수께서 오시면 쫓겨나가는 역사가 일어나는 것입니다. 주님이 우리에게 와서 회개하라. 천국이 가까웠다 하시고 가장 먼저 하신일이 귀신을 쫓아내는 일을 하신 것입니다. 모든 인생의 불행과 풍랑은 귀신이 가져오는 것입니다. 귀신은 도적질하고 죽이고 멸망시키는 일을 하는 것입니다. 주님께서 오신 것은 귀신을 쫓아내고 우리에게 평안을 주시기 위해서 오신 것입니다. 그러므로 우리가 탐욕을 회개하고 교만을 회개하고 불순종과 불신앙을 회개하고 주님과 우리 사이에 막힌 담을 헐어 버리고 주무시는 주님을 깨워 일이키면 주님은 우리 가운데 오셔서 도적질하고 죽이고 멸망시키는 마귀와 귀신들을 일격에 내어 쫓아주시는 것입니다.

잠언서 28장 13절에 "자기의 죄를 숨기는 자는 형통치 못하나 죄를 자복하고 버리는 자는 불쌍히 여김을 받으리라"고 말씀하셨습니다. 사도행전 10장 38절에 "하나님이 나사렛 예수에게 성령과 능력을 기름 붓듯 하셨으매 저가 두루 다니시며 선한 일을 행하시고 마귀에게 눌린 모든 자를 고치셨으니 이는 하나님이 함께 하셨음이라"고 말씀하고 계신 것입니다.

예수님은 우리가 회개하고 돌아오기만 하면 그 어떤 풍랑이라도 잠잠케 하시는 것입니다. 하늘과 땅의 모든 권세를 가진 예수님이신 것입니다. 주님은 우리에게 오셔서 귀신을 쫓아내시고 우리의 삶에 풍랑을 잠잠케 해주시는 것입니다. 예수 그리스도는 어제나 오늘이나 영원토록 동일하시기 때문에 우리를 떠나 멀리 계시지 않습니다. 예수님을 잠재워서는 결코 안 됩니다. 예수님을 주무시게 해서는 안 되는 것입니다. 풍랑과 풍파를 예수님의 이름으로 잠잠하게 해야 삶에서 만사형통을 체험하며 살아갈 수가 있습니다.

충만한 교회에서는 매주 목요일 밤 19:30- 성령 ,은사, 내적치유집회를 정기적으로 진행하고 있습니다. 성령체험을 원하시는 많은 분들이 찾아오셔서 성령세례를 받고, 성령은사를 받으며, 질병과 마음의 상처를 치유 받고, 귀신들을 떠나보내고 있습니다. 성령으로 기도하며 성령의 강력한 역사가 일어나서 오시는 분들이 많은 은혜를 받고 있습니다.

8장 마음과 정신이 산란해 진다.

(마15:16~20)"예수께서 이르시되 너희도 아직까지 깨달음이 없느냐 입으로 들어가는 모든 것은 배로 들어가서 뒤로 내버려지는 줄 알지 못하느냐 입에서 나오는 것들은 마음에서 나오나니 이것이야말로 사람을 더럽게 하느니라. 마음에서 나오는 것은 악한 생각과 살인과 간음과 음란과 도둑질과 거짓 증언과 비방이니 이런 것들이 사람을 더럽게 하는 것이요 씻지 않은 손으로 먹는 것은 사람을 더럽게 하지 못하느니라"

영혼이 불만족스러우면 정신 신경계통의 부조화를 가지고 옵니다. 그래서 정신 신경계통에 질병이 발생하는 것입니다. 정신적인 질병은 어떠한 형태의 죄이든지 적은 것이 씨앗에 되어 누룩과 같이 우리들의 정신과 마음과 육체를 파괴해 나가는 것입니다. 표면적인 생각이 잠재의식에까지 진행되어 신경 세포가 파괴되고 자율 신경이 파괴되어 자신의 생각이나 의지대로 조절이 되지 아니합니다. 말초신경의 자극은 내장기관의 파괴를 가져올 뿐만 아니라, 인체의 호르몬 기능이 조화를 잃게 됩니다. 이로 인하여 체액과 혈액이 산성화되거나 혼탁해져서 인체의 여러 가지 질병에 대한 면역력이 상실됩니다. 그래서 특별한 부위의 세포가 비정상적인 세포로 파괴되면서 육체의 병으로까지 진행되어 갑니다. 영의 병과 원인이나 결과가 유사합니다.

그러나 외적인 악한 영의 영향이나 침투로 인하여 질병이 발생하는 것이 아니라, 내적인 자신의 성품이나 인격(혼)이 조화를 이루지 못한 마음인 "병든 영혼"의 죄로 말미암아 일어나는 질병입니다. 주로 특별한 신체적 장애가 없음에도 불구하고 신체적 통증을 동반하는 질병으로 대개 자율신경의 부조화를 통하여 병으로 진행됩니다.

자율 신경은 교감신경과 부교감신경으로 나누는데 좌절, 낙심, 분노, 미워하는 마음, 질투하는 마음, 원망하거나 불평하는 마음, 불안이나 염려나 낙심 등은 교감신경과에 속합니다. 반대로 기쁜 마음, 평안한 마음, 사랑의 마음이나 용서의 마음, 온유한 마음 등은 주로 부교감 신경에 속합니다. 이 자율신경의 균형이 조화가 깨어질 때 각종 장기의 혈관 근육 등에 퍼져 있는 세포에 영향을 주므로 신체에 이상을 일으키게 됩니다. 자율 신경을 자극하는 것이 바로 인간의 감정이나 화나 정신적 혹은 심적 스트레스를 받게 되어 평안함이 깨트려지고 하나님과의 불화가 시작됩니다. 이 스트레스는 하나님의 뜻대로 살지 못하거나 믿음으로 살지 못한 죄의 결과입니다. 그래서 하나님은 우리에게 주 안에서 항상 기뻐하라고 하시는 것입니다(빌 4:4-7).

영혼이 약하여 감정적인 충격을 받으면 사고기능은 저하되고 합리적인 판단이 흐려져서 앞뒤를 생각할 겨를도 없이 공격적이 됩니다. 이로 인하여 심령이 상하게 되어 본성인 육성이 드러나게 됩니다. 이러한 화가 분노로 격한 심령으로 확산됩니다. 이러한 화병이 통제되지 못하면 빈발하게 되어 병적이 되고 질병으로 진행됩니다. 충격이나 신경성 원인에 의한 모든 질병은 모두 이 혼에 속한 병인데 영적인 질병과 정신적인 질병과 육체적인 질병의 3가지 형태로 진행됩니다.

화나 분노가 내적으로 스며들거나 발산되지 않은 상태로 속으로 심령이 상하게 됩니다. 정신적인 손상이 계속되어 뇌신경 세포의 파괴가 진행되면 노이로제나 우울증 및 정신병으로 발전하게 됩니다. 그렇지 않고 내장기관의 신경세포가 손상이나 자극이 계속되면 육체적인 질병으로 발전하게 되어 심신 상관병으로 발전하게 됩니다. 심신 상관병이란 육체의 이상 현상으로 발전된 혼(마음)의 병을 의학적으로 심신 상관병이라 말합니다.

신경성 원인에 의한 질병은 육체의 질병으로 외부적인 형태로 심하게 발전되어지지 않은 상태의 질병을 말합니다. 특별히 내분비 계통과 신경 계통과 자율신경 계통에 발병되어진 경우를 말합니다. 그러나 이 혼(마음)의 병 가운데 육체의 이상 현상으로 발전된 혼(마음)의 병은 의학적으로 심신 상관병이라 말합니다. 흔히 병의 원인을 의사들이 신경성 질병이라고 말하는 질병들로서 육체의 질병과 같은 증세와 형태를 갖추고 있습니다. 이에 대한 치유 사역은 혼(마음)의 내적치유사역의 방법과 함께 육체의 질병에 준하는 치유 사역을 겸하면 효과적입니다. 우울증이나 또한 정신병과 같은 경우라도 육체적 손상으로 인한 정신병이나 약물중독에 의한 육체의 병에 준하여 치유해야 합니다.

영혼의 부조화로 나타나는 우울정신질병의 영향에 의한 성격 이상은 혼적인 병이 상당히 진행된 상태입니다. 병든 마음이 여러 가지 영의 질병으로 나타나거나 영적으로 파멸되어 가는 영적 현상이요, 이상 인격이며 병든 영혼입니다. 건전한 마음과 건전한 인격은 단순한 마음에서 나오며 어린아이와 같은 순전한 마음에서 나오게 됩니다.

그러나 교만한 마음이나 복잡하고 혼란한 마음이나 정신 상태는 비정상인 인격 현상을 일으킵니다. 성격이상이나 괴팍한 성격 등이나 지나친 의심, 지나친 이기주의, 지나친 고집, 지나친 질투, 지나치게 자주 발하는 혈기, 지나친 결벽성, 지나치게 말이 많거나, 지나치게 말이 적거나, 지나치게 불결함, 지나치게 게으르거나, 지나치게 인색하거나 등은 병적이랄 수 있는 상태이며, 이는 혼(마음)의 병이 상당히 진행된 상태입니다.

이러한 혼의 질병들은 하나님의 축복의 선물이요, 성령의 열매인 평안을 잃어버린 너무나 복잡한 인간의 육신적인 마음에서 나오게 됩니다. 믿음으로 살지 않고 영으로 살지 않는 육신적인 생활 태도는 신경력의 지나친 소모를 가져오거나 혼적인 병의 열매로 나타납니다.

영적으로는 육체의 일로 나타나며, 육신적으로는 사망의 삯인 육신의 질병으로 나타나며, 혼적으로는 영혼의 질병으로 나타나는 성격(인격)이상으로 발전하거나 좀 더 심해지면 정신이

상으로까지 발전되기도 합니다.

선천적인 유전적 요인도 있지만 후천적인 환경과 교육이나 신앙과의 영향을 받는 것이 바로 영혼의 질병이요, 인격(성격) 이상입니다. 과학자나 의사나 불신자는 혼의 병을 윤리 도덕이나 심리적이나 의학적 혹은 과학적으로만 고치려고 합니다. 이 성격이상은 고착되어 굳어 있고 자신의 존재 자체로 되어 있기 때문에 인간의 어떠한 가르침이나 수양(修養)으로는 근본적인 치료는 불가능합니다. 영혼의 질병은 단순한 혼의 기능 이상만이 아니라, 영의 기능 이상과 문제이기 때문입니다.

영혼의 변화는 오직 예수의 생명 즉 하나님의 성령만이 변화시킬 수 있습니다. 영의 변화는 영의 깨달음이 있어야 하는데 이 영의 깨달음은 하나님의 은혜요 성령의 선물입니다. 말씀과 더불어 성령이 역사하는 기름부음이 있어야 하며 성령의 나타남이 있어야 합니다.

이러한 성령의 기름부음과 나타남은 영적 지각 기능이 살아나서 지각되는 영적 감각이 있는 사람이라야 합니다. 성령의 역사에 민감하게 반응할 수 있는 사람이라야 하는데, 하나님의 성령은 예수의 피로 씻어진 심령(거듭난 심령)이 아니고는 역사하지 않기 때문에 현재의 의학으로는 거의 불가능합니다. 우울정신신경 질병은 심리학적이나 교육적으로는 어느 정도 호전될 수 있지만 근본적으로는 고쳐지지 않는 것입니다. 믿음의 사람들도 성령의 도우심을 받지 않고서는 불가능하다는 사실을 인지하고 성령의 역사에 민감하게 반응하는 영성이 필요한 것입니다. 예수를 십년을 믿어도 변화되지 않는 것은 이러한 이유에서입니다. 또한 성령의 은사자라고 자랑하는 사람이나 기도를 하루에 몇 시간씩 하는 영적이라는 사람들도 인격이 변화되지 않는 것은 이러한 영적 원리를 적용하지 않고 살기 때문입니다.

이러한 영적 원리를 적용하고 사는 삶의 태도가 하나님의 영으로 인도함을 받는 삶입니다. 성령은 ① 말씀 속에 있으며, ② 심령 속에 있으며, ③ 우리들 가운데 역사하고 있습니다. 그래서 마음을 열고 영으로 기도를 해야 성령이 충만한 것입니다. 그래야 영의 사람으로 성령으로 인도를 받을 수 있는 것입니다.

이러한 영적 원리를 잘 활용하여 영혼을 인도하는 사역자가 눈을 뜬 인도자입니다. 이러한 영적 원리를 적용하고 사는 것이 신앙생활입니다. 소경이 소경을 인도하면 다 같이 멸망할 뿐입니다. 그러므로 성령 사역을 잘 이해하고 성령의 나타나는 영적 현상과 그 원인을 이해함이 영적 눈을 뜨는 지름길입니다.

첫째, 정신문제가 발생합니다. 영혼의 불만족으로 인하여 정신적인 질병이 발생하기도 합니다. 영혼이 만족하면 정신적인 질병은 예방이 가능합니다. 영혼의 불만족으로 모두 정신적인 질병이 발생하는 것은 아닙니다. 모태에서나 유아시절의 상처는 정신문제에 치명적입니다. 이 상처를 가지고 있는 크리스천이 영혼이 만족하지 못하면 정신적인 문제가 발생할 확률이 많다는 것입니다. 이 상처로 인하여 늘 마음 한 구석이 늘 아픕니다. 그 아픈 마음이 자신을 가해하지만, 영혼이 만족하지 못하니 자신의 힘으로 벗어나지를 못합니다. 마음의 병으로 고통을 받게 됩니다. 필자는 치유사역을 하면서 나아가 들어서도 정신적인 문제로 고통을 당하는 청년들을 많이 봅니다. 모두 모태에서나 유아시절의 상처로 인하여 발생하더라는 것입니다.

그리고 조상의 우상숭배로 인하여 발생하는 경우도 있습니다. 과거의 상처가 쉽게 지워지지 않습니다. 그래서 마치 시한폭탄과 같은 모습으로 살아가는 자녀들도 많습니다. 그래서 필자는 세상에는 시한폭탄이 많이 돌아다니니 조심해야 한다고 경고를 자주합니다. 과거의 아픈 경험 때문에 응어리진 가슴을 안고 살아가는 자녀들도 많습니다. 그러다 보니 정상적인 생활을 못합니다. 정신적으로도 병들었습니다(마11:28-29). 마음의 안식이 없습니다. 다른 말로 하면 평안이 없습니다. 늘 염려하고 불안에 떱니다. 조그만 일에도 적응하지 못하고 불안해합니다. 그래서 가슴이 답답해서 미치겠다고 말하는 청소년들이 많습니다. 마음에 평안이 없으니 모든 것을 믿지를 못합니다. 보통 큰 병이 아닙니다. 그러다가 영혼이 만족하지 못하고 스트레스를 받으면 조울증으로 우울증으로 정신병으로 진전이 되어 고통을 당합니다. 생활적으로도 병든 자녀들도 많습니다. 일어나야 할 시간과 누워 자야 할 시간을 모릅니다. 한 마디로 늘 누워있는 것입니다. 다른 사람들은 다 일어났는데 혼자 누워있습니다. 다른 사람들은 다 학교가고 출근하는데 혼자 출근도 못하고 누워있습니다. 다른 사람들은 하루 종일 움직이는데 혼자 이불을 깔고 있습니다. 그러다가 밤이 되면 활동을 합니다. 다른 사람이 잠을 자지 못하게 합니다. 그런가하면 생활이 너무 무질서하여 일을 제대로 못하는 자녀들도 있습니다. 무엇이 중요한지를 모릅니다. 이것도 했다가 저것도 했다가 하는데 되는 일이 하나도 없습니다. 무엇이든지 지속하지 못하고 변덕을 부리기도 합니다. 그래서 그 자녀 뒤를 따라가는 것도 피곤하고 힘이 드는 경우도 많습니다.

둘째, 영적인 문제로 발전되기도 합니다. 영혼이 불만족스러우면 불안과 두려움으로 세월을 보냅니다. 자연스럽게 악한 영의 밥이 되는 것입니다. 영혼의 만족이란 참으로 복중의 복입니다. 영혼이 만족하다는 것은 하나님과 관계가 열렸다는 뜻입니다. 성령께서 지배하고 계신다는 것입니다. 그래서 영육의 문제를 사전에 예방할 수가 있다는 것입니다. 반대로 영혼이 만족하지 못하면 어떤 사람들은 밤에 악몽을 꿉니다. 똑같은 꿈을 반복하여 꾸기도 하고, 무섭고 공포스러운 꿈으로 시달리는 사람들이 있습니다. 초저녁부터 계속 악몽에 시달리다가 새벽이 되어야 겨우 잠을 제대로 잘 수 있다고 하는 사람들도 있습니다.

그러니 오전에는 일어나지를 못하는 것입니다. 그런가하면 환영(악 영이 보여주는)이나 환청에 시달리는 사람들도 있습니다. 귀에서 소리가 들리는가하면 무엇인가가 보이기도 합니다. 심지어 책이나 어떤 사상에 영향을 받은 사람들 중에서는 그 책의 실제인물이 나타나기도 합니다. 그런가하면 사단의 영향으로 정상적인 생활을 하지 못하는 사람들도 있습니다. 정신이 혼미해지고 두려움이 오고, 나는 안 된다. 이렇게 되니 생활에 문제가 옵니다. 낮에는 자고 밤에는 돌아다니면서 방황을 합니다. 밤에 자다가 가위눌림을 당하기도 합니다. 이게 전부다 귀신의 역사입니다. 귀신은 인간에게 구원을 줄 수 없습니다. 귀신은 인간에게 축복을 주지도 못합니다. 그리고 귀신은 인간의 생명을 다스릴 수도 없습니다.

우리는 귀신을 대적하고 쫓아내야 되는 것입니다. 유혹도 대적해야 되고, 원수 마귀도 대적해야 되는 것입니다. 믿음을 굳게 하여 단호하게 대적하면 원수가 한 길로 왔다가 일곱 길로 도망을 치고 마는 것입니다. 대적하지 아니하고 그대로 가만히 있으면 끌려 가버리고 마는 것입니다. 우리는 천국에 이르기까지 자기와 싸우고 마귀와 싸우며 나가야 되는 것입니다. 싸우면 늘 이기기만 하지 않습니다. 상처를 입고, 부상을 당하고 때론 패할 수도 있습니다. 우리들 가운데 내적인 정욕과 외적인 원수와 싸워서 백발백중으로 이긴 사람은 없을 것입니다. 많은 사람이 상처를 입기도 하고, 부상을 당하기도 하고, 혹은 완전히 패배되어 KO가 될 때도 있는 것입니다. 그렇다고 해서 우리가 서로 비난하고 손가락질하고 헐뜯어서는 안 됩니다. 너나 나 할 것 없이 누구나 상처받을 수 있는 위치에 있고, 누구든지 부러지고 넘어질 위험이 있는 것입니다. 서로 도와가며 귀신을 쫓아내야 합니다.

   셋째, 말씀과 성령으로 심령을 정화하라. 마음과 정신이 정상적인 기능을 발휘하게 하기 위하여 예방신앙을 해야 합니다. 영혼이 만족하는 믿음생활을 해야 한다는 것입니다. 자신의 영혼을 자신이 지키라는 것입니다. 자신은 자신이 제일 잘 압니다. 영혼의 불만족으로 정신적이고 영적인 질병이 발생하기 전에 말씀과 성령으로 충만한 생활을 하여 항상 영혼의 만족을 누리라는 것입니다.우리는 말씀의 묵상과 성령으로 기도하여 마음의 안방에 쓰레기를 청소하고 좋은 것으로 진열해 놓아야 되는 것입니다. 어느 집에 들어가려고 하는데 방이 쓰레기더미로 쌓여있으면 들어가고 싶지 않잖아요. 방이 잘 정리, 정돈되고 깨끗하고, 아름답게 되어 있으면 그 방에 들어가서 앉아 쉬고 싶은 마음이 생기지 않습니까? 우리는 우리의 마음을 쓰레기더미로 만들지 말고 성령의 전으로 만들어야 되는 것입니다.
   고전3:16~17에 "너희는 너희가 하나님의 성전인 것과 하나님의 성령이 너희 안에 계시는 것을 알지 못하느냐"그렇게 말씀하신 것입니다.성령께서 우리 속에 계십니다. 그렇기 때문에 성령은 거룩한 영이므로 거룩한 성령이 우리에게 거하기 위해서는 쓰레기를 다 청소해야 되는 것입니다. 믿음, 소망, 사랑, 의, 평강, 희락이 마음속에 있어야 되고 사랑과 희락과 화평과 오래 참음과 자비와 양선과 충성과 온유와 절제 같은 좋은 성령의 열매로써 우리 마음을 채워 놓아야 되는 것입니다. 그 무엇보다도 예수님의 십자가 보혈의 능력을 통한 대속의 은혜로 마음속을 채워 놓아야 되는 것입니다. 우리가 항상 예수님을 바라보고 십자가에서 넘쳐 나오는 용서와 의와 영광으로 마음에 채워 놓고 십자가를 통해서 주는 거룩함과 성령 충만으로 채워 넣고 십자가를 통하여 오는 치료와 건강으로 채워 놓고 십자가를 통해서 오는 아브라함의 축복과 형통으로 채워 놓고 십자가를 통해서 오는 부활, 영생, 천국의 소망으로 채워 놓아야 되는 것입니다. 이런 귀한 하나님의 은혜의 진리를 마음속에 차곡차곡 쌓아 놓아야 되는 것입니다. 우리 마음속에 사랑하는 자여 네 영혼이 잘됨같이 네가 범사에 잘되며 강건하기를 간구한다는 적극적인 전인구원의 사상으로 채워 놓아야 되는 것입니다. 시편103에 있는 말씀처럼 "그가 네 모든 죄악을 사하시며 네 모든 병을 고치시며 네 생명을 파멸에서 속량하시고 인자와 긍휼로 관을 씌우시며 좋은 것으로 네 소원을 만족하게 하사 네 청춘을 독수리 같이 새롭게 하시는 도다."는 진리의 말씀을 기억하고 마음속에 쌓아 놓아야 되는 것입니다. 이 귀하고 아름다운 말씀을 우리 마음속에 차곡차곡 채워 놓으면 그 말씀들이 마음속에서 하나님의 능력을 나타내는 것입니다. 하나님의 말씀을 마음속에 채워 놓고 항상 말씀을 생각하고 항상 말씀을 묵상하고 그 말씀을 소리 내어 암기해야 되는 것입니다. 말씀이 얼마나 좋습니까? "두려워 말라 내가 너와 함께 함이라. 놀라지 말라 나는 네 하나님이 됨이라. 내가 너를 굳세게 하리라. 참으로 너를 도와주리라. 참으로 나의 의로운 오른손으로 너를 붙들리라." 이런 말씀을 생각하고 이 말씀을 묵상하고 이 말씀을 입으로 시인해 보십시오. 마음속에 얼마나 담대한 은혜가 생겨납니까?

또한 마음속에 시편23편 말씀을 채워 놓아 보십시오. "여호와는 나의 목자시니 내게 부족함이 없으리로다. 그가 나를 푸른 풀밭에 누이시며 쉴 만한 물 가로 인도 하시는 도다. 내 영혼을 소생시키시고 자기 이름을 위하여 의의 길로 인도 하시는 도다. 내가 사망의 음침한 골짜기로 다닐지라도 해를 두려워하지 않을 것은 주께서 나와 함께 하심이라. 주의 지팡이와 막대기가 나를 안위하시나이다. 주께서 내 원수의 목전에서 내게 상을 차려 주시고 기름을 내 머리에 부으셨으니 내 잔이 넘치나이다. 내 평생에 선하심과 인자하심이 반드시 나를 따르리니 내가 여호와의 집에 영원히 살리로다." 이 말씀을 생각하고 묵상하고 입으로 외워 보십시오. 마음속에 하늘나라의 영광이 충만하게 되지 않습니까? 마음속에 말씀을 차곡차곡 쌓아 놓는 것은 참으로 좋습니다. "내가 사망으로 우겨 쌈을 당하여도 싸이지 아니하며 답답한 일을 당해도 낙심하지 아니하며 핍박을 받아도 버린 바 되지 아니하며 거꾸러뜨림을 당하여도 망하지 아니한다." 아

~ 이 말씀이 보배와 같이 마음에 빛나지 않습니까? "여호와는 나의 피난처요 나의 요새요 나의 의뢰하는 하나님이 되리니 이는 저가 너를 새 사냥꾼의 올무에서와 극한 염병에서 건지실 것임이라. 저가 너를 그 깃으로 덮으시리니 내가 그 날개아래 거하리로다. 그의 진실함은 방패와 손방패가 되나니 너는 밤에 놀램과 낮의 흐르는 살과 흑암 중에 행하는 염병과 백주에 황폐케 하는 파멸을 두려워하지 아니하리로다. 천인이 네 곁에서 만인이 네 우편에서 엎드려지나 이 재앙이 네게 가까이 오지 못하리로다." 이 말씀을 생각하고 묵상하고 말로 말해 보십시오. 엄청난 하나님의 권능이 임하는 것입니다.

마음을 정결케 하고 말씀을 차곡차곡 쌓아 놓으면 하늘나라가 임하고 하나님의 권세와 능력이 임하는 것입니다. 그 대신 쓰레기가 쌓여있는 사람이 "나는 못산다. 나는 안 된다. 나는 할 수 없다. 나는 죽는다. 나는 패배자다. 나는 죄인이다. 나는 마귀의 자식"이라고 생각하고 묵상하고 그렇게 말하면 엄청난 파괴가 다가오지 않습니까? 쓰레기는 생각 속에서 쫓아내고 묵상 속에서 쫓아내고 우리 입술에서 쫓아내 버리고 하나님의 말씀으로 차곡차곡 채워야 되는 것입니다.

대속의 은혜로 채워 놓고 전인구원의 축복으로 채워 놓고 새로운 지위로써 "택하신 족속이요, 왕 같은 제사장이요, 거룩한 나라요, 그의 소유된 백성이 되었다"는 생각으로 채워 놓고 말씀으로 채워 놓으면 마음속에 보배 창고가 되는 것입니다. 히4:12

에 "하나님의 말씀은 살아 있고 활력이 있어 좌우에 날선 어떤 검보다도 예리하여 혼과 영과 및 관절과 골수를 찔러 쪼개기까지 하며 또 마음의 생각과 뜻을 판단한다고" 말씀한 것입니다. 이 말씀은 살아서 마음속에 운행하는 것입니다. 신30:14에 "오직 그 말씀이 네게 매우 가까워서 네 입에 있으며 네 마음에 있은즉 네가 이를 행할 수 있느니라"고 말씀하고 있는 것입니다. 그러므로 하나님의 말씀을 마음속에 간직하면 자신의 생애 속에 말씀이 역사하는 것입니다. 선악 간에 마음에 가득한 것이 입 밖으로 나와서 환경과 운명을 만들어 내는 것입니다. 쓰레기가 가득해서 입으로 나오면 온 환경이 쓰레기 더미가 되어서 파멸을 당합니다. 그러나 진주 같은 귀한 말씀이 가득해서 말씀이 밖으로 나오면 여러분의 생활 속에 영혼이 잘됨같이 범사에 잘되며 강건하고 생명을 얻되 넘치게 얻게 만들어 주는 것입니다.

충만한 교회는 지방에 계시는 분들을 위하여 성령치유 집회 CD와 교재를 33종류를 비치하고 있습니다. 과목별 CD는 12시간을 녹음하여 12개입니다. 가격은 3만원입니다. 교재는 과목당 만원입니다. 필요하시면 주문하여 영성을 깊게 하실 수가 있습니다. 교재를 보며 CD를 들으면 현장에서 집회를 참석한 것과 같은 효과가 있습니다. 과목별 상세한 내용은 홈페이지 www. ka0675.com 에 보시면 계좌번호와 과목별 상세목록을 확인하실 수 있습니다.

9장 가정 부부불화가 잦아진다.

(벧전3:7)"남편들아 이와 같이 지식을 따라 너희 아내
와 동거하고 그를 더 연약한 그릇이요 또 생명의 은혜를
함께 이어받을 자로 알아 귀히 여기라 이는 너희 기도가
막히지 아니하게 하려 함이라 또는 그 아내를 더 연약한
그릇 같이 여겨 지식을 따라 동거하고"

영혼이 만족한 믿음생활을 하지 못하면 마음이 평안하지 못
합니다. 마음의 상처가 치유되지 않습니다. 당연하게 부부불화
가 잦아지는 것입니다. 영혼의 만족이란 참으로 중요한 것입니
다. 영혼이 만족하면 마음이 넓어지기 때문에 인간관계에 문제
가 생기지를 않습니다. 영혼이 만족하지 못하면 조그마한 일도
참아내지 못하고 짜증을 내거나, 혈기를 유발합니다. 이기주의
자가 됩니다. 그래서 부부간에 불화가 생기는 것입니다. 마음
이 편안하지 못하니 인간의 악함을 상대방(약한자)에게 발설하
는 것입니다.

하나님은 짝지어준 부부들이 행복하게 살아가기를 원하십니
다. 결혼은 하나님께서 세운 인생의 제도 중의 가장 귀한 것입
니다. 주님께서 하나님의 형상과 하나님의 모양대로 사람을 만
들되 남자와 여자를 만드셨습니다. 그리고 그 장면을 성경은 분
명하게 이렇게 말씀하고 있는 것입니다. 하나님께서 사람이 독

처 하는 것이 좋지 않다 하시고 돕는 배필을 주시기 위하여 아담으로 하여금 깊이 잠들게 하시고 우리 하나님께서 아담의 갈비뼈를 취해서 하와를 지으시고 그를 불러서 아담에게 보내셨습니다. 아담이 하와를 보고 난 다음에 너무 반가워하고 기뻐해서 이는 내 뼈 중의 뼈요 살 중의 살이요 남자에게서 취하였으니 여자라 하리라, 그래서 성경은 분명하게 말하기를 "남자가 그 부모를 떠나 여자와 연합하여 한 몸을 이룰지라."고 말씀하셨고, 또 "하나님께서 짝 지어주셨으니 아무도 이를 나누지 못할지니라." 그와 같이 말씀하고 있는 것입니다.

그런데 왜 이와 같이 하나님께서 짝 지어주신 결혼이 그렇게 많이 나누어지고 상처투성이가 되고 시험이 꽉 들어찬 일이 될 수 있을까요? 오늘날 수많은 가정이 파괴된 이유는 굉장히 중대한 사건으로 파괴되는 것이 아닙니다. 경제적으로 파탄이 되어서 파괴된 것도 아니고, 그렇다고 가정적인 큰 충격의 문제가 생겨서 가정이 파괴되는 경우는 극히 적습니다.

그러나 우리가 지극히 작은 일을 등한히 하므로 말미암아 지극히 사소한 일이 쌓이고 쌓이고 쌓여서 가정이 파괴되고 또 나아가서 살았다 하나, 죽은 상태가 되고 마는 것입니다. 여러분께서 흔히 등한히 여기는 지극히 사소한 문제들 이것이 오늘날 여러분의 가정을 불행하게 만들고 슬프게 하고 파괴하게 하는 요소가 되기 때문에 그 문제에 대해서 말씀드리고자 합니다.

첫째, 행복한 가정, 행복한 결혼이 파괴되는 이유는 지극히 사소하다고 생각하면서도 예방하는 신앙생활을 하지 않아서 부부가 파괴되는 것입니다. 오늘날 이 세계 가운데서 구주를 그리스도로 모시고 주일마다 교회에 와서 하나님을 섬기는 생활을 하지 않는 사람이 50%에서 60%의 가정이 파괴되는 이유는 어디에 있을까요? 그것은 우리 마음속에 어려운 고통과 괴로움이 다가올 때, 이것을 치료받고 의지할 수 있는 마음에 위로와 여유가 없다는데, 그 이유를 찾을 수 있는 것입니다. 오늘날 세상의 삶은 옛날과 달라서 분초를 다투면서 복잡한 경쟁사회 속에서 이리 뛰고 저리 뛰며, 내적 외적인 압력이 수없이 다가옵니다.

이러한 가운데 정신적인 여유를 가지고서 서로 이해하고 서로 용서하고 용납할 수 있는 마음을 얻기 위해서는 우리가 영원무궁한 자원인 하나님께로부터 은총을 받지 않고는 안 되는 것입니다. 이 세상에서 우리가 서로 같이 살아가려면 이해와 동정이 없이는 살 수 없습니다. 교육의 배경도 다르고 가정적으로 자라난 습관도 다르고 또 인격도 다른 한 남자와 한 여자가 모여서 서로 한 지붕 밑에서 한 솥에 밥을 먹으면서 함께 손을 잡고 살아간다는 것은 기적에 가까운 협동인 것입니다. 이것은 좀처럼 조화되기 힘든 것입니다.

그렇기 때문에 우리는 서로의 결점을 이해하고, 서로의 잘못된 것을 이해하고 용서하고 동정하는 이런 마음의 여유가 있어야 되는데, 이런 마음의 여유가 없어 이해도 하지 아니하고 용서도 하지 않고, 동정도 아니하면 서로 작은 일에 의견 충돌이 일어나고 서로 부딪치고 서로 할퀴고 이 상처가 깊어지면 파괴되는 것입니다. 그뿐만이 아닙니다. 사람과 산은 멀리서 보는 것이 좋다고 하는데, 가정이라는 것은 부부가 한 지붕 밑에서 운명 공동체가 되어서 함께 살기 때문에 서로 얼굴과 얼굴을 마주 대하고 쳐다보는 상대방에게 실망될 때가 많이 있습니다.

옛날에 약혼 시절이나 연애 시절 때는 멀리서 보니까 좋은 장점만 보이지만 서로 얼굴을 마주 대하고 보면 얼굴도 예쁘게 보이던 것이 못난 것밖에 안 보입니다. 이래서 서로 결점이 자꾸 보이기 때문에 이 결점으로 말미암아 마음속에 실망이 깊이 다가오는 것입니다. 사람이 상대방에 대해서 실망하게 되면 그 다음은 마음에 즐거움이 사라지는 것입니다. 탄식하게 되고 후회하게 되는 것입니다.

이 실망된 마음을 받아들여서 이것을 사전에 치료할 수 있는 마음에 여유가 있어야만 되는 것입니다. 오늘날 이 각박한 세상에서 서로 이해하고 서로 용서하고 동정하며, 상대방에 대해서 실망 당할 때, 어디에서 이것을 치료받을 수 있습니까? 결혼하신 분들은 저의 이 말이 체험적으로 다가올 것입니다. 이해한다는 것은 힘이 듭니다. 용서하는 것도 힘이 듭니다. 그리고 서로서로 동정하고 실망될 때 마음에 실망을 치료하는 것도 힘이 드는 것입니다.

예수님께서 가나의 혼인 잔치에 가셨을 때입니다. 그곳에 마침 혼인 잔치를 베풀고 있는데 혼인 잔치 중간에 포도주가 떨어지고 만 것입니다. 그래서 갑자기 당황했습니다. 잔치 손님들은 포도주를 내라고 아우성을 치고 신랑과 신부는 자기 역량껏 최선을 다했으나 포도주가 떨어졌습니다. 낭패에 처하여 결혼 첫날부터 벌써 인생의 쓴 잔을 마실 수밖에 없는 그런 처지에 있었습니다.

그때 예수님의 어머니가 이 말씀을 듣고 예수님께 나와서 이 가정에 포도주가 떨어졌다고 말한 것입니다. 이럴 때 예수님은 예수 그리스도의 어머니인 마리아의 간구를 들으시고 주님께서 물을 변하여 포도주를 만드는 기적을 만들어서 첫 결혼한 가정을 위기에서 구원해 주신 것입니다. 그 가정은 위기를 이길만한 자원이 없었습니다. 그러나 그 가운데 계신 나사렛 예수께서 물이 변하여 포도주를 만드는 기적적인 자원을 가지고서 공급해 주시므로 문제가 해결된 것입니다.

이 사실은 예수께서는 오늘날에도 가정에 대한 관심이 깊으신 것을 보여주는 것입니다. 주님께서 행하신 가장 첫 번 기적이 결혼하는 새 가정에 가서 일으킨 기적인 것입니다. 이러므로 우리 주 예수께서는 우리가 결혼을 하고 가정을 이루고, 자녀를 기르면서 생활해 나가는 이 가정이 사회의 기초가 되고, 국가와 인류문명의 기초가 되는 것을 아시기 때문에, 주님께서는 여기에 깊은 관심을 가지고 행복한 결혼 생활을 하기를 원하시는 것입니다.

그러나 우리 모든 사람들은 다 인격적으로 부실하고 모자라기 때문에 가나의 혼인 잔치에서 포도주가 모자란 것처럼, 우리는 이해가 모자라고 용서가 모자라고 동정이 모자라며 인내가 모자랍니다. 이 모자라는 것을 누가 채워줄 수 있습니까? 모자란다고 아우성을 치고 서로 할퀴고 서로 물고 뜯고 그래서 다시 깨어지고, 다시 순열과 조합처럼 다시 합치고, 또 깨어지고 또 합쳐봤자 모자라는 것은 자기 인격 속에 있는 것이기 때문에 서로서로 자꾸 파트너를 바꾼다고 해서 모자라는 것이 메워지지 않습니다. 누가 이 모자람을 메워줄 수 있습니까? 누가 실망되고 낙심될 때 이것을 치료할 수 있습니까? 누가 우리의 마음속에 깊은 이해와 용서와 동정을 갖다 줄 수 있습니까? 이것은 나사렛 예수 그리스도 앞에 나아가서 엎드려 기도하지 않고서는 이런 일이 일어날 수 없습니다.

둘째, 우리가 극히 등한히 여기고 별로 중요하게 생각하지 않는 그것이 우리의 부부 생활에 치명적인 타격을 가져오는 것이 있습니다. 이것은 서로의 장점과 잘한 것을 칭찬하지 않을 때, 여러분 이것이 쌓이고 쌓이면 우리 가운데 파괴를 가져오는 것입니다. 우리 과거의 경험을 통해서 보게 될 때, 사람이 연애 시절이나 약혼 시절에는 사로 상대의 장점이 눈에 잘 보입니다.

왜 그럴까요? 서로 잘 보이려고 하기 때문에 서로 모이기만 하면 남자는 그 상대인 결혼하고 싶은 여자의 장점만 바라보고 얼굴이 잘났다, 눈이 곱다, 코가 오뚝하다, 입이 잘생겼다, 옷이 잘 맞는다, 날씬하다 온갖 좋은 소리만 합니다. 그리고 또 여자도 남자의 장점만 바라보고 말합니다. 그러나 희한하게도 그 장점만 들어서 향기를 내고 서로 끌려서 결혼을 하고 난 다음에는 결혼 첫날부터 시작해서 눈에 보이는 것은 장점은 안개구름같이 사라지고 단점만 보이기 시작하는 것입니다.

그래서 그 때부터 자꾸만 서로 단점을 지적하고 서로 할퀴기 시작합니다. 크게 할퀴는 것이 아닙니다. 여기서 조금 할퀴어 주고 저기서 조금 꼬집어주고 여기서 조금 찔러주고 저기서 조금 찔러주면 이것이 멍이 들고 영혼에 상처를 입혀서 점점 처음의 뜨겁던 사랑이 식어버리고 나중에는 서로서로 목탁같이 되어 버리고 마는 것입니다. 부부불화의 요인은 각각의 부부마다 다르고, 다양하나, 일반적인 요인은 이렇습니다. 모두 이해하고 고치고 치유합시다.

1) 가문에 대물림 되는 죄의 유전 때문일 수도 있다(출20:5). 대부분의 경우 부부문제는 대물림이 되는 경우가 많이 있습니다. 어머니가 이혼하니 딸도 이혼하는 경우가 많이 있습니다. 필자가 전도하러 다니다가 이런 가정을 만났습니다. 지나가다가 보니 이삿 짐을 내리는 것입니다. 그래서 찾아갔습니다. 그랬더니 지금은 바쁘니까, 내일 오라는 것입니다. 그래서 다음 날 사모하고 같이 갔습니다. 그래서 대화를 하다가 보니까, 독신녀가 둘이 살고 있었습니다. 이유인 즉은 둘은 자매 지간이었

습니다. 그런데 둘 다 이혼을 한 것입니다. 그래서 제가 실례를 무릅쓰고 물어보았습니다. "친정어머니는 잘 지내십니까?" 그랬더니, 이렇게 대답을 했습니다. "아버지하고 청춘에 이혼을 하고 혼자지내면서 우리를 길렀습니다." 이렇게 부모의 이혼이 자녀에게 대물림이 되는 경우가 있습니다.

2)서로 자라난 환경 속에서 받은 상처 때문일 수도 있다. 부모로부터의 상처가 대부분을 차지하게 됩니다. 뱃속에서 두려움의 영향으로 발생하기도 합니다. 자라면서 질병의 고통도 해당이 될 수가 있습니다.

3)실망되고 불만스러운 결혼 생활 때문일 수도 있다. 결혼 전에는 이 사람 정도이면 자신의 모든 것을 충족시켜 줄줄 알았는데 결혼하고 보니 생각하고 다르다는 것입니다. 처음에는 육정에 끌려서 서로 상대의 단점이 보이지를 않았는데 살아가다가 보니 단점만 보인다는 것입니다.

4)요즘처럼 경제의 어려운 시대를 맞아 경제적인 요인 때문에 불화를 겪는 경우도 있다. 가정불화가 제일 많이 나는 원인 중에 하나는 경제적인 문제가 됩니다. 경제의 문제가 없어지면 부부불화도 일어나지 않는 다는 통계도 있는 것입니다. 많은 부부가 경제적인 문제로 인하여 불화를 겪다가 이혼하는 경우가 많습니다. 세상이 물질 만능이 되다가 보니 그러는 것입니다.

5)자녀들의 문제나 시가나 처가 등 주위 친척들과의 갈등 때문일 수도 있다. 친정 부모나 시댁의 부모들이 충동을 해서 이

혼하는 경우가 종종 있습니다. 부부간에는 아무도 끼어들어서는 안 됩니다. 일단 부부로 맺어졌으면 둘이 세파를 이기면서 살아가야 합니다. 그래서 하나님은 너희가 부모를 떠나 한 몸을 이루라고 하는 것입니다(엡5:31).

6)서로 자라난 환경과 가정의 문화의 차이에서 오는 경우도 있다. 예를 들어 설명하면 이렇습니다. 아버지가 바람을 많이 피우는 것을 보고 자란 딸은 의부증에 걸리기 쉽습니다. 어머니가 불륜을 많이 저지르는 것을 보고 자란 남자는 의처증에 걸리기 쉽다는 것입니다. 저는 지난 세월 성령치유 사역을 하면서 수많은 부부 상담을 했습니다. 그런데 대부분의 사람들이 부모가 하는 것을 보고 배운 대로 상대를 보기 때문에 문제가 발생했습니다.

7)갖가지 주위의 시험과 유혹 때문에 가정이 불행에 빠지는 경우도 많이 있다. 요즈음 남자는 여자를 친구로 삼고 지내는 사람도 있습니다. 여성들도 남자를 친구로 삼고 살아가는 분들이 있습니다. 그러다가 넘지 못한 선을 넘어 가정이 깨어지는 경우도 있습니다. 옛 날 애인을 십 오년을 동안 잊지 못하여 결국에는 옛 날 애인의 가정을 파괴하는 경우도 보았습니다.

8)이해되지 않는 신앙생활의 문제로 발생 할 수가 있다. 가정을 등한시하고 주부로서의 최소한의 일을 하지 않고 교회에 매달리는 경우에 발생하기도 합니다. 심방 다닌다고 밤 9시가 넘어서 집에 돌아옵니다. 그래서 부부불화가 발생하는 경우가 있

습니다. 그러니 신앙생활도 지혜롭게 해야 합니다. 그래서 행복한 결혼 생활을 유지하기가 얼마나 어려운지 어느 작가는 결혼생활을 다음과 같이 묘사하였습니다.

20대에는 행복의 꿈에 부풀어서 신이 나서 살고….

30대에는 서로에 대해 실망을 느끼며 환멸을 참으며 살고….

40대에는 모든 것을 포기하고 마지못해 체념하며 살고….

50대에는 서로 없어서는 안 되니까 의지하는 마음으로 살고….

60대에는 서로 안 됐다 생각되어 가엾어서 살고….

70대에는 지금까지 참고 살아준 것만 해도 고마워서 산다는 것입니다.

그러나 이모든 문제가 예수 안에서 해결이 된다는 것입니다. 그러므로 부부불화를 당하는 사람들에게 복음을 전해야 합니다. 그래서 부부가 하나가 되게 해야 합니다. 만약에 당신이 부부불화가 있었는데 복음을 전도하여 예수를 믿고 부부 문제가 해결이 되었다면 얼마나 감사하겠습니까? 아마 평생 잊지 못할 것입니다. 복음은 부부를 하나 되게 합니다.

이러한 원인은 상호 복합적으로 작용하고, 이외에도 다양한 원인이 있습니다. 부부간의 불화를 극복하고, 부부관계를 잘 유지키 위해서는 서로를 한 인격체로 받아들이고, 서로를 이해하려는 노력을 함께하고, 친한 관계를 유지해야 합니다. 이러므로 연애 시절이나 약혼 시절에 하던 것처럼 우리의 생활에 상대의 장점이나 잘한 일을 인정해야 하는 것입니다.

이것을 당연지사로 생각해서는 안 되는 것입니다. 사람은 육체를 먹고살지만 우리의 정신은 인정함을 받고 칭찬을 받음으로 말미암아 그것을 먹고 자아 이미지를 향상시키는 것입니다. 이렇기 때문에 인정받는 것과 자아 이미지라는 것은 중대한 영향력을 가지는 것입니다. 사람들이 자기를 인정해 주고 사랑해 주고 칭찬해 준다고 생각할 때 얼마나 나의 삶의 보람을 느끼며 내 삶이 가치 있다고 생각하고 내 운명을 사랑하고 내 자아를 사랑하게 되고 그렇게 될 때 내 행복이 강물처럼 흘러나오기 시작하고 그 행복이 아름다운 치료제가 되고 행복이 향기가 되는 것입니다.

이러므로 우리가 10년을 살았든, 20년을 살았든, 서로의 장점을 발견하려고 열심히 애를 써야 되는 것입니다. 이것은 여러분께서 좋은 옷을 사주는 것보다 낫고 아주 맛있는 음식을 대접해 주는 것보다 낫습니다. 서로의 결점은 운명이고 팔자라고 생각하여 잊어버리고 장점만 바라보고 그 장점을 자꾸 지적해 주십시오. 그러면 그것이 굉장한 향기를 나타냅니다.

그러므로 남편은 작은 일에 아내의 잘난 점 잘한 점을 꼭 발견해서 칭찬해 줘야 합니다. 또 부인은 남편의 잘한 점을 꼭 들어서 칭찬해 줌으로 말미암아 이것이 서로서로를 인정해 주므로 영광을 얻게 하고 자기의 삶을 가치 있게 하고 기쁨이 넘치게 되고 행복하게 되는 아주 근원적인 이유가 되는 것입니다.

셋째, 우리는 행복한 가정이 파괴되고 도적질 당하지 않는 부

부 생활을 하려면 친구나 대중 앞에서 서로 상대의 결점을 말하거나 무시하지 말아야 합니다. 오늘날 사람들은 무심결에 가족들이 모였을 때 친구들이나 친척들이 모인 앞에서 남편이나 아내에 외모에 결점, 성격에 대한 결점, 교육에 대한 결점을 말합니다. 어느 부흥사는 부흥회 할 때마다 강단에 서서 마누라 못났다는 것을 말합니다. 그런데 그 부인이 그 부흥회에 참석해서 얼마나 들었겠습니까?

부흥사 하는 말이 내 마누라는 인물이 얼마나 못났는지 내가 지금 봐도 데리고 사는 것이 기적이라고 생각합니다. 그런데 나중에 알고 보니까 나에게 시집오려고 얼마나 기도했던지 하나님이 나를 감동해서 그 못난 여자와 결혼하게 해 주셨습니다. 가는 곳마다 그럽니다. 그 말이 하루 이틀이 아니니 그 부인에게는 치명타를 가져온 것입니다. 서로 둘이 만나서 잘한 것, 못한 것을 서로 말하는 것은 용납될 수 있지만, 절대로 친구나 대중 앞에서 상대의 결점을 말하면 무서운 모욕감을 느낍니다.

인간은 자기의 약점이 지적될 때 모욕감을 느끼고 반항하게 되고 복수의 정열이 마음속에 불타는 것입니다. "오냐, 네가 나를 대중 앞에서 모욕했지, 두고 보자. 나도 가만히 있지 않겠다. 너도 결점이 있으니까, 나도 대중 앞에서 너를 한 번 깔아버릴 것이다." 이래서 서로 부부간에 인정하고 서로 도와야 할 것이 서로 복수의 정열이 가득 차고 모욕감과 분노감이 가득 차서 언제고 복수하겠다고 달려들면 이러한 가정은 조만간에 파괴되고 마는 것입니다.

이러므로 절대로 친구들 앞에서나 대중 앞에서나 친정에서나 본가에서나 어느 곳에 가나 상대방의 결점을 노출시키지 마십시오. 그것은 비밀이 없이 반드시 돌아옵니다. 돌아올 때는 눈 사람이 되어서 돌아와서 그 귀에 들어갈 때는 말할 수 없는 모욕과 복수심을 마음속에 품게 되는 것입니다. 부부간의 불화를 일으키는 주요 원인은 상대방을 존중하지 않고 인격적으로 무시하는 행위인 것으로 나타났습니다. 오늘날 수없이 많은 사람들이 부부간에 예의를 지키지 않는 사소한 여기에 주의하지 않으므로 말미암아 가정을 파괴해 버리고 마는 것입니다.

넷째, 또 가정이 파괴되고 결혼이 파괴되는 이유는 일벌레가 되어서 부부간에 친교가 없을 때 부부가 파괴되는 것입니다. 요사이 세상살이가 옛날 농경시대와 달라서 얼마나 바쁩니까? 이른 아침에 일어나면 밤늦게야 돌아오고 지쳐서 쓰러지고 그래서 모든 사람들이 일벌레가 되는 것입니다. 일에 묶이고 사교에 묶이고 지쳐버린 삶을 가지고 살아갑니다. 이것이 오늘날 서양 문명의 딜레마이고 이것이 일본으로 건너와서 지금 한국으로 건너오고 있는 것입니다.

사람들이 열심히 일을 해서 좋은 집, 좋은 차, 좋은 음식, 잘 먹고 잘 삽니다만 그러나 지쳐버린 상대방끼리 서로 친교할 수가 없습니다. 사람은 서로 친교할 수 없을 때 멀어지고 이해가 되지 아니하고 쉽게 깨어져버리고 마는 것입니다. 남편도 일하고 아내도 일하고 서로 교대해 가면서 일을 하기 때문에 지쳐버려서 낮에 지친 정신 지친 마음으로 조금만 어려운 일이 생기면 짜증이 나고 그만 화가 폭발해서 서로 물고 찢고 싸우게 되는 것입니다.

이러므로 최선을 다해서 이 바쁜 스케줄 가운데도 어찌하든지 함께 친교하려고 하십시오. 주일날 교회에 나오는 것은 놀라운 친교가 되는 것입니다. 주일날 나는 골프치러 간다. 나는 낚시하러 간다. 나는 등산 간다. 너는 너대로 가라. 이래서 주일날조차 흩어져버리면 일주일 내내 가정이란 것은 하숙집에 불과하고 서로 밥 먹을 때나 잠잘 때 얼굴 쳐다보는 외에는 서로 친교가 없게 되고 마는 것입니다.

이러면 조만간에 가정은 파괴되든지 그렇지 않으면 살았다 하나 죽은 가정이 되어 버리고 마는 것입니다. 주일이면 단호하게 제쳐놓고 부부간에 서로 교회에 오기 싫을 때가 있을지라도 손을 잡고 자녀들과 함께 우리 교회에 가자. 그러면서 교회도 같이 나와서 찬송도 같이 하고 기도도 같이하면서 그 다음에는 점심이라도 같이 먹으면서 저녁이라도 같이 먹고 친교의 시간을 많이 가져서 대화하면 서로의 마음에 원한이 있는 것도 말해 버리고 불평 있는 것도 말해 버리고 서로 이마와 이마를 마주 대고 무릎과 무릎을 마주 대고 살아갈 수가 있는 것입니다.

10장 영적인 만족을 찾아 방황한다.

(히 5:12-14)"때가 오래 되었으므로 너희가 마땅히 선생이 되었을 터인데 너희가 다시 하나님의 말씀의 초보에 대하여 누구에게서 가르침을 받아야 할 처지이니 단단한 음식은 못 먹고 젖이나 먹어야 할 자가 되었도다. 이는 젖을 먹는 자마다 어린 아이니 의의 말씀을 경험하지 못한 자요, 단단한 음식은 장성한 자의 것이니 그들은 지각을 사용함으로 연단을 받아 선악을 분별하는 자들이니라."

영혼이 만족을 누리지 못하면 방황을 합니다. 지금 세상에는 예수를 믿노라 하면서도 영적인 만족을 누리지 못하고 방황하는 영혼이 많습니다. 어느 목사님이 하시는 말씀을 빌리자면 서울에만 약 3만 명이 방황하고 있다고 합니다. 그래서 어느 교회가 부흥한다고 하더라, 하면 그곳에 가서 몇 개월간 믿음 생활을 하다가 다시 만족을 누리지 못하고 또 방황합니다. 또 다시 다른 교회에 가서 몇 개월간 신앙생활을 합니다. 그런데도 자신의 영적인 갈급함이 해결되지 않습니다. 그래서 그 갈급함을 해결하려고 다른 교회를 가는데 거기서도 해결되지 못합니다.

그래서 어떤 성도는 3년에 7개 교회를 옮겨 다니면서 신앙생활을 한 성도도 제가 만나 보았습니다. 그리고 자신의 교회에서 영적인 만족을 찾지 못하니 기도원이다, 치유센터다, 이곳저곳을 기웃거리면서 신앙상담을 하다가 사기를 당하기도 합니다.

제가 어느 기도원에 갔다가 만난 목사님의 이야기를 발리자면 성도가 하나님의 응답을 받는다고 집을 나가 이곳저곳을 다니면서 카드를 사용하여 몇 천만 원 채무를 지고 있다는 이야기도 들었습니다. 그 채무 때문에 집에 들어가지도 못하고 방황한다는 말도 들었습니다. 우리는 이런 사람들에게 바른 복음을 체험하게 하여 한 교회에 정착을 하도록 해야 합니다. 그리고 우리 교회에 들어온 성도들이 방황하지 못하도록 해야 합니다.

첫째, 성도가 방황하는 이유

1)세상을 떠나오지 못하여 사람을 바라보기 때문입니다. 사람은 육체를 가진 존재입니다. 육체를 가진 존재가 예수를 믿을 때 성령이 우리의 영에 들어와 영의 사람이 됩니다. 그런데 우리 안에 계신 성령이 자신을 완전히 장악하지 못했기 때문에 모든 것을 보이는 것으로 평가하기 때문에 정착하지 못하고 방황하는 것입니다. 마치 아브라함을 따라 나온 롯과 같은 사람이기 때문입니다. 광야에서 예수님이 군중들에게 떡을 먹게 하라는 말씀을 이해하지 못한 빌립과 같은 사람입니다. 예수님이 특별히 빌립에게 "빌립아 그들에게 먹을 것을 주라." 주님은 이미 어떻게 하실 것을 아시고 빌립을 시험하고 계셨습니다. 그런데 빌립은 빨리 계산해 보고 난 다음에 지금 광야에서 이 많은 사람들을 먹이려면 이백 데나리온이 부족할 것입니다. 그러므로 인

간적으로 먹일 수 없다는 결론을 내렸습니다. 그래서 빌립이 예수님에게 "이 사람들을 다 흩어 각자 그들이 동네에 가서 먹을 것을 구하게 하소서." 이렇게 대답을 했습니다. 모든 것을 보이는 것과 상식과 이성으로 판단하기 때문에 믿지 못하므로 정착을 못하는 것입니다. 사람의 행동을 보고 나름대로 상처를 받았다고 하면서 정착을 못하고 방황하는 성도가 있습니다.

2)영혼의 갈급함을 채우지 못하여 방황합니다. 하나님이 사람을 만드실 때 영적으로 만드셨습니다. 그러므로 성도가 성령을 체험하면 여러 가지 영적인 갈급함이 생깁니다. 말씀 공부도 하고 싶고, 깊은 영의 기도도 하고 싶고, 예언도 받아보고 싶고, 신령한 것들도 체험하고 싶은 것입니다. 그런데 그런 것들을 본 교회에서 채울 수가 있으면 다행인데 대부분 만족함을 누리지를 못합니다. 그러므로 그 갈급함을 채우기 위해서 이리 저리 방황하는 것입니다. 여기도 가서 채우려고 해도 만족이 없고, 저기를 가서 채우려고 해도 만족이 없기 때문에 방황하는 것입니다. 문제는 자신에게 있는데 영안이 닫혀서 보지 못하므로 방황하는 것입니다.

3)영적성장이 되지 않으므로 방황합니다.
①자아가 강한 경우에 영적인 성장에 지대한 영향을 미칩니다. 자아는 무엇일까요? 자신이 지금까지 살아오면서 배운 세

상지식, 그리고 교회 생활을 하면서 보고 듣고 배운 것, 세상을 살아오면서 자연적으로 터득한 내용이 자아가 됩니다. 그러므로 나이가 많을수록 자아가 강합니다. 사람의 자아, 생각, 이론과 하나님의 이론은 다르다는 것을 명심해야 합니다. 분명하게 내 생각과 하나님의 생각은 다릅니다. 그러므로 하나님의 말씀에 팥으로 메주를 만든다고 해도 믿어야 성령의 역사가 일어나고 영적으로 성장이 되는 것입니다.

절대로 하나님의 말씀에 내 자아를 결부하지 말아야 합니다. 그래서 믿는 자는 예수 때문에 참고 자신의 자아를 죽이는 생활을 해야 하는 것입니다. 그래서 하나님은 "새 사람을 입었으니 이는 자기를 창조하신 자의 형상을 좇아 지식에까지 새롭게 하심을 받는 자니라"(골3:10)고 하셨음을 명심해야 합니다. 그래서 예수를 구주로 믿는 자는 자기 자아를 십자가에 지고 예수를 좇는 것입니다.

②교만하기 때문에 말씀이 심령에 뿌리를 내리지 못하여 영적 성장이 안 됩니다. 교만은 패망의 선봉이라고 했습니다. 교만은 자신의 부족을 가리 우려는 행동인 것입니다. 교만하기 때문에 하나님의 말씀을 이성으로 판단하고 믿지 않기 때문에 영이 깨어나지 못합니다. 우리는 우리의 삶의 중심을 말씀으로 무장해야 되는 것입니다. 믿음은 이성이나 감각이 아닙니다. 인간의 이성은 합리적인 생각을 해서 합리적인 생각에 합당하지 아니하면 믿지 않습니다. 그러나 영적인 세계에는 우리 이성으

로써 진단할 수 없고 깨달을 수 없습니다. 이성적인 세계를 뛰어 넘는 영적인 세계는 믿음으로 받아들이고 믿음으로 우리가 나아가야 되는 것입니다. 우리가 하나님의 축복을 받으면서 살아가기 위하여 성령으로 충만해야 합니다. 성령으로 충만하려면 마음이 옥토가 되어 교만을 버리고 겸손하게 살아가야 하는 것입니다.

③마음이 근심과 불안으로 사로잡혀서 영적 성장이 안 됩니다. 영적 성장과 영육의 건강을 위하여 심령이 항상 기뻐하며 범사에 감사하며 쉬지 않고 기도하는 열린 마음으로 살아가는 것입니다. "항상 기뻐하라. 쉬지 말고 기도하라. 범사에 감사하라 이는 그리스도 예수 안에서 너희를 향하신 하나님의 뜻이니라."(살전 5:16-18). 이는 나 자신을 위하여 하나님이 친히 하신 말씀입니다. 마음이 불안하면 감정이 살아납니다. 감정이 살아나면 육적이 되는 것입니다. 혼적인 감정이 동요되거나 잘못되기 시작하면 이성이 분별을 잃게 됩니다. 이 감정으로 인하여 선택을 잘못하게 됩니다. 이러한 감정을 따라 인생을 살게 되면 가야할 길을 잃고 맙니다. 그렇기 때문에 성경은 외부에서 육과 혼을 죽일 수 있는 두려움에 대해서는 조금도 염려하지 말라고 하시는 것입니다. 그러나 외적인 육과 내적인 영혼을 지옥에 멸할 수 있는 하나님을 두려워하여 하나님에게 우리의 감정을 드리라고 합니다.

④아담으로부터 온 영육의 상처를 치유하지 못하므로 영적

성장이 안 됩니다. 마음의 상처는 영적생활에 지대한 영향을 미치게 됩니다. 그러므로 성도는 아담이 하나님의 말씀을 거역함으로 온, 마음의 상처를 말씀과 성령으로 치유하여 악을 버려야 합니다. 그래야 영적으로 성장합니다. 아담 안에 있는 본성으로는 영적인 성장이 되지 않습니다. "땅이 네게 가시덤불과 엉겅퀴를 낼 것이라 너의 먹을 것은 밭의 채소인즉."(창3:18). 그래서 성도는 영안을 열어 자신의 심령을 분별하고 자신의 영을 지켜야 합니다. "범사에 헤아려 좋은 것을 취하고, 악은 모든 모양이라도 버리라. 평강의 하나님이 친히 너희로 온전히 거룩하게 하시고 또 너희 온 영과 혼과 몸이 우리 주 예수 그리스도 강림하실 때에 흠 없게 보전되기를 원하노라."(살전 5:21-23). 이와 같이 성도는 말씀과 성령으로 자신의 심령을 항상 치유하여 거룩하게 보전해야 할 의무가 있습니다. 이렇게 심령을 보전하면서 그리스도의 재림을 기다려야 합니다.

⑤마음에 세상과 그리스도, 두 주인을 섬김으로 영적 성장이 안 됩니다. 예수님을 믿는 사람들은 오직 한 주인, 주님만 섬겨야 합니다. "그것들에게 절하지 말며 그것들을 섬기지 말라 나 여호와 너의 하나님은 질투하는 하나님인즉 나를 미워하는 자의 죄를 갚되 아비로부터 아들에게로 삼사대까지 이르게 하거니와."(출20:5). 하나님은 질투하시는 하나님이시다. 오직 주님만을 바라보고 살아가기를 바랍니다. 그리하여 그리스도를 마음의 주인으로 모셔야 영적인 성장이 됩니다. 기도를 해도 성

령의 세례를 받지 못하는 사람은 믿을 때, 주님을 주인으로 영접했는지 여부를 본인에게 물어보는 것이 좋습니다.

⑥자신도 모르게 성령을 거역하고 훼방하는 믿음생활을 할 때 영적 성장이 안 됩니다. "그러므로 내가 너희에게 이르노니 사람의 모든 죄와 훼방은 사하심을 얻되 성령을 훼방하는 것은 사하심을 얻지 못하겠고."(마12:31). 성령의 훼방이란 성령을 무시하는 것입니다. 자신에게 실제로 살아 역사하심을 거부나 훼방이나 무시하는 것을 성령 훼방 죄라고 합니다. 성령이 역사하는 현상을 사람의 이론을 가지고 이렇다 저렇다 하며 성령사역자는 끌어내리는 것을 성령 훼방죄라고 볼 수가 있습니다. 모르면 가만히 있는 것이 좋습니다. 만약에 모르고 성령의 역사를 훼방 했다면 찾아서 회개해야 합니다(갈 5:16-17).

⑦하나님을 믿음으로 오는 시험과 연단을 싫어하고 거부함으로 영적 성장이 안 됩니다. 광야에서의 이스라엘 민족을 생각해 보아야 합니다. "이스라엘 중에 섞여 사는 무리가 탐욕을 품으매 이스라엘 자손도 다시 울며 가로되 누가 우리에게 고기를 주어 먹게 할꼬 우리가 애굽에 있을 때에는 값없이 생선과 외와 수박과 부추와 파와 마늘들을 먹은 것이 생각나거늘."(민11:4-5). 하나님이 주시는 영적인 축복을 받으려면 육적인 고난을 감수할 줄 알아야 합니다.

그래서 성도는 영안을 열어 하나님의 징계와 연단을 알아차리고 감사함으로 감당해야 합니다. "너희의 인내로 너희 영혼을 얻으리라."(눅 21:19). 하셨습니다. 성도는 환란은 인내를 인내는 연단을 연단은 소망을 이루는 줄 알고 감사하면 연단되고 단련되어 하나님의 복을 받는 성도가 됩니다. "다만 이뿐 아니라 우리가 환난 중에도 즐거워하나니 이는 환난은 인내를 인내는 연단을, 연단은 소망을 이루는 줄 앎이로다."(롬 5:3-4).

하나님의 징계는 우리를 위한 것입니다. 이를 참고 인내하는 자는 하나님의 거룩하심에 참여한 성도가 됩니다. "저희는 잠시 자기의 뜻대로 우리를 징계하였거니와 오직 하나님은 우리의 유익을 위하여 그의 거룩하심에 참여케 하시느니라."(히 12:10). 하나님은 "너희 믿음의 시련이 불로 연단하여도 없어질 금보다 더 귀하여 예수 그리스도의 나타나실 때에 칭찬과 영광과 존귀를 얻게 하려 함이라."(벧전 1:7)고 하셨습니다.

⑧부부간에 화목하지 못하고 불화로 영적 성장이 안 됩니다. 부부간의 불화는 영적 생활에 치명적입니다. "남편된 자들아 이와 같이 지식을 따라 너희 아내와 동거하고 저는 더 연약한 그릇이요 또 생명의 은혜를 유업으로 함께 받을 자로 알아 귀히 여기라 이는 너희 기도가 막히지 아니하게 하려 함이라."(벧전 3:7). 부부가 불화하면 기도가 막힌다고 했습니다. 부부가 불화하면 기도를 못하게 하는 귀신이 침입한다는 것입니다. 기도하지 못하므로 성령으로 충만하지 못하니 방황하는 것입니다. 부부가 말씀과 성령으로 하나 되기를 바랍니다.

⑨가문에 대대로 대물림 되는 영적인 문제로 영적 성장이 안

됩니다. 자신도 모르게 혈통으로 대물림되는 영적인 무엇이 영적으로 깊이 들어가려면 여러 가지로 환경에 고통을 야기하여 영적 생활을 방해 할 수도 있습니다. "인자를 천대까지 베풀며 악과 과실과 죄를 용서하나 형벌 받을 자는 결단코 면죄하지 않고 아비의 악을 자여손 삼사대까지 보응하리라."(출34:7). 찾아서 회개하고 용서하고 끊어내고 혈통으로 대물림되는 귀신을 축사하기를 바랍니다.

4)자신이 바라고 원하는 바가 이루어지지 않기 때문에 방황합니다. 많은 사람들이 교회에 다니는 이유가 물질적인 축복을 받고, 가정의 문제를 해결하고, 하는 사업이 잘되고, 자신의 영육의 질병을 치유 받으려고 교회를 다니는 사람들이 많습니다. 그러다가 그 문제가 해결이 되지 않으니 이곳저곳을 방황하는 것입니다. 그런데 자신의 문제는 말씀과 성령으로 변화되어 심령이 하나님에게 집중해야 문제가 풀린다는 것을 알아야 합니다.

둘째, 어떻게 정착해야 할까요?

성령을 체험해야 합니다. 우리가 알아야 될 것은 우리가 예수를 믿었다는 것은 하나의 종교를 받아들인 것이 아니라 완전히 옛 사람은 죽고 새 사람으로 살아났다는 것을 알아야 합니다. 옛 사람이 죽으려면 성령으로 세례를 받아야 합니다. 성령을 체험해야 새 사람으로 거듭날 수가 있습니다. "누구든지 그리스도 안에 있으면 새로운 피조물이라 이전 것은 지나갔으니 보라 새 것이 되었도다" 아예 육의 사람은 십자가에 못 박아서 제쳐 버렸습니다. 그러므로 지나간 때의 주인은 육의 사람입니다. 육의 사람은 지나간 때의 주인입니다. 옛날에 예수를 믿기 전에는 육의 사람이 완전히 주인 노릇을 해서 우리를 붙잡아서 마음의 욕심과 육신의 정욕대로 끌려가서 마귀의 종이 되게 만들었는데 십자가를 통하여 이 육의 사람을 우리는 죽여 버리고 성령으로 말미암아 우리의 속사람이 살아났습니다. 신령한 영의 사람이 살아 일어나게 된 것입니다.

그러므로 이제 예수 믿는 우리들에게는 이 신령한 사람이 우리의 삶의 주인인 것입니다. 육의 사람이 주인이 아닙니다. 신령한 사람이 주인입니다. 신령한 사람이 되려면 성령을 체험하고 성령의 인도함을 받아야 하는 것입니다. 그리고 성령의 권능으로 옛사람을 파쇄 해야 합니다. 인간의 주인인 성령의 힘을 얻어서 육의 사람 마귀와의 종의 된 육의 사람이 올 때 이를 쳐서 물리쳐야 되는 것입니다. 그러므로 갈라디아서 5장 1절에 "그리스도께서 우리로 자유케 하려고 자유를 주셨으니 그러므로 굳세게 서서 다시는 종의 멍에를 메지 말라"고 말하는 것입니다. "다시 종의 멍에를 메지 말아라. 다시 육의 노예가 되어 마귀의 종이 되지 말아라." 그렇게 말하고 있는 것입니다. 주께서 십자가를 통해서 육의 사람을 멸하고 마귀를 정복했기 때문에 예수를 믿고 신령한 사람이 주인으로 살아 일어나고 신령한 사람은 하나님의 성령의 힘을 입어서 사는 것입니다.

3)내면의 상처를 치유해야 합니다. 마음이 옥토로 변화되면, 행위도 성품도 변화됩니다. 우리가 복을 받지 못하는 이유는 우리의 성품이 변하지 않기 때문입니다. 우리의 마음이 변하지 않기 때문입니다. 우리의 속에 있는 나쁜 것을 쏟아내지 않고 있기 때문입니다. 진정 살아있는 믿음은 성품의 변화, 마음의 변화입니다. 마음에 하나님을 모시는 것입니다. 하나님의 생각, 하나님의 마음, 하나님의 뜻, 하나님의 영을 우리 속에 담는 것입니다. 내적 치유는 마음에 들어있는 좋지 못한 것, 더러운 것을 쏟아버리는 것입니다. 그리고 거기에 하나님의 영, 하나님의 뜻, 하나님의 생각, 하나님의 마음을 담는 것입니다.

그리고 그 하나님과 교통하고 대화하고 교제하는 것입니다. 이렇게 될 때, 하나님으로부터 무한한 능력이 임하게 됩니다. 내적 치유는 외적인 표현이 아니라 중심의 변화입니다. 하나님은 우리의 중심에 관심을 갖고 계십니다. 중심을 변화시키기 원하십니다. 마음의 변화는 입으로, 생각으로 자꾸 반복함으로 주어집니다. 이것은 훈련과 노력입니다. 내적 치유는 죽는 날까지 지속되어야 하는 것입니다.

4) 귀신을 축사해야 합니다. 저는 지금까지 성령치유 사역을 하면서 나름대로 내린 결론은 성도가 축사를 하게 되면 한 단

계 영적으로 엎 그레이드가 된다는 것입니다. 그러므로 영적으로 깊어지고 영이 깨어나 영적인 것들을 깨달으려면 축사를 해야 합니다. 그런데 많은 사람들이 자신에게 귀신이 역사한다는 것을 인정하지 않으려고 합니다. 문제는 여기에서 발생하는 것입니다. 예수 믿는 사람에게 악한 영이 틈타지 않는다는 구절은 성경 아무 데도 없습니다. 악한 영이 예수 믿는 사람에게 침입할 수 없다는 주장은 영적인 세계를 모르고 하는 말입니다.

이는 영적인 지식이 모자라는 지극히 안일하고 육신적인 차원에서 나온 생각일 뿐입니다. 그러므로 나에게도 악한 영의 역사가 있다고 인정해야 합니다. 예수를 믿기 전에 나에게 들어와 집을 짓고 있던 악한 영이 있을 수 있다고 인정해야 합니다. 방심은 금물입니다. 그리고 악한 영을 몰아내려는 의지가 있어야 합니다.

5) 영안이 열려야 합니다. 하나님은 우리가 영안이 열려서 하나님과 교통하기를 원하십니다. 영안은 말씀을 삶에 적용하여 체험함으로 열리는 것입니다. 하나님 안에 살면서 예수 안에 살지 않는 사람이 있고, 예수 안에 살면서 성령 안에 살지 않는 사람이 있습니다. 하나님이 거하실 처소가 되기 위하여 예수 안에서 함께 지어져 가는 사람이 구원을 받은 사람들의 모습입니다. 그리고 구원을 이루어 가고 있는 성도입니다. 예수 안에서 만들어지고 있는 이 하나님의 형상을 이루기 위하여서는 오로지 성

령 안에서만 가능한 것입니다.

사람이 영적으로 변하여 영안이 열린 성도가 되는 것은 사람의 힘과 노력으로는 불가능하다는 게 예수님의 가르침이요 진리의 핵심입니다. 구약의 원리는 사람이 자신의 노력이나 율법으로 구원을 받으려 했지만, 신약의 원리는 죄를 용서함 받기 위해, 예수님의 보혈의 피가 있어야 하고, 하나님의 은혜 속에 계속적으로 살기 위하여서는 성령의 임재와 도우심과 역사가 항상 있어야 한다는 것입니다.

죄를 용서함 받아야 성령이 임할 수 있는 성전을 이루고 성령으로 거듭나서 구속함을 받은 후, 신앙생활에는 성령 안에서 기름부음이 계속적으로 있어야하고, 성령으로 살아가야 마지막 구원이 보장되어 있는 것입니다. 이렇게 심령이 성령으로 장악이 되어, 예수 안에서 만족을 누리는 성도라면 영안이 열리지 말라고 해도 자연히 열립니다.

하나님은 우리가 영적인 눈이 열려서, 하나님의 말씀의 비밀을 깨닫기를 원하십니다. 많은 분들이 영안이라고 하면 상대방에게 역사하는 귀신이나 보이고, 심령상태나 보이는 것으로 착각을 합니다. 그런 영안은 자기 자신의 영적인 상태가 밝히 보이는 것입니다(계3:17-18).

처음 영안이 열리는 사건은 성경을 통하여 말씀을 들음으로 시작되는 것입니다. 성경의 말씀을 들음으로 시작되는 믿음은 예수님을 알게 되고, 말씀 속에 하나님이 보이고 믿어지기 시작하는 것입니다. "내가 주께 대하여 귀로 듣기만 하였삽더니 이제는 눈으로 주를 뵈옵나이다"(욥42:5).

이 영안이 열려 나가는 사건들과 의미는, 말씀이 열리는 것으로부터 진행되어 여러 가지 형태로 영적 세계가 열리고 있음을 체험할 수 있습니다. 그러므로 영안이 열린다는 말은 단순한 영안이 아니라, 영과 혼과 육신의 영적인 상태와 조건에 따라 밝아지는 여러 가지 모양의 영안이 있고, 그리고 믿음과 영적인 상태와 수준에 따라 영안이 열리는 여러 가지의 수준과 단계가 있습니다. 영안은 말씀을 삶에 적용하면서 실제로 체험하는 만큼씩 열리는 것입니다.

영혼이 만족함을 얻어야 방황하지 않습니다. 자신의 주린 영혼을 끊임없이 채워주는 공급원은 유명목사의 설교나 신앙서적이나 인터넷 카페의 글, 선교단체의 훈련프로그램이 아닙니다. 그런 곳을 찾아 기웃거리면 기웃거릴수록, 자신의 영혼은 핍절할 것이며 더욱 목이 마를 것입니다. 자신의 영혼을 만드신 분을 찾아야 더 이상 주리고 목마르지 않으며 지극히 만족스러울 것입니다. 그게 바로 성령을 자신의 마음속에 모시는 일입니다. 성령님을 주인으로 모시고 그분으로부터 올라오는 영혼의 양식으로 만족하는 것입니다.

11장 영육의 질병이 생긴다.

(출15:26)"이르시되 너희가 너희 하나님 나 여호와의 말을 들어 순종하고 내가 보기에 의를 행하며 내 계명에 귀를 기울이며 내 모든 규례를 지키면 내가 애굽 사람에게 내린 모든 질병 중 하나도 너희에게 내리지 아니하리니 나는 너희를 치료하는 여호와임이라."

영혼이 만족하지 못하면 영적인 질병이 생깁니다. 이것이 마음의 질병으로 발전합니다. 이때 알아차리고 해결하지 않으면 육체에 질병이 생깁니다. 그러므로 영적인 생활을 하는 크리스천이 육체에 질병이 생겼다면 영혼에 질병이 깊어졌다는 증거입니다. 질병은 먼저 영혼이 만족해야 병이 치유가 됩니다.

어느 여 집사의 이야기입니다. 이분이 초등학교 다니는 어린 딸이 있었습니다. 이 딸이 엄마나 아빠가 조금만 두렵게 하면 벌–벌–벌 떨면서 오줌을 쌀 도로 문제가 있었습니다. 그렇게 지내다가 제가 쓴 "내적상처를 스스로 치유하는 치유기도문" 책을 읽고 저의 교회를 알게 되었습니다. CD를 구입하여 남편과 같이 들었습니다. 방학 동안에 집회에 참석했습니다. 딸과 같이 참석하여 기도하면서 저의 안수기도를 받았습니다. 점점 딸의 두려움이 사라지고 정상이 되었습니다. 어느날은 아들을 데리고 왔는데 제가 안수를 하니 목에 상처가 있었습니다. "예수님의 이름으로 명하노니 목을 풀어라. 목은 정상이 될지어다."

하니까, 기침을 사정없이 하는 것입니다. 엄마가 하는 말이 출산할 때 목에 탯줄을 두 번을 감고 세상에 나왔다는 것입니다. 탯줄을 목에 감고 출산한 사람들이 목에 관련된 질병이 자주 생깁니다. 안수를 계속 해주었더니 목이 부드러워지면서 아이의 얼굴에 화색이 돌았습니다. 목이 시원하다는 것입니다. 점점 병약했던 건강이 회복되고 건강한 이이가 되었습니다. 집중력이 좋아져서 공부도 잘한다는 것입니다. 이렇게 성령으로 세례받고 영혼에 만족을 누리니까, 밖으로 보이는 모든 문제가 해결된 것입니다. 이로보아 신앙은 예방 신앙이어야 합니다.

인간이 타락하기 이전에는 죽음과 관계가 없는 완벽한 존재였으며, 영, 혼 육은 완전한 조화를 이루며 질서를 유지하였습니다, 영은 마음, 생각을 지배하였으며 육체는 이성의 지배를 받는 조화를 이룬 상태였으나 인간의 타락으로 죄가 유입되자 인간의 내적 질서는 균형, 조화를 잃게 되며 나머지 모든 부분들이 인간에게 유입되게 됩니다. 그리하여 영혼이 만족하지 못하니 질병이 생기게 됩니다.

첫째, 질병은 자율신경 계통의 흐름과 부조화로 생긴다. 영혼이 만족하면 자율 신경계통의 흐름과 조화가 정상적이 됩니다. 그러나 반대는 인간에게 모든 문제가 발생하게 됩니다. 모든 질병의 대부분이 자율 신경의 부조화에서 나오는 경우가 많기 때문에 내 영이 무거운 죄짐이나, 불평이나, 원망의 무서운 독소에서 자유 함이 있어야 합니다. 자율 신경의 조화는 주로 마음의 평안과 영의 기쁨을 항상 유지하게 됩니다. 자율 신경의 교감신경은 불안 좌절 분노, 등의 결과를 유발하고, 부교감 신경은 주로 기쁨, 화평, 감사, 용서, 사랑, 절제, 인내, 자비와 양선과 충성과 온유함을 주관합니다. 그래서 하나님은 빌립보서 4장 4절에서 "주 안에서 항상 기뻐하라 내가 다시 말하노니 기뻐하라." 하시는 것입니다. 포도나무의 가지가 원줄기에 붙어 있어야 하듯이, 우리의 영적 생명과 성령의 역사는 생명의 근원 되시는 예수님에게 붙어 있어서, 영적 신령한 생명이 계속 공급을 받아서 끊임없이 흘러나오거나 솟아나야 합니다. 이러한 생명의 흐름이나 성령의 흐름이 성경에서는 기름부음이라는 표현으로 설명되고 있습니다.

이러한 예수의 생명이 흘러넘치는 역사가 충만하기 위해서는 속사람(영)이 강건해야 하는데, 이 속 사람은 자율신경의 부교감 신경에 주로 영향을 받게 됩니다. 자율 신경의 조화를 이루지 못하고, 분노나 불안이나 좌절 등을 일으키면 위장, 간, 심장, 폐, 등 오장육부의 혈관 정맥, 근육 등에 뻗어 있는 자율 신경에 자극을 주게 되어, 신체에 이상을 일으키고 질병을 유발시킵니다.

모든 쓰라림과 원한은 첫째 분노로부터 시작되어 이것이 신체에 공급되는 아드레날린을 지나치게 분비시킵니다. 신체는 분비된 아드레날린의 초과량을 흡수할 수 없습니다. 결과적으로 그것은 신장으로 가지만 그러나 신장은 이 초과량을 수용할 수 없습니다. 그 결과로 그것은 신체의 관절에 모여 관절염을 일으킵니다. 관절염을 앓는 사람은 자신의 삶을 성찰하고, 혹 다른 사람에 대한 쓴 뿌리와 용서하지 않는 마음을 품고 있는지 여부를 알아보라고 성심성의로 충고하시기 바랍니다.

　둘째, **질병의 진행 과정.** 어떠한 형태의 죄이든지 적은 것이 씨앗이 되어 누룩과 같이 우리들의 정신과 마음과 육체를 파괴해 나갑니다. "죄의 삯은 사망이요 하나님의 은사는 그리스도 예수 우리 주 안에 있는 영생이니라."(롬 6:23) 표면적인 생각이 잠재의식까지 진행되어 신경 세포가 파괴되고 자율 신경이 파괴되어 자신의 생각이나 의지대로 조절이 되지 아니하게 됩니다. 말초신경의 자극은 내장기관의 파괴를 가져오고 뿐만 아니라, 인체의 호르몬의 기능이 조화를 잃게 되고 체액과 혈액이 산성화되거나 혼탁해져서 인체의 여러 가지 질병에 대한 면역력이 상실되고, 특별한 부위의 세포가 비정상적인 세포로 파괴되면서 육체의 병으로까지 진행되어 갑니다.

　영의 병과 원인이나 결과가 유사합니다. 그러나 외적인 악한 영의 영향이나 침투로 인하여 질병이 발생하는 것이 아니라, 내적인 자신의 성품이나 인격(혼)이 조화를 이루지 못한 마음인 '병든 영혼'의 죄로 말미암아 일어나는 질병입니다. 이는 상처가 주요 원인이 됩니다. 주로 특별한 신체적 장애가 없음에도 불구하고 신체적 통증을 동반하는 질병으로 대개 자율신경의 부조화를 통하여 병으로 진행이 됩니다. 자율 신경은 교감신경과 부교감신경으로 나누는데 좌절, 낙심, 분노, 미워하는 마음, 질투하는 마음, 원망하거나 불평하는 마음, 불안이나 염려나 낙심이나 두려움 등은 교감신경과에 속합니다. 반대로 기쁜 마음, 평안한 마음, 사랑의 마음이나 용서의 마음, 온유한 마음

등은 주로 부교감 신경에 속합니다.

자율신경의 균형이 조화가 깨어질 때 각종 장기의 혈관 근육 등에 퍼져 있는 세포에 영향을 주므로 신체에 이상을 일으키게 됩니다. 자율 신경을 자극하는 것이 바로 인간의 감정이나 화나 정신적 혹은 심적 스트레스를 받게 되어 평안함이 깨트려지고 하나님과의 불화가 시작되는데 이 스트레스는 하나님의 뜻대로 살지 못하거나 믿음으로 살지 못한 죄의 결과라고 할 수가 있습니다. 그래서 하나님은 "주 안에서 항상 기뻐하라 내가 다시 말하노니 기뻐하라. 너희 관용을 모든 사람에게 알게 하라 주께서 가까우시니라. 아무 것도 염려하지 말고 다만 모든 일에 기도와 간구로, 너희 구할 것을 감사함으로 하나님께 아뢰라. 그리하면 모든 지각에 뛰어난 하나님의 평강이 그리스도 예수 안에서 너희 마음과 생각을 지키시리라."(빌 4:4-7).

충격적인 상처로 감정적인 충격을 받으면 사고기능은 저하되고 합리적인 판단이 흐려져서 앞뒤를 생각할 겨를이 없이 공격적이 됩니다. 심령이 상하게 되어 본성인 육성이 드러나게 됩니다. 이러한 화가 분노로 격한 심령으로 확산됩니다. 이러한 화병이 통제되지 못하면 빈발하게 되어 병적이 되고 질병으로 진행됩니다. 충격이나 신경성 원인에 의한 모든 질병은 모두 이혼에 속한 병인데 정신적인 질병과 육체적인 질병의 2가지 형태로 진행이 됩니다.

화나 분노가 내적으로 스며들거나 발산되지 않은 상태로 속으로 심령이 상하게 되고, 정신적인 손상이 계속되어 뇌신경 세포의 파괴가 진행되면 노이로제나 우울증 및 정신병으로 발전하게 됩니다. 그렇지 않고 내장기관의 신경세포가 손상이나 자극이 계속되면 육체적인 질병으로 발전하게 되어 신심 상관병(마음의 병)으로 발전하게 됩니다. 질병은 대략 이런 순서로 발병하게 됩니다.

1)제 1 단계 환경의 위기: 사업이나 직장 가정 및 인간관계의 파탄이나 다른 사람으로부터 영향이나 자극이나 충격을 받게 됩니다.

2)제 2 단계 자아의 위기: 이를 자신의 인격이나 믿음으로 소화하지 못하면 내적인 갈등이나 불안, 염려, 의심, 초조, 미움, 원망, 불평 등이 발동하며 육성이 발동 됩니다.

3)제 3 단계 영적 위기: 갈등이나 불안이나 미움이나 원망이 심화되어 말로 불평을 나타내거나 행동으로 표현하게 됩니다. 심령이 메말라오며 보복하려는 심령이 되거나 기도가 막히거나 여러 가지 육체의 일로 외적으로 나타나게 됩니다.

4)제 4 단계 신체적 위기: 정신적 혹은 육체적 이상 현상들이 외적으로 나타나기 시작하여 분명한 질병의 형태로 나타납니다.

5)제 5 단계 파멸의 위기: 질병이 악화되어 영혼의 파멸을 가져오거나 나아가서는 육신의 사망으로 연결되며 혹은 신경적으로 파멸이 오면 돌이키기 어려운 정신적인 이상을 가져오거나 영적으로 악화되면 악한 영의 침입으로 파멸의 위기를 맞게 됩니다.

보편적으로 마음의 병이란 여기서는 혼의 병으로 분류했습니다. 이는 신경성 원인에 의한 질병으로 육체의 질병으로 외부적인 형태로 심하게 발전되어지지 않은 상태의 질병을 말합니다. 특별히 내분비 계통과 신경 계통과 자율신경 계통에 발병되어진 질병의 경우를 말합니다.

셋째, 영혼의 불만족과 질병과의 관계

1) 현대 의학은 육신의 질병을 단순히 병리학적인 차원에서 다루지 않고 유전적, 심리적이며, 영적인 분야를 함께 다루고 있습니다. 질병과 내적 상처와의 관계는 사회가 복잡해지면서 더욱 관계가 깊어지며, 육체의 질병은 유전, 환경, 식생활 습관, 심리적, 영적으로부터 복합적으로 영향을 받아서 질병이 생기게 됩니다.

2) 과거 어떤 상황을 접하여 심한 감정의 상처를 입었다면 그 상황이 다시 생각날 때, 감정에 자극이 생기게 되며, 이러한 반복이 심하게 되면 신체적 질병, 심한 노이로제로 이르게 됩니다. 이렇게 됨으로 교감신경이 강화되어 분노하거나 앙심을 품는다거나 하여, 자신의 인체 속에서 분비되는 "아드레랄린"으로 인하여 신체의 여러 장기와 뼈와 신경의 손상을 가져오게 됩니다. 그리하여 시간이 경과됨에 따라 질병으로 나타나게 됩니다. 그러므로 질병이 몸 밖으로 나타났다면 상당히 시간이 많이 경과된 상태라고 이해하고 치유해야 할 것입니다. 그러므로 미리미리 말씀과 성령 충만한 신앙생활로 예방하는 것이 중요합니다.

3) 우리 민족은 역사를 통해 문화와 환경에서 아픔을 부둥켜안고 살아야만 했습니다. 반상 제도, 남존여비, 장유유서의 문

화로 누르고 눌리는 악순환을 거듭했습니다. 이러한 아픔과 눌림은 단지 한 시대의 문화뿐만 아니라, 그 시대를 사는 사람들에게 커다란 감정적, 정서적 상처를 안겨 주게 됩니다. 이러한 내적 상처는 정신, 육체적 질병과 연결이 됩니다.

4) 여성인 경우 고부간의 갈등, 시댁 가족과의 관계, 남편의 문제, 경제적인 어려움 등 많은 갈등을 겪어왔습니다. 그런데 대부분의 경우 참으며 살아가는 것을 운명으로 체념하고 살아왔습니다. 이러한 이유로 인해 한국의 여성들에게 보이지 않는 내적인 질병인 화병이 생겨난 것입니다. 정신 심리학에서 화병은 어떤 충격으로 인해 신체적, 심리적으로 6개월 이상 만성적인 고통을 겪게 되는 상태를 말합니다. 화병은 심리적인 갈등, 긴장으로 인하여 정신적인 부분에 병이 발생하지만 이 부분에만 국한되지 않고 어느 정도 기간이 지나면 심폐기능, 근육, 위장 장애를 유발하게 됩니다.

5) 우리가 웃을 때, 행복할 때, 하나님을 찬양할 때, 운동을 할 때, 엔 돌핀이라고 불리는 물질이 신체 안에 배출되는데 그것은 고통을 덜고 신체의 조직에 치료(마치 약의 작용처럼)를 일으킵니다. 모든 쓰라림과 원한은 첫째 분노로부터 시작, 이것이 신체에 공급되는 "아드레날린"을 지나치게 분비시킵니다. 신체는 분비된 아드레날린의 초과량을 흡수할 수 없습니다. 결과적으로 그것은 신장으로 가지만 그러나 신장은 이 초과량을 수용할 수 없습니다. 그 결과로 그것은 신체의 관절에 모여 관절염을 일으킵니다. 관절염을 앓는 사람은 자신의 삶을 성찰하

고, 혹 다른 사람에 대한 쓴 뿌리와 용서하지 않는 마음을 품고 있는지 여부를 알아보라고 성심성의로 충고하시기 바랍니다.

넷째, 마음과 육체의 질병치유

1) 자신에게 마음과 육체에 질병이 있다는 것을 인정해야 합니다. 필자가 지금까지 성령치유 사역을 해오면서 체험한 바로는 본인의 마음과 육체에 질병이 있다는 것을 인정하기만 하면 치유는 가능합니다. 또 중요한 것은 세상 의술과 약물을 의지하여 치유하려는 생각을 하지 말고 말씀과 성령님의 역사로 치유받겠다는 의지 또한 중요합니다. 환자가 자꾸 세상 의술에만 의존한다면 마음과 육체의 질병의 근원 치유가 거의 불가능합니다. 세상 의술은 질병이 더 진행되지 않게 하여 자신에게서 치유의 항체가 나와 치유되기를 기다리는 치유 방법이기 때문입니다. 그러나 영적인 치유는 하나님이 하시는 것이므로 마음과 육체에 발생한 질병의 근원을 찾아서 성령께서 깊은 곳에 역사하여 근원을 뽑아내며, 치유하는 것이므로 완치가 가능한 것입니다. 충만한 교회에서는 열두 가지 질병으로 고생하던 환자도 모두 치유 받고 하나님에게 영광을 돌리고 있습니다. 하나님은 못 고치는 질병이 없다는 것을 믿으시기를 바랍니다.

2) 성령으로 세례를 받고 성령으로 충만 해야 합니다. 마음과 육체의 질병을 치유 받으려면 아담(옛 사람)이 죽어 없어져야 합니다. 그런데 아담을 죽어 없어지게 하는 것은 성령의 역사입니다. 아무리 말씀을 외워도 성령이 장악하지 아니하면 아무런 소용이 없습니다. 하나님은 육체에는 역사하시지 않기 때문입

니다. 하나님은 영이시기 때문에 사람이 영적이 되어야 역사하시는 것입니다. 그러므로 성령으로 세례를 받아야 합니다. 그리고 지속적으로 성령을 요청하여 성령으로 충만해야 합니다. 성령으로 충만하여 성령이 자신을 장악하여 옛 사람이 없어지고 성령으로 거듭나면 치유가 되기 시작합니다. 그러므로 마음과 육체의 질병을 치유 받으려면 성령으로 세례를 받아야 하고 계속적으로 성령 충만해야 합니다.

3) 말씀과 성령의 역사로 내적치유를 해야 합니다. 성도님들 중에 목사님 저는 상처가 없습니다. 하시는 분들이 계시는데 육체를 가진 성도가 상처가 없을 수가 없습니다. 인생을 살아가는 것이 상처이기 때문입니다. 그러기 때문에 하나님은 이렇게 말씀하시는 것입니다. (빌4:4)"주 안에서 항상 기뻐하라 내가 다시 말하노니 기뻐하라." 상처는 모두가 다 있을 수 있습니다. 그래서 말씀과 성령의 역사로 상처를 내적 치유해야 합니다. 질병을 치유하려면 질병이 발생한 근원인 상처를 먼저 찾아서 내적치유를 해야 질병의 뿌리가 뽑히는 것입니다. 그래서 미국의 병원에서는 환자들에게 약물만 투여하는 것이 아니라, 전문적으로 내적치유를 하시는 목사님들을 통하여 환자들에게 내적치유를 하고 있는 것입니다. 원래 내적치유는 미국의 병원에서 하던 것을 우리나라의 의사 분들이 배워서 우리나라에 접목한 것입니다. 그러므로 내적치유 없이는 질병의 완치는 불가능하다고 해도 과언은 아닌 것입니다. 내적치유를 받으려면 먼저 예수를 자신의 주인으로 영접하고 성령으로 세례를 받고 성령으로

충만해야 합니다. 내적치유는 전적으로 성령께서 하시는 사역이기 때문입니다. 저는 개인적으로 이런 견해를 가지고 있습니다. 우리나라의 모든 교회의 목사님들은 내적치유를 받아야 하고, 또한 내적치유를 할 수 있는 능력을 소유해야 한다고 생각하고 있습니다. 당신도 내적치유를 받으시기를 바랍니다. 그리고 자신의 내면에 상처가 머무르지 못하게 하시기를 바랍니다. 상처는 만 가지 문제의 근원입니다.

4) 자신의 질병의 원인을 찾아야 합니다. 필자가 지금까지 성령으로 치유사역을 하면서 개인적으로 정립한 견해는 질병을 치유하려면 질병을 발생하게 한 원인을 찾아야 한다는 것입니다. 근본이 되는 원인만 정확하게 찾으면 질병치유는 문제가 되지를 않습니다.

①질병의 원인이 상처에 있다면 상처를 내적 치유해야 합니다. 의사 분들이 이렇게 말합니다. 질병의 원인의 70-80%는 스트레스에 의하여 질병이 발생한다고 합니다. 스트레스는 상처입니다. 그러므로 상처로 인하여 질병의 70-80%가 발생하는 것입니다. 그러므로 상처를 내적 치유해야 합니다.

②질병의 원인이 영적인 문제에 있다면 축사해야 합니다. 질병의 원인 중에는 죄로 인한 질병도 있습니다. 질병의 원인이 죄라면 회개하고 죄 뒤에 역사하던 귀신을 축사해야 합니다. 귀신을 축사하려면 먼저 내적치유로 쓰레기를 청소하고 귀신을 축사해야 합니다. 쓰레기가 청소되지 않으면 귀신은 떠났다가도 다시 들어오게 됩니다. 환자의 영 안에 계신 성령의 강력한

역사로 인하여 귀신이 밀려나와 떠나가게 해야 하는 것입니다. 물론 사역자가 밖에서 귀신을 불러내어 축사를 해도 되지만 이렇게 축사하면 환자에게 귀신을 방어할 수 있는 능력이 없기 때문에 조금 지나면 귀신이 다시 들어올 수가 있는 것입니다. 그러므로 귀신이 떠나갈 수 있는 영육의 상태를 만드는 것이 선행되어야 합니다.

③질병의 원인이 가계에 대물림되는 것이라면 대물림을 끊고 귀신을 축사해야 합니다. 필자가 지금까지 성령치유 사역을 하다가 보니까, 질병 중에는 가계로 대물림되는 질병이 많이 있더라는 것입니다. 그래서 질병의 원인을 찾을 때 환자의 가계력을 점검하는 것도 필수입니다. 만약에 혈통으로 질병이 대물림이 되고 있다면 대물림의 원인을 찾아 회개하거나 용서하고 대물림되는 질병의 줄을 끊고 질병에 역사하던 귀신을 축사해야 합니다.

5) 지속적으로 말씀과 성령 충만한 믿음생활과 내적치유로 성령이 자신을 장악하게 해야 합니다. 성령이 자신을 장악하면 질병은 떠나가게 됩니다. 만약에 귀신에 의한 질병이라면 귀신을 축사하는데 너무나 많은 시간을 투자하지 말고 말씀과 성령으로 충만하게 하는데 시간을 투자하는 것이 좋습니다. 귀신은 성령으로 충만해지면 힘이 자꾸 약해지기 때문에 나중에는 기침 한 번으로 떠나가게 됩니다. 그러므로 무엇보다도 성령 충만한 믿음생활이 중요한 것입니다. 신유사역에 대하여 더 상세하게 알고 전문적인 치유 사역을 하고 싶은 분은 "강력한 성령치유 핵심 요약" "내적치유 쉽게 하는 법"을 읽어보시기를 바랍니다.

6) 치유 후에 관리도 중요합니다. 필자는 암으로 고생을 하다가 치유되었는데 관리를 잘못하여 재발해서 세상을 떠난 사람들을 여러 명을 보았습니다. 암으로 고생하다가 치유되니 하나님에게 영광을 돌리고 성령으로 충만한 생활을 하지 않고 세상에 소망을 두고 살다가 재발한 분들이 있습니다. 무엇보다도 치유 후에는 치유 받을 당시와 같은 성령 충만한 믿음생활을 해야 떠나간 질병이 다시 들어오지 못합니다. 치유 후에 관리를 잘하시기를 바랍니다.

충만한 교회에서는 매주 화-수-목 성령치유 집회를 11:00-16:30까지 진행을 합니다. 무료집회입니다. 단 교재를 매주 구입을 해야 입장이 가능합니다. 매주 다른 과목을 가지고 집회를 인도합니다. 우리 교회 집회는 "성령의 불세례, 내적치유, 귀신축사, 신유, 성령의 은사 전이, 깊은 영의기도"는 기본으로 깔아놓고 집회를 인도합니다. 어느 집회에 오시더라도 "성령의 불세례, 내적치유, 귀신축사, 신유, 성령의 은사 전이, 깊은 영의기도"를 받을 수 있다는 말입니다

병원이나 세상 방법으로 해결하지 못하는 15가지 질병과 문제도 해결 받겠다는 믿음과 의지를 가지고 참석하면 모두 해결받습니다. 단 성령께서 자신을 장악해야 치유가 되기 때문에 성령이 장악하는 기간이 사람마다 다릅니다. 그래서 무슨 문제이든지 믿음을 가지고 오시면 해결이 된다는 것입니다. 오셔서 모두 치유와 능력을 받으시기를 바랍니다.

3부 영혼이 만족을 찾기 위하여

12장 영혼의 통로를 뚫어야 한다.

(롬8:26-28)"이와 같이 성령도 우리의 연약함을 도우시나니 우리는 마땅히 기도할 바를 알지 못하나 오직 성령이 말할 수 없는 탄식으로 우리를 위하여 친히 간구하시느니라. 마음을 살피시는 이가 성령의 생각을 아시나니 이는 성령이 하나님의 뜻대로 성도를 위하여 간구하심이니라. 우리가 알거니와 하나님을 사랑하는 자 곧 그의 뜻대로 부르심을 입은 자들에게는 모든 것이 합력하여 선을 이루느니라."

영혼의 만족함을 누리려면 영의통로를 뚫어야 합니다. 영의 통로를 뚫는 것은 쉬운 일이 아닙니다. 그러므로 성령으로 충만한 전문적인 목회자의 도움을 받으면 쉽게 해결이 될 것입니다. 영의통로를 뚫는 것은 빠를 수 록 좋을 것입니다. 시간이 경과하면 할수록 영의통로가 강하게 막힐 수가 있기 때문입니다.

많은 분들이 영의 통로라고 하면은 저 보이는 하늘나라에 계신 하나님과 영의 통로가 열려야 한다고 생각을 합니다. 그러나 잘못이해 하신 것입니다. 하나님과 영의 통로가 열린다는 것은 예수를 믿을 때 내 영안에 들어와 좌정하고 계신 하나님과 영의

통로가 열리는 것입니다. 필자도 성도였을 때에는 하늘에 계신 하나님에게 기도해야 되는 줄 알고 한참 목사가 되지 않겠다고 버틸 때 산 기도를 많이 갔습니다. 다른 분들은 능력을 받아서 하나님의 일을 잘해 보겠다고 산 기도를 하시는데, 저는 반대로 목사를 하지 않겠다고 항변하며 산 기도를 했습니다.

그때는 혈기 왕성하고 젊고 힘이 좋아서 산에 올라가 통성으로 기도하면 산이 쩌렁쩌렁 울렸습니다. 저는 그렇게 기도해야 하나님이 들으시고 응답해주신다고 믿었기 때문입니다. 왜냐하면 제가 20년간 평신도 생활을 했는데 어떤 목사님 한분도 기도를 내 안에 계신 하나님에게 한다고 알려주시지 않았기 때문입니다. 아마 이 책을 읽는 분 중에서도 저와 같은 생각을 가지고 계시는 분들이 있을 것입니다. 우리교회에 오셔서 성령치유와 영성훈련을 받으시는 분들 중에도 종종 하나님이 하늘에 계신 줄 알고 계시는 분들이 다수가 있습니다. 그래서 저에게 질문하는 분들이 있습니다. 그러나 하나님은 내 안에 계십니다. 내 안에 계신 하나님과 영의 통로를 여시기를 바랍니다.

첫째, 영의 통로가 열리게 하려면 어떻게 해야 하나. 영의 통로가 열리게 하려는 그 조건과 상태는 여러 가지이지만 첫째 의지를 발동해야 합니다. 본인이 영의 통로를 열겠다는 의지를 발동하여 불같은 성령으로 세례를 받는 것이 제1의 원리요, 그 다음은 말씀과 성령으로 내적 치유하는 것이 제2의 원리요, 귀신

추방이 제3 원리입니다. 이 모든 것은 혼자의 영력이나 힘으로
는 불가능합니다. 성령 충만하고 체험이 많은 사역자의 도움을
받는 것이 좋습니다. 아니 그렇게 하는 것이 빨리 영의 통로가
열리게 할 수 있습니다.

그리하여 생각이 영적으로 바뀌고, 마음이 감동되어, 마음의
열리면 성령이 역사하시니 영적인 믿음이 생겨서, 본인의 의지
가 발동되어, 본인의 원하는 대로 기도가 되고 몸과 마음이 움
직여지고, 적극적인 행동으로 옮겨지는 과정을 거쳐야 합니다.
이 영적 원리는 모든 것에 적용됩니다.

둘째, 영의 통로가 열려 영혼에서 불이 나오는 기도들
1) 기도하기 전에 영적으로 준비해야 할 사항
① 성령님께 성령님의 감동, 감화, 인도함을 받도록 간구, 요
청하세요. "성령으로 기도할 수 있게 해 주세요(유1:20)" 하고
성령으로 기도할 수 있도록 간구하세요. 기도는 성령으로, 성
령 안에서, 성령의 도우심을 받아야 한다는 사실을 꼭 기억하세
요. 기도와 성령을 일체화시켜야 합니다.
② 기도에서 가장 먼저 간구해야 하는 것은 성령의 임재와,
충만, 교통함입니다. 성령의 임재가 기도의 생명이고, 믿음생
활의 생명입니다. 내 이성이 기도하고, 내 감정이 기도하고, 분
위기가 기도하면 기도를 돕기 위해서 오신 성령님이 외면당하
시고 슬퍼하시며 외로워하십니다. 성령님의 임재는 너무나 중

요합니다. 이것을 인정하시라. 성령께서 일하시도록 환경을 만드시기 바랍니다. 장소를 만들어 드리세요. 성령님의 역사는 우리가 성령님에게 일하실 수 있는 환경과 장소를 만들어 드릴 때 나타납니다. 우리의 마음을 성령님이 역사하실 수 있는 환경을 만들어 드리면 성령님이 역사하십니다.

③ 기도의 초기단계에서는 내 영혼이 성령님의 임재를 대부분 느끼지 못합니다. 부정적 인식, 믿음의 부족, 인식부족, 필요성에 대한 무지, 하나님과의 거리감 때문입니다. 그러나 내가 느끼지 못해도 성령님은 지속적으로 역사하심을 믿으세요. 인정하세요. 그러므로 성령을 느끼려고 노력하세요. 성령님이 내 안에 계신다는 사실을 인정하세요. 지속적으로 노력하세요.

이 방식대로만 하면 하나님이 활동하고 역사하십니다. 단지 내가 둔해서 느끼지 못하지만, 지속적으로 하면 하나님의 역사하심을 느끼고 체험하게 됩니다. 이것을 더 사모하고 더 사모하세요. 내안에 계신 성령님의 도우심으로 문제를 해결하게 됩니다. 더 높고, 넓게 깊은 단계로 나아가게 됩니다. 보화를 캐내기 시작하는 것입니다.

④ 기도자는 자신의 심령 안에 하나님이 계신다는 것을 실제로 체험해야합니다. 이것이 진정 참된 기도의 시작이라고 할 수 있습니다. 그리고 하나님이 드디어 그런 사람, 즉 성령님과 교통하는 사람을 쓰시게 됩니다. 이것이 하나님의 사역의 기본원칙입니다. 이를 위해서 간구하고 목말라하세요. 하나님을 믿으

면서, 하나님께 가까이 가고, 하나님을 느끼고, 하나님을 사랑하고 하나님께 나를 드리고, 기적을 체험하는 차원을 향하여 나아가세요. 밖에 있는 것에 관심을 갖지 말고 오직 안에 있는 분에 대하여 목말라 하세요. 성령님은 끊이지 않는 생수가 되시는 분입니다. 성령님은 끊이지 않는 샘물을 주십니다.

셋째, 영의 통로가 열려 영혼에서 불이 나오는 기도를 하라.

1) 영의 통로가 열려 불이 나오는 기도는 어떻게 해야 합니까?

① 깊은 성령의 임재 하에 영육이 성령의 만지심을 느끼도록 하여야 합니다. 성령의 임재를 느끼는 현상은 사람마다 다양합니다. 성령의 임재를 못 느끼는 분들의 경우는 주님이 안 오시는 것이 아니라 단순히 못 느끼는 것입니다. 성령께서 만지심을 느끼도록 성령 충만한 기도로 혼이 영에서 올라오는 감동을 민감하게 느끼도록 훈련해야 합니다.

② 성령의 임재가 깊어지게 하려면 자신의 의지를 꺾고 단지 그분이 하시는 일을 가감 없이 받아들여야 합니다. 이 훈련을 지속적으로 해야 영적 지각능력이 배가 됩니다. 어디까지 받아들여야 하는가? 각자의 마음속까지 아니 뼛속까지 가감 없이 그대로 받아들여야 합니다. 예를 들어 강한 역사가 일어나면 더 강하게 하면서 성령의 역사에 순종하며 따라가야 합니다. 뜨겁게 역사하시면 더 뜨겁게 역사하여 주소서 하며 아이고 뜨거워, 아이고 뜨거워하면서 반응을 순수하게 하면 성령님은 인격이시

기 때문에 더 역사하여 주시는 것입니다.

③ 성령이 마음대로 일하시게 해야 합니다. 이때 성령께서 육체의 만지심의 느낌에 절대 순복하여야 합니다. 즉 반응에 절대 순종하고 환영하는 반응을 보여야 합니다.

④ 임재에는 반드시 메시지가 있음을 명심하시기를 바랍니다. 제가 몇 년 전에 강북구에 있는 성민교회라는 곳에 가서 부흥회를 인도한 적이 있습니다. 밤 시간 이었는데 한참 말씀을 전하고 있으니 어느 남자분이 그때서야 도착하여 말씀을 듣는 것이었습니다. 그리고 말씀을 다 전하고 기도 시간이 되었습니다. 기도를 하도록 인도하고 저는 기도 시간마다 아무리 성도가 많아도 개별 안수를 해드립니다.

안수기도를 한참 하다가 그 늦게 도착한 분의 차례가 되었습니다. 그래서 안수를 했습니다. 그러니까, 머리를 숙이면서 흐느끼는 것이었습니다. 저는 무슨 영문인지 모르고 그냥 머리를 들고 기도하시라고 조언을 하고 한 50분간의 기도를 마치고 집으로 돌아오려고 했습니다. 필자가 집에 돌아오려면 전철을 타야 하는데 전철역이 그 교회에서 상당히 멀었습니다. 그래서 전철역까지 누가 차로 좀 데려다 달라고 했더니, 담임 목사님이 밖에 나가시면 차가 대기하고 있으니 잘 돌아가시라고 했습니다. 그래서 대기하고 있는 차를 타니 아까 늦게 들어왔다가 기도하며 흐느끼던 그분이었습니다. 그분이 하는 말이 "목사님 제가 오늘로 예수를 믿은지 13년이 되었는데 처음으로 울어보았습니다. 은혜 받게 해주셔서 감사합니다."

그래서 "왜 우셨습니까?" "기도하는데 심령에서 성령의 불이 뜨겁게 올라오면서 내 속에서 뚜렷하게 내가 너를 사랑한다. 내가 너를 사랑한다. 내가 너를 사랑한다. 하며 위로하여 주시는데 갑자기 성령의 불로 얼굴이 화끈 거리고 눈물이 쏟아져 나왔습니다." 이분은 제가 기도를 어떻게 하라고 알려주고 기도를 시키니까, 그대로 순수하게 따라서 하니 성령의 역사로 성령의 불도 받고 성령의 음성도 들은 것입니다.

이와 같이 기도를 영으로 하면 반드시 하나님의 임재 현상이 나타나게 되어 있습니다. 임재현상이란, 음성이 들린다든지, 마음에 평안이 올라온다든지, 마음속에서 성령의 불의 뜨거움이 올라온다든지, 갑자기 기도문이 열려 뜨겁게 방언으로 기도하게 된다든지, 성령의 감동으로 나도 모르게 울음이 터진다든지, 또는 어떤 이유인지 모르겠는데 갑자기 웃음이 주체 못하게 터진다든지 등등, 성도가 영으로 바르게 기도하면 반드시 하나님의 임재 현상을 체험하게 되는 것입니다.

2) 보통 기도가 발전하는 다섯 단계.

① 부르짖는 기도 단계입니다. 성도가 기도를 처음 배울 때부터 통성으로 무조건 생각나는 대로 부르짖어 기도하는 습관을 먼저 드려야 합니다. 만약에 언어의 구사나 방언으로 통성기도를 못한다면 절대 다른 사람들의 기도에 기가 죽어서 가만히 앉아 있지 말고 통성으로 주여! 주여! 주여! 를 계속하든지, 아니

면 할렐루야! 할렐루야! 할렐루야! 를 연속적으로 호흡을 들이쉬고 내쉬면서 배에서 나오는 힘으로 기도를 열심히 하다가 보면 자신도 모르는 순간에 성령으로 자신이 장악되어 저절로 주여! 주여! 주여! 나 할렐루야! 할렐루야! 할렐루야! 가 나오다가 방언이 터지는 것입니다.

② 기도의 줄을 잡는 단계입니다. 계속 통성으로 기도를 하다가 보면 이제 어느 정도 숙달이 되어 언어통성기도나 방언통성기도나, 주여! 주여! 주여!나, 할렐루야! 할렐루야! 할렐루야! 가 저절로 되어 어느 정도 기도 줄이 잡힙니다. 그래서 기도는 훈련입니다. 자동으로 기도가 되는 것은 절대로 아닙니다. 본인의 의지가 어느 정도 결부가 되어야 나중에 성령께서 사로잡아 주시므로 기도가 되고 기도 줄이 잡히는 기도를 할 수가 있는 것입니다. 기도 줄이 잡히지 않더라도 지속적으로 해야 됩니다.

③ 영력이 끌려 올라오는 단계입니다. 이 단계가 되면 기도의 줄이 잡혀서 기도의 수고가 쉬워지므로 기도가 성령의 이끌림을 받게 됨으로 영으로 기도하면서 또 마음으로 기도하고 영으로 기도하게 됩니다. 이 단계가 되면 자신의 영 안에서 성령의 능력이 올라오는 시기이므로 자신의 안에서 올라오는 영력에 의하여 더욱 성령으로 충만하게 되고 무의식의 상처가 치유되면서 귀신이 떠나가니 기도의 수고가 쉬워지는 단계입니다.

④ 영력이 마음속에서 올라오는 단계입니다. 이 단계에 들어선 성도는 마음 안에 상처가 치유되고 상처를 붙들고 있던 귀신

이 떠나가니 내 영안에 계신 성령하나님과 영의 통로가 열려 영으로 기도를 하는 단계입니다.

이 단계에 들어선 성도는 이제 기도가 자꾸 하고 싶어지고, 기도하면 할수록 성령이 충만하게 되고, 영안이 열려가므로 하나님의 말씀을 읽을 때나 들을 때, 목사님의 설교 말씀을 들을 때 영으로 말씀을 들으니 영이 자꾸 깨어나는 시기입니다. 이때가 되면 내가 지금까지 예수를 믿노라 하면서 왜 이렇게 고통을 당하면서 살았는가, 스스로 느끼고 고치고 치유 받으려고 노력하게 됩니다.

그래서 서서히 하나님의 군사가 되므로 환경에서 하나님의 역사가 보이고, 하나님이 자기의 인생에 개입을 하고 인도하고 계시는 것을 느끼게 됩니다. 그러므로 성도는 무엇보다 기도가 바르게 되어야 합니다.

⑤ 영적인 기도의 단계입니다. 이 단계가 되면 성령하나님과 인격적인 관계가 되었기 때문에 주여! 하기만 해도 성령님의 임재를 느끼는 시기입니다. 필자가 강조하는 항상 기도할 수 있는 시기입니다. 기도하며 하나님의 음성을 듣는 시기입니다. 주가 내 안에 내가 주안의 단계입니다. 5단계는 모든 육의 소욕과 자아가 무너지고 주님만이 기도의 목표가 되는 단계입니다. 필자는 이 단계까지 도달하도록 인도할 것입니다. 부디 성령으로 충만하여 영적인 말씀과 원리들을 이해하시고 내 것으로 만드셔서 능력이 오고 깊어지는 깊은 영의 기도를 모두 숙달하시어 하

나님의 강한 군사가 되시기를 바랍니다. 그리하여 모두 하나님의 마음에 합한 자가 되어 쓰임 받으시기를 바랍니다.

3) 성령의 불이 임하고 나오는 기도방법

① 호흡을 들이 쉬면서 내쉬면서 방언이나 발성 기도를 하시면서 내 영 안에서 역사하는 성령의 불과 밖에서 역사하는 성령의 불을 내 것으로 만드는 기도 방법입니다. 성령은 내 영 안에 계시고, 우리 안에 계시고, 성령으로 충만한 상태에서 영으로 말씀을 듣거나 읽을 때 말씀 안에 계십니다. 이 성령의 역사가 일어나게 호흡을 들이쉬고 내쉬면서 방언기도나 발성 기도로 성령의 임재를 깊이 느끼고 유지합니다.

② 능동적으로 성령의 불을 끌어당기는 기도를 합니다. 숨을 깊이 들이쉬면서 밖에서 역사하는 성령의 불을 끌어들이는 것입니다. 깊은 호흡을 하면서 성령의 불을 끌어들이시기 바랍니다. 이때 강하고 크게 자신의 육체의 한계를 넘어서는 강력한 기도를 해야 합니다. 의지를 다해서 강력하게 해야 합니다. 힘이 든다고 나약하게 부르짖는 기도를 하면 더 강한 성령의 불을 절대로 끌어 들일 수가 없습니다.

이를 위해서 복식 호흡법을 활용하여 배에서 올라오는 소리로 힘껏 소리를 지르고 온몸으로 부르짖는 기도를 하여야 합니다(최소한 30분 이상). 그래야 목에 피로가 안 오고 목이 상하지 않습니다. 제가 지금까지 수많은 기도 세미나를 인도했는데 이렇게 기도한 분들은 절대로 목이 상하지 않았습니다. 기도하면서 목이 상하신 분들은 자신의 기도 방법을 빨리 바꾸어야 합니다.

③ 성령께서 하시는 일에 크게 반응해야 합니다. 이때 말과 행동에 있어서 크게 반응하기 바랍니다. 성령께서 하라는 대로 순종하는 것이 좋습니다. 될 수 있으면 크게 반응을 하는 것이 좋습니다. 더 강하게, 으으으 아 뜨거워하면서 성령의 역사하심을 환영하고 받아들여야 합니다. 교역자는 강단에 서기전에 이 단계까지 기도하고 그 후에 강단에 서야합니다. 그래야만 예배와 설교 가운데 성령의 기름부음이 강해집니다.

그리고 교회의 직분자들 특히 강도사, 전도사, 장로님, 권사님, 안수집사님 등등 은 모두 이정도로 기도를 해야 마귀를 이기고 하나님이 주신 사명을 감당할 수가 있는 것입니다. 기도가 영성이고 기도하지 않는 영성은 없습니다. 능력과 불이 나오는 깊은 영의기도를 하여 성령으로 심령도 변하여 단물을 내는 모두가 되시기를 소원합니다.

4) 영의 통로가 열려 불이 나오는 기도를 하기 위해서 성도가 자신에 대하여 알아야 할 사항은 이렇다.

① 자신이 마귀의 공격을 받는 감정을 찾아내야합니다. 자신이 영성의 발전에 저해 요소를 찾아내어 제거 하라는 것입니다. 예로서, 잡념, 죄, 습관, 꿈, 생각, 잘 통제하지 못하는 것 등등 을 찾아서 고쳐나가야 합니다. 어떻게 치유하느냐 말씀과 성

령으로 깊은 역사에 의한 내적 치유와 깊은 영의 기도로 치유해야 합니다. 사람은 스스로 자기 통제가 가능하도록 만들어졌습니다. 그런데 오늘날 우리가 자기 통제를 못하는 이유는 죄성과 상처 때문입니다.

그러므로 예수를 믿는 믿음과 성령의 은혜 안에서는 이 모든 것이 회복되기 때문에 자기 통제가 가능합니다. 이것을 다른 말로 하면 성령의 은혜로 말미암아 공격받는 감정을 치유할 수 있다는 의미입니다. 자신의 공격받는 분야를 찾아 내적 치유하시기를 바랍니다.

② 자신의 공격받는 분야를 꼭 찾아내야 합니다. 예를 들어 혈기나 분노의 경우 자신의 상처와 조상의 유전까지 찾아 들어가야 합니다. 부계와 모계 쪽으로 계속 추적하여 찾아내세요. 상처라고 하면 태아, 유아, 소년기, 부모 등 원인을 찾아내야 합니다. 그래서 치유해야 합니다.

③ 그 죄와 관련된 지속적이고 뚜렷한 경험들을 파고 들어가세요. 그리고 지식의 말씀의 은사와 지혜의 말씀의 은사를 통하여 해결하세요. ⓐ 그때의 감정을 뿌리를 찾아서 제거하세요. ⓑ 거기에 레마의 말씀과 성령의 능력과 주님의 피를 뿌립니다. ⓒ 뿌리 뒤에 역사하는 영을 찾아내야 합니다. 찾는 이유는 그때 그 사건을 통하여 들어온 영을 찾아야 하기 때문입니다. 분명히 그 때 타고 들어온 것이 있습니다. ⓓ 그 영의 정체를 드러내고 쫓아내고 몰아내고 반대 영을 공급합니다. 이 원리는 모든

영적인 전쟁을 할 때 적용되는 원리입니다. 이 원리를 적용하여 영적인 전쟁도 하시기를 바랍니다.

영의 통로가 막히면 여러 가지 생각하지 못한 일들이 발생합니다. 기도하기가 싫어집니다. 마음이 답답합니다. 혈기가 심해집니다. 우울증이 발생합니다. 불면증이 생기기도 합니다. 어깨 근육통이 생기기도 합니다. 부부 불화가 생깁니다. 될 수 있는 대로 빨리 막힌 영의 통로를 뚫어야 합니다.

그래야 모든 문제가 해결되기 시작을 합니다. 이런 분들에게 우리 교회에서 매주 토요일 하는 집중치유를 권면하여 드립니다. 시간이 있으면 매주 화-수-목요일에 실시하는 치유집회에 참석하여 치유를 받을 수 있습니다. 그러나 직장을 다녀서 시간이 없는 분들은 토요일 집중치유를 활용하면 됩니다.

대부분 1-2회 집중치유를 받으면 영의통로가 뚫려서 기도가 됩니다. 아주 좋은 사역입니다. 마음에 쌓인 스트레스가 떠나가고 참 평안을 찾게 됩니다. 성령의 권능이 나타납니다. 필요한 분들은 1주전에 예약하여 받으시면 됩니다. 반드시 1주전에 예약을 해야 합니다.

13장 영혼의 치유를 받아야 한다.

(살전 5:23)"평강의 하나님이 친히 너희를 온전히 거룩하게 하시고 또 너희의 온 영과 혼과 몸이 우리 주 예수 그리스도께서 강림하실 때에 흠 없게 보전되기를 원하노라"

영혼이 만족을 누리지 못한다면 영혼의 치유를 받아야 합니다. 하나님은 무의식의 상처를 치유하여 영혼의 만족을 누리는 성도와 교통하십니다. 영혼의 만족을 누리지 못한다면 상태를 정확하게 진단하여 전문적인 치유를 받는 것이 좋습니다. 필자는 영혼의 만족을 누리지 못한다고 말하는 분들에게 전문적인 영혼의 치유를 권하고 있습니다.

첫째, 막혀있던 영혼을 치유 받은 간증입니다. 저는 강북에 있는 믿음교회 김 권사입니다. 저는 영적으로 갈급하여 참으로 방황을 많이 했습니다. 교회에서 목사님은 열심히 하면 형통해 진다고 하여 무조건 열심히 신앙생활을 했습니다. 열심히 하면 하나님이 다 해주실 줄 믿었습니다. 새벽기도를 빠뜨리지 않고 열심히 다녔습니다. 예배는 모두 빠지지 않고 열심히 참석을 했습니다. 십일조 한번을 거르지 않고 했습니다. 교회 행사를 하면 앞장서서 봉사를 했습니다. 구역장을 10년 넘게 봉사를 했고, 여전도회장을 2년을 했습니다. 교회를 건축 할 때 건축헌금도 드렸습니다. 누구든지 밖으로 보면 정말로 모범적인 성도였습니다. 이렇게 열심히 하는데 문제가 하나 있었습니다. 저의 심령이 날마다 갈급한 것입니다. 무엇인지 모르게 항상 갈급했습니다. 마음에 채워지지 않은 그 무엇이 있었습니다.

그래서 교회에 가서 기도를 하면 조금 나아지는가 싶다가 조금 지나면 다시 갈급한 것입니다. 그래서 국민일보를 보고 성령과 영성 집회를 한다는 광고만 보면 찾아가서 은혜를 받았습니다. 그런데 문제는 그때 뿐 이었다는 것입니다. 다시 갈급해지는 것입니다. 어느 영성원에는 거의 2년을 다녔습니다. 그래도 해소가 되지를 않았습니다. 사람들은 성령의 불을 받아야 한다고 해서 성령의 불을 받으려고 성령의 불의 역사가 있다는 곳은 다 다녔습니다. 그래도 심령이 갈급한 것은 마찬가지 이었습니다. 우연하게 서점에 갔다가 "영안을 밝게 여는 비결"이라는 책을 보니 마음에 감동이 와서 사다가 읽었습니다. 읽어 보니, 한번 가보고 싶은 생각이 들었습니다. 전화를 해보니 매주 집회가 있다는 것입니다. 사모함으로 집회에 참석해서 인지 첫날부터 말씀과 성령의 역사에 은혜를 받았습니다.

집회에 참석한지 이틀이 지난 후였습니다. 오후 시간이었습니다. 사모님이 찬양을 인도하셨습니다. 마음을 열고 영으로 찬양을 불렀습니다. 찬양을 부르는 중에 마음속에서 뜨거운 기운이 올라오는 것을 느꼈습니다. 연이어 강요셉 목사님이 전하시는 영성과 성령세례에 관한 말씀을 들었을 때 너무나 은혜를 받았습니다. 말씀 속으로 제가 끌려들어가는 체험을 했습니다. 말씀에 은혜를 받으니 마음이 열렸습니다. 말씀을 마치고 일어서서 자신의 의자 앞에 서서 찬양을 하라고 했습니다.

그래서 일어서서 찬송을 불렀습니다. 같은 찬송을 반복해서 부르게 하셨습니다. 찬송을 반복해서 부르는데 여기저기서 소리를 지르고 흐느끼면서 울부짖었습니다. 저 역시 몸을 가누지 못할 정도로 몸이 앞뒤로 흔들렸습니다. 가슴이 답답해졌습니다. 가슴에서 불덩어리가 올라오는 느낌을 받았습니다. 눈에서는 계속 눈물이 흘러 내렸습니다. 그러면서 서러움이 속에서 올라왔습니다. 그래서 울음을 참지 못하고 터트렸습니다. 막 울었습니다. 몸은 가누지 못할 정도로 흔들렸습니다.

도저히 서서 찬송을 부르지 못할 지경에 이르렀습니다. 그래서 의자에 앉아서 찬송을 불렀습니다. 이제 몸에 진동이 오기 시작을 했습니다. 막 떨리는 것 이었습니다. 나도 모르게 막 팔을 흔들면서 소리를 질렀습니다. 그러면서 방언이 터졌습니다. 방언을 하면서 진동이 더 강하게 일어났습니다. 의자에서 30cm 정도 뛰면서 기도를 했습니다. 그러다가 중심을 잃고 의자 아래로 떨어졌습니다. 그러자 강요셉 목사님이 오셔서 안수를 해주셨습니다. 안수를 하면서 더 강하게 역사하여 주시옵소서. 하고 기도하니까, 제 속에서 비명이 나왔습니다.

그러면서 몸이 뒤틀리기 시작을 했습니다. 정말 내가 감당할 수 없었습니다. 몸이 뒤틀리면서 속에서 괴성이 계속 나왔습니다. 그러니까 강 목사님은 성령님 더 강하게 역사하여 주시옵소서. 하시면서 안수를 하셨습니다. 그러자 제 다리가 머리위로 올라오면서 발작을 했습니다. 자연히 그런 현상이 일어나더니 제가 의자를 모두 차고 다니면서 발작을 했습니다. 아마 그때 충만한 교회 의자는 모두 차고 다녔을 것입니다. 어느 정도 시간이 경과 되니 몸이 안정이 되는 것을 체험하게 되었습니다. 그러자 강 목사님이 "지금까지 이렇게 진동하게 한 더러운 영은 기침으로 떠나갈지어다" 하며 명령을 하시는 것이었습니다.

그러자 멈출 수가 없을 정도로 기침이 많이 나왔습니다. 기침을 하는데 가슴이 뻥하고 뚫리는 기분이 들었습니다. 정말로 시원했습니다. 십년 묵은 체증이 내려가는 기분이었습니다. 한참 기침을 하고 나니 이제 속에서 방언이 나오는 것입니다. 제가 그때까지 하던 방언소리와 다른 방언이 터져 나왔습니다. 방언을 한참 했습니다. 그러자 온몸이 뜨거워지는 것입니다. 내 몸이 불덩어리가 되는 것 같은 기분이 들었습니다. 너무 뜨거워서 성령님 너무 뜨겁습니다. 하며 소리를 질렀습니다. 한참을 그렇게 지내다가 잠잠해졌습니다. 그러나 몸은 여전히 뜨거운 것이었습니다. 그때 강 목사님이 저에게 이게 성령의 불세례라는 것입니다. 오늘이야 성령의 불세례를 받았습니다. 오늘 드디어 영의 통로가 열렸습니다. 그러시는 것입니다. 정말 생전 처음 그런 신비한 현상을 체험했습니다.

기도를 하는데 정말로 은혜롭게 술술 나왔습니다. 그 이후로 말씀을 보면 너무나 꿀맛입니다. 기도가 저절로 되었습니다. 입술에는 항상 찬양이 넘치고 있습니다. 혈기가 사라지고 있습니다. 마음이 너무나 평안해 졌습니다. 십년동안 기도하던 소원이 성취되었습니다. 지금 삼 개월을 다니고 있습니다. 너무나 평안합니다. 강 목사님이 하시는 말씀이 무조건 열심히 하는 신앙은 사람을 변화시키지 못합니다. 기독교는 머리로 아는 종교가 아니고 알고 느끼고 나타나는 생명의 종교라는 것입니다. 알고 있는 만큼 변하는 것이 눈으로 보이고 몸으로 느껴야 한다는 것입니다.

그래서 성령으로 충만하여 영의 통로가 열려야 한다는 것입니다. 그 다음에 성령의 인도를 받으며 열심히 해야 심령이 변하고 환경이 변하면서 영적으로 깊어집니다. 사람은 영적인 존재이기 때문에 영의 통로가 열려 영의 만족을 누려야 방황을 멈춘다는 것입니다. 지금 저는 뼈에 사무치게 느끼고 있습니다. 마음이 편안해지니 정말로 마음의 천국을 누리고 있습니다. 모두 말씀과 성령으로 영의통로를 뚫어야 영의 만족을 느낍니다.

둘째, 주기적인 영적진단을 받아야 합니다. 하나님은 말씀과 성령으로 자신의 영적진단을 주기적으로 하여 영육으로 강건하게 지내게 하십니다. 예수를 믿고 성령으로 거듭난 성도는 영적진단이 습관이 되어야 합니다. 성도의 문제는 영에서부터 시작이 되기 때문입니다. 자신의 육체에 문제가 생긴 것은 이미 영적인 문제가 깊어진 것입니다.

제가 집필하여 출판한 책을 읽고 상담 전화를 하시는 분들이 있습니다. 이분들이 이구동성으로 하는 말이 기도가 되지 않는다는 것입니다. 기도가 되지 않는다는 것은 영의 질병이 깊어진 것입니다. 이때에 치유법은 막힌 기도를 성령의 역사로 뚫는 것입니다.

절대로 혼자 기도하려고 해도 기도가 열리지를 않습니다. 반드시 영적인 사역자의 안수를 받아 막힌 영의 통로를 뚫는 것이 급선무입니다. 문제는 기도가 되지 않는 지경에 까지 진전되지 않게 하기 위하여 영적진단을 주기적으로 하는 것입니다. 육체를 건강하게 하기 위하여 건강진단을 주기적으로 합니다. 40세가 넘으면 건강보험 공단에서 2년에 한 번씩 건강 검진을 받게 합니다. 이때 자신의 건강 상태를 확인하고 문제가 있는 곳은 치유합니다. 그래서 건강을 유지하게 합니다. 이처럼 건강한 영적 삶을 살기 위해서는 주기적으로 영적 진단을 받을 필요가 있습니다. 저는 주기적인 영적진단을 아주 많이 강조합니다. 성령의 역사가 강한 장소에 가서 자신의 영적인 상태를 주기적으로 진단하는 것입니다. 암은 조기에 진단하면 100% 치유가 되지만, 검진을 하지 않으면 말기가 될 때까지 우리 몸은 암을 느끼지 못합니다.

그래서 의사들이 하는 말이 암을 발견하는 것은 주기적인 검진 밖에 없습니다. 라고 말을 합니다. 영적인 병도 이렇습니다. 영의 바이러스인 마귀나 귀신이 들어왔는데도 우리의 몸이 느끼지 못하는 경우가 많습니다. 영은 신호를 보내는데도 무지해서 그 신호를 놓치는 경우가 많습니다. 그러므로 주기적으로 자신의 영적인 상태를 점검할 필요가 있습니다. 주기적인 영적 상태의 점검은 무엇보다 중요합니다.

세대에 역사하는 영적인 존재들은 태중에서 들어옵니다. 이것들이 평소에는 잠복하여 있다가 취약한 시기가 되면 고개를 들고 일어나 문제를 일으키는 것입니다. 이를 예방하기 위하여 주기적인 영적 검진이 필요한 것입니다. 저는 평소에 이렇게 말합니다. 예수를 믿고 교회에 들어오면 먼저 성령으로 세례를 받아야 합니다. 성령으로 세례를 받은 다음에 말씀과 성령으로 내면의 상처를 치유하는 것입니다. 상처를 치유 받으면서 병행하여 자아를 십자가에 매다는 것입니다.

성령의 역사로 혈통에 대물림되는 악한 영을 축귀하는 것입니다. 그리하여 영적체질을 만드는 것입니다. 이는 어려서부터 적용해야 되는 것입니다. 세대에 역사하는 악한 영을 성령의 역사로 드러내어 미리 축귀하는 것입니다. 그래서 저는 우리 충만한 교회에 다니고 있는 성도들의 자녀를 매주 안수해서 영적으로 맑은 상태를 유지하게 하려고 노력합니다. 이렇게 주기적으로 안수를 받으니 영적으로 깨끗해지는 것은 물론이고 육적으로도 건강하게 지냅니다.

기존 성도들은 주일날 영적점검을 받는 것입니다. 성령의 역사가 강하게 나타나니 세대에 대물림 되던 악한 영이 더 이상 숨어있지 못하고 정체를 폭로하는 것입니다. 폭로되어 떠나가게 하고 매 주일 성령의 역사를 체험하며 영적 상태를 유지하는 것입니다.

저는 항상 이렇게 말합니다. 성도들은 주일날이 아주 중요하다고 말입니다. 요즈음 세상 살아가는 것이 힘이 들어 주일 하루 밖에 교회를 나오지 못하는 분들이 많습니다. 이 중요한 주일을 성령으로 충만하게 예배를 드려서 영성을 유지하는 것입니다.

이렇게 신앙생활을 하지 못하니 세대에 역사하던 악한 영들이 예수를 믿어도 꼼짝하지 않고 숨어 있다가 영육으로 취약한 시기에 고개를 들고 나와 문제를 일으키는 것입니다. 제가 지금까지 성령치유 사역을 하면서 체험한 바로는 세대에 역사하던 악한 영이 장로가 된 다음에도 영육으로 이해 못하는 고통을 가하는 것입니다.

우리 충만한 교회 성령치유 집회와 주일 예배에 참석하여 성령의 강한 역사를 체험하고 자신 안에 도사리고 있던 중풍의 영들이 정체를 폭로하여 떠나보낸 분들이 부지기수입니다. 또 무속의 영들이 숨어 있다가 정체를 폭로하여 떠나보낸 성도 목회자가 많습니다. 이는 현재 진행형입니다. 지금도 역사가 일어난다는 것입니다. 오늘도 일어날 것입니다. 오셔서 체험해 보시기를 바랍니다. 이렇게 사전에 성령의 역사로 정체를 폭로하여 떠나보내지 않고 취약한 시기에 드러나서 고통을 당하다가 찾아오는 분들 또한 부지기수입니다.

또 매주 토요일 진행하는 개별 집중치유 시간에 자신도 모르고 지내던 영적인 문제가 드러나 치유가 됩니다. 어떤 분은 무당의 영이 정체를 밝히고 떠나갑니다. 어떤 분은 중풍의 영이 드러나 떠나갑니다. 어떤 분들은 관절염을 일으켜서 걷지 못하게 하려고 숨어있던 귀신들이 정체를 폭로하고 떠나가기도 합니다. 저는 모든 성도와 목회자가 집중 치유를 받아서 자신의 영적인 상태를 진단 받아야 한다고 강조합니다. 영적인 진단은 나이가 젊을 때 받는 것이 아주 좋습니다. 저는 아이들은 초등학교 다닐 때 받는 것이 가장 좋다고 생각을 합니다. 영적인 진단을 주기적으로 하시기를 바랍니다.

고통을 당하다가 이렇게 해도 안 되고, 저렇게 해도 안 되니, 할 수 없이 저희 교회 같은 곳에서 치유를 받는 것입니다. 그런데 때는 이미 늦은 것입니다. 이미 정체를 드러냈기 때문에 치유하려면 시간이 많이 걸리는 것입니다. 세대에 역사하는 악한 영은 태중에서 침입을 합니다. 침입하여 정체를 드러내는 시기는 두 가지가 있습니다.

첫째, 성령의 역사에 의하여 청체를 드러냅니다. 이것이 제일로 좋은 현상입니다. 두 번째는 여러 가지 상황이 좋지 못하여 스트레스를 당하여 영육으로 취약한 시기에 드러내는 것입니다. 이 상황이 제일로 나쁜 것입니다. 이런 취약한 시기에 드러나는 것을 방지하기 위하여 주기적인 영적 점검을 하여 악한 영들을 드러내는 것입니다.

그래서 성도는 교회를 잘 정해야 합니다. 그리고 주일을 효과적으로 보내면서 주기적인 영적 점검을 받아야 합니다. 많은 성도들이 이렇게 주기적인 영적 점검을 받지 않음으로 인하여 불필요한 고통을 당하고 있습니다.

어떤 분은 목사가 된 다음에 악한 영들이 드러나 고생을 합니다. 어떤 분은 안수 집사가 된 다음에 악한 영이 드러나 말로 표현 못하는 고통을 당하기도 합니다. 저는 하나님의 은혜로 성령 치유 사역을 하고 있습니다. 사역을 하다 보면 영적으로 무지하여 예수를 잘 믿으면서도 불필요한 고통을 당하면서 사는 분들을 볼 때 참으로 안타깝기 짝이 없습니다. 기독교 신앙은 예방 신앙입니다. 주기적인 영적검진이 필요한 것입니다.

다시 한 번 강조합니다. 우상 숭배가 혈통에 대물림되는 성도는 반드시 드러납니다. 어떤 사람은 17세에 발생합니다. 어떤 사람은 20세에 발생합니다. 어떤 분은 26세에 발생하기도 합니다. 어떤 분은 34세에 발생할 수도 있습니다. 대략 이런 증상이 발생하는 사람의 유형을 보니 집안에 우상의 숭배가 심한 집안의 내력이 있는 가문에서 발생합니다. 그리고 태중에서나 유아시절에 상처를 많이 받은 분들이 많이 발생됩니다. 대개 심장이 약하여 잘 발생합니다. 그러므로 제가 강조하는 것과 같이 불같은 성령을 체험하고 내적치유를 미리 받아야 합니다. 그러면 성령의 임재로 사전에 상처가 드러나서 치유가 됩니다. 정기적인 영적 진단이 아주 중요합니다.

그리고 병이 들었을 때 주변에서 안다고 해서 그 사람을 고치지 못하듯이 영적인 질환도 같은 이치입니다. 병이 들면 전문의의 도움이 필요하듯이 영적인 질병 역시 전문 사역자의 도움이 필요한 것입니다. 목회자는 부분적으로 고칠 수는 있습니다. 그러나 전문가가 접근하는 방식과는 다릅니다. 전문가는 총체적으로 접근하며 병의 뿌리를 제거합니다. 그래서 전문가가 있는 것입니다. 영적 진단은 주기적으로 받아볼 필요가 있습니다. 병의 근원을 조기에 발견하면 치유가 쉽습니다. 그러나 그 시기를 잃게 되면 거의 치유가 되지 않습니다. 치유가 된다하더라도 시간과 노력이 많이 듭니다. 조기 검진 이것이야말로 효과적인 치유의 지름길입니다. 자신의 귀중한 영을 관리하기 위하여 영적진단을 주기적으로 받는 습관을 들이시기를 바랍니다.

셋째, 영혼의 만족을 위하여 내적치유를 받아야 합니다. 내적치유는 생명의 말씀과 성령께서 하시는 깊은 차원의 치유입니다. 무의식 깊은 곳의 아픔, 마음의 상처를 치유하는 것입니다. 성령의 깊은 임재로 사역하는 잠재의식, 무의식의 치유입니다. 또 내적치유는 인간관계의 치유입니다. 반드시 생명의 말씀과 성령의 역사로 깊은 차원의 치유를 해야 합니다. 인간은 영적이고 심리적인 존재이기 때문에 인간관계는 감정의 관계, 심리적인 관계입니다. 그런데 감정이나 심리상태, 영적상태가 좋지 못하면 인간관계가 좋지 못하게 되며, 한걸음 더 나아가 하나님과 좋은 관계를 맺지 못합니다. 사람들은 하나님을 믿지만, 하나님과 좋은 관계를 맺지 못하고 있습니다.

내적치유는 이러한 관계성을 치유하는 것입니다. 내적치유는 인간의 가장 내적인 부분인 영으로부터 시작하여 성품, 인간관계, 하나님과의 관계까지도 치유하며, 육신의 질병까지도 치유합니다. 내적치유는 전인격적인 치유로서 성령의 깊은 역사로 이루어지는 사역입니다. 사람은 하나님의 형상으로 창조되었습니다(창 1:27-28).

사람이 하나님의 형상이라는 의미는 하나님의 대리자, 하나님과 같은 권세로서, 하나님을 대신해서 이 세상을 다스리고 지배하고 보살피는 존재라는 것입니다. 사람은 원래 이러한 존재로 창조되었습니다. 이를 위해서 하나님이 오직 사람에게만 영을 주셨습니다. "여호와 하나님이 땅의 흙으로 사람을 지으시고 생기를 그 코에 불어넣으시니 사람이 생령이 되니라"(창 2:7).

영을 가진 영적인 존재가 된다는 것은 영에서 나오는 권세, 힘, 생명력으로 환경을 장악하고, 이 사명을 감당하는 존재가 되라는 것입니다. 영으로 혼과 육, 환경을 지배하며 다스리는 존재가 되라는 것입니다. 영으로 늘 성령하나님과 교제함으로 하나님께서 주시는 권세를 늘 소유하며, 하나님의 뜻을 받아서 권능을 사용하며, 하나님께서 맡기신 일을 하여야 하는 것입니다. 참으로 영적 존재인 사람은 주께서 내안에, 내가 주안에 늘 교제함으로 주님과 내가 하나가 되는 것과(요15:4-10), 하나님이 하신 일을 우리도 하는 존재인 것입니다.

그런데 아담의 범죄 이후 모든 인간의 영성이 잠들어버리게 되었고, 이 세상은 오직 육과 이성이 다스리는 세상이 되었습니다. 죄가 다스리는 세상이 된 것입니다(창 15:13-14,16). 그래서 마음에 상처가 생기고 마귀에게 당하며 사는 신세가 되었습니다(창 15:13-14,16).

그러나 이제 예수 그리스도의 십자가 보혈의 공로로 말미암아 하나님의 자녀가 된 크리스천은 아담 이후로 이제야말로 제대로 하나님을 섬길 수 있는 존재가 된 것입니다. 하나님을 가장 깊은 속에 모시게 된 것입니다. 이제는 하나님과 깊은 교제를 하며 영원히 하나님을 모시게 되었습니다. 아담의 죄로 말미암아 영이 죽었던 사람이 다시 영이 살게 되었으므로 하나님과 교제하고 사귀는 영적인 사람이 됩니다. 영이신 하나님의 성품을 가지게 된다는 것이며, 영이신 하나님을 닮아 간다는 것입니다. 이제야말로 제대로 죄와 싸워 이기고, 저주와 싸워서 이기고, 환경을 지배하고 변화시킬 수 있는 존재가 된 것입니다(고전 6:19-20).

그러나 이 모든 것은 하나님을 우리 속에 모시고 늘 교제함으로만이 가능한 것입니다. 이것이 성도의 신분입니다. 그리고 이렇게 하나님을 안에 모시기 위해서 하나님은 우리에게 "내가 거룩하니 너희도 거룩할 지어다"(벧전1:16) 하고 거룩함을 요구하십니다. 피뿌림 받고 죄 사함 받아 구원받은 하나님의 자녀들은 이제부터 하나님을 모시는 생활, 하나님과 교제하고 하나님을 섬기는 생활, 환경을 지배하고 다스리는 생활을 하기 위해서 반드시 거룩해져야 합니다. 우리 영-혼-육의 모든 더러움을 생명의 말씀과 성령으로 기도하며 계속 씻어내야 합니다. 이것이 성화의 길이요, 이것이 바로 내적 치유입니다. 하나님은 살전 5장 23절에서 "평강의 하나님이 친히 너희를 온전히 거룩하게 하시고 또 너희의 온 영과 혼과 몸이 우리 주 예수 그리스도께서 강림하실 때에 흠 없게 보전되기를 원하노라" 말씀하십니다.

하나님은 우리의 영-혼-육 모든 부분이 온전하기를 원하십니다(살전5:23). 가정의 화평함, 좋은 인간관계, 사회에서의 밝은 삶을 살기를 원하십니다. 내적 치유는 이러한 하나님의 관심에 가장 가까운 깊은 차원의 치유입니다. 인간의 지체는 영-혼-육이 서로 밀접한 관계를 가집니다. 눈으로 보이는 부분의 상처만을 치유함으로 온전한 치유가 되지는 않습니다. 원인이 되는 더 깊은 곳, 다른 부분까지도 치유해야 온전한 치유가 되는 것입니다. 이는 성령님만 할 수 있는 사역입니다. 성령의 깊은 임재로 무의식의 상처를 현실로 드러내어 치유해야 합니다. 성령의 역사가 없이는 할 수 없는 사역입니다. 반드시 성령으로 세례를 받아야 할 수 있는 깊은 차원의 치유입니다.

　그러므로 내적 치유는 하나님의 뜻에 가장 가까운 치유입니다. 영적인 존재인 인간은 같은 영적인 존재인 하나님과 이웃과의 관계성을 가지고 사는 존재입니다. 그런데 많은 사람들이 이 관계성이 잘되어 있지 않음으로 내적으로 문제를 가지게 됩니다. 인간이 갖고 있는 신체, 심리적인 질병중 대다수가 상한 감정이나 영적인 문제와 긴밀한 관계를 가지고 있기 때문에 내적 치유는 이런 영역들을 중점적으로 다룹니다. 영에 있는 성령의 권능으로 마음과 육체에 있는 상처를 치유하는 것입니다. 내적 치유를 바르게 하는 것은 생명의 말씀과 성령의 깊은 역사로 사역을 해야 합니다. 내적치유를 받는 성도들도 생명의 말씀과 성령으로 내적 치유하는 장소에서 치유를 받아야 합니다.

　그리고 내적치유는 내적치유 전문센터에서 받아야 한다는 고정 관념에서 벗어나야 합니다. 내적치유는 전문 센터에서 치유하는 방법을 터득한 다음, 자신이 교적을 두고 있는 교회에서 치유를 받으려고 해야 합니다. 단 자신이 교적을 둔 교회가 성령의 역사가 있는 교회라야 모든 예배와 기도시간에 치유를 받을 수가 있습니다. 그래서 마음의 상처와 질병과 영육의 문제로 고생하는 성도는 교회를 잘 정해야 합니다. 성도는 교회가 아주 중요합니다. 그래야 주일날을 이용하여 치유를 받을 수가 있기 때문입니다.

14장 영혼의 보양식을 찾아 먹어라.

(엡 6:10-11)"끝으로 너희가 주 안에서와 그 힘의 능
력으로 강건하여지고, 마귀의 간계를 능히 대적하기 위
하여 하나님의 전신 갑주를 입으라"

영혼이 만족을 누리지 못한다면 자신에게 영육의 문제가 발
생하기 시작하고 있다는 신호로 인식해야 합니다. 무엇보다도
영혼의 양식을 먹어서 영혼의 기갈을 면해야 합니다. 배가 고프
면 메뉴판에 있는 어떤 음식도 맛있어 보입니다. 마찬가지로 내
영혼에 만족함이 없으면 죄 된 세상적인 것들이 자신을 유혹하
기 시작합니다. 똑똑한 사람이 자꾸 유혹에 넘어져 알코올 중독
자, 게임 중독, 노름 중독, 인터넷 중독, 승마나 카지노의 중독
에 빠지는 것은 자기 삶에 만족하지 못하기 때문입니다. 영혼의
만족함이 없는 사람은 유혹에 취약하게 됩니다.

어느 사람이든지 하나님 안에서 영혼의 만족을 찾지 못하면
다른 어딘가에서 그것을 찾으려 합니다. 그렇기 때문에 성경은
기뻐하라는 명령이 많습니다. "여호와로 인하여 기뻐하는 것이
너희의 힘이니라(느 8:10)", "주 안에서 항상 기뻐하라 내가 다
시 말하노니 기뻐하라(빌 4:4)"고 했습니다. 예수님은 산상 설
교에서 영혼을 갈망하는 자가 '복이 있다'고 말씀하십니다. 복
은 우리 사회가 말하는 것처럼 승자에게만 있는 것이 아닙니다.

화려한 거리에서 수많은 군중에 휩싸여있어도 왠지 외롭다고 느낄 때가 있습니다. 사람들이 주변에 구름처럼 몰려있어도 정작 자신의 깊은 속내를 털어놓고 대화를 나누는 사람들은 드뭅니다. 아니, 한 명도 갖지 못한 사람들도 있습니다. 이런 상황을 두고 풍요 속의 빈곤이라고 합니다. 이러한 일이 우리네 교회에도 적지 않습니다. 도시의 거리에는 수많은 교회들이 있고, TV나 라디오를 켜면 하루 종일 설교방송이 쏟아져 나오고, 수많은 목회자가 자신들의 교회로 오면 천국에 갈 수 있다고 아우성을 하고 있습니다.

그리고 빨리 와서 양식을 배부르게 먹고 생수로 목을 축이라고 합니다. 당신이 다니는 교회에도 수많은 사람들이 교인으로 등록을 하고 희생적인 신앙생활을 하고 있을 것입니다. 그래서 당신은 영혼이 목마르지 않고 배부르며 만족스러운가요? 평안하고 기쁨이 넘치며 하나님을 믿는 이 순간이 너무 행복한가요? 그러나 아쉽게도, 우리에게는 그런 사람보다 그렇지 않은 사람들이 더 많습니다. 매주 교회에 나가 예배를 드리고 설교를 들을 때는 잠시 기쁨이 찾아오는 것 같아도 이내 사라져버리고 평일의 삶에서는 아예 하나님의 존재감을 잊고 지내다가, 다시 주일이 돌아오면 아침에 양치질을 하듯 습관적으로 성경책을 옆구리에 끼고 예배시간에 맞추어 교회를 가는 생활을 반복하고 있는 이들이 적지 않습니다.

그러면서 신앙의 연륜이 오래 되었고 교회의 직분도 묵직한

데, 왜 나는 신앙의 기쁨이 없고 삶에 힘이 없을까? 하고 한탄하고 있습니다. 그리고는 나만 그러한가, 하면서 이웃의 교우를 바라봐도 자신의 처지와 별반 다르지 않아 보입니다. 그러나 무엇이 문제인지 알 수가 없습니다. 목회자에게 상담해보았자, 뾰족한 수가 나오지 않는다는 걸 잘 알고 있습니다. 잘못하다가는 "새벽기도회에 나오지 않아 믿음이 떨어져서 그렇습니다."라고 뒤통수를 맞을 수 있으니, 굳이 긁어 부스럼을 만들 필요가 뭐 있겠습니까? 그래서 힘이 없고 기쁨이 사라진 신앙생활을 수십 년을 지속하고 있는 이들이 주변에 무수합니다.

필자가 이런 말을 하는 것은 필자도 지난 20여년의 평신도시절에도 그랬지만, 지금도 영혼이 만족하는 문제로 고통을 호소하는 이들이 적지 않기 때문입니다. 많은 분들이 필자에게 메일을 보내오고, 전화로 상담을 요청하여, 들어보면 여전히 그 문제로 고민하고 있습니다. 예전에 유선방송의 내셔널지오그래픽 채널에서 오지에서 맨몸으로 살아남는 사람을 다큐멘터리로 방송하는 걸 본 적이 있습니다. 사람이 살수 없는 열대우림지역이나 사막, 혹은 하얀 눈이 쌓여 있는 혹독한 툰드라지역 등의 극한 상황에서는 식량을 찾는 능력을 극대화 시켜야합니다. 다른 사람들의 도움을 전혀 기대할 수 없는 곳에서 스스로 식량을 찾을 수 없다면 죽음을 예약한 것이나 진배없습니다. 그래서 먹을 수 있는 것들은 맛을 가리지 않고 모조리 먹어치웁니다. 심지어 코끼리 배설물을 옷으로 짜서 물을 마시는 광경은 경악할 정도였습니다. 먹지 않으면 죽기 때문입니다.

육체의 생존을 유지하려면 먹을 만한 것들은 무엇이든지 먹어야 하듯이, 영혼의 생명을 유지하는 데도 마찬가지입니다. 영혼의 양식은 성경말씀과 성령으로 하는 영의기도입니다. 영혼은 이 양식을 충분히 먹어야 배가 부르고 만족스럽습니다. 그러나 양식이 부족하면 영혼이 주리고 목마르게 됩니다. 육체의 생명을 유지하기 위한 양식을 먹지 못하면 배에서 꼬르륵 소리가 납니다. 그래도 이를 무시하면 고통이 심해지다가 죽어가는 것입니다. 영혼이 배가 고픈 현상은 마음이 건조하고 냉랭합니다. 기쁨이 사라지고 평안이 없어집니다. 대신 그 자리에 불안과 두려움, 걱정과 염려가 채워집니다. 인간관계에서 짜증이 심해집니다. 부부간에 충돌이 잦아집니다. 이 상태가 영혼이 주리고 목마른 상태입니다.

그러나 많은 사람들은 이러한 현상이 육체의 필요를 채우지 못해 그렇다고 판단하고, 돈을 벌어 육체의 만족을 주는 상품과 서비스를 사들여 꾸역꾸역 채우지만 전혀 만족스럽지 않습니다. 그러나 이러한 현상은 육체가 아니라 영혼이 주리고 목마르기 때문입니다.

교회 예배에 성실하게 참석하고 교회에서 정한 기도회에 열정적으로 참여하며 희생적인 신앙행위를 무한반복하고 있는데도, 왜 영혼이 목마르고 주린 것일까요? 그 이유는 그간의 신앙행위가 영혼을 배부르게 하지 못했기 때문입니다.

말하자면 뻥튀기 과자를 먹는 것과 유사합니다. 뻥튀기 과자를 아무리 많이 먹어도 배는 부르지 않는 이유입니다. 사실 사람들은 뻥튀기 과자가 배를 부르지 않게 한다는 걸 잘 알고 있습니다. 배를 부르게 하려면 밥이나 빵을 먹어야 합니다. 뻥튀기과자는 배가 부르는 목적이 아니라, 단지 입만을 즐기기 위한 기호식품일 뿐입니다. 영혼이 배고프며 갈증을 해소하려면 하나님을 만나는 성령으로 하는 영의기도와 말씀의 깨달음이 있어야 합니다.

희생적인 신앙행위를 하더라도 하나님을 만나지 못하고 말씀의 깨달음이 없다면 영혼의 갈증이 채워지지 않습니다.

예수님이 수가성의 여인을 만났을 때, 수가성의 여인은 인생의 피로감으로 피곤하고 영혼이 지쳐있었습니다. 그래서 이 여인은 하나님을 만나고 싶은 마음이 간절하여, 하나님이 계신 예배장소를 물어보았던 것입니다. 그러나 예수님은 하나님은 특정한 장소에서 의식적인 예배행위로 만나지는 것이 아니라, 그리스도가 주시는 생수를 마셔야 한다고 말씀하셨습니다. 이 생수가 바로 성령이 아니던가요? 우리가 교회예배에 규칙적으로 참여하고 기도회에 열정적으로 참석했다할지라도, 정작 성령을 만나, 체험하지 못했다면 영혼은 주리고 목마를 수밖에 없습니다. 말하자면 뻥튀기 과자를 먹으면서, 왜 배가 부르지 않느냐고 의아해하는 것과 같습니다.

뻥튀기과자를 먹어서는 배가 부를 수 없듯이, 예배의식이나 기도회, 헌금행위나 각종 봉사 등의 희생적인 신앙행위로는 굶주린 영혼을 만족시켜주지 않습니다. 영혼이 만족하려면 성령을 만나야 합니다. 각종 기도회에 열심히 참석하는 것이 아니라 간절한 기도로서 성령을 만나야하고, 예배의식에 참여하는 것이 아니라, 영과 진리로 예배의 삶을 살아야 합니다. 예배의 삶을 살아야 예배의식에 참여해서도 진정으로 하나님을 예배할 수 있는 것입니다. 그러나 예배의 삶이 없이 예배의식에 참여하는 신앙행위는 단지 구경꾼에 불과합니다. 하나님은 교회의 예배시간에 맞추어 찾아오시는 분이 아니라, 내 마음 속에 항상 살아계시는 분이기 때문입니다.

그렇다면 당신은 지금의 교회에서 영혼의 양식을 충분히 제공받고 있는가요? 그렇다면 정말로 행운아임에 틀림없습니다. 그렇지 않다면 더 이상 그 교회에서 양식을 기대하지 말아야 합니다. 그곳은 뻥튀기 과자를 주는 곳이기 때문입니다. 그렇다면 영혼의 양식을 제공해 주는 다른 교회를 찾아 나서든지, 주변에 영혼을 만족시켜주는 양식을 제공해 주는 교회가 없다면 그런 곳을 찾아 나서면 됩니다. 자신의 영혼은 자신이 책임을 져야하기 때문입니다. 절대로 인간의 체면이나 인간관계가 자신의 영혼을 지키지 못합니다.

필자가 충만한 교회에서 매주 화-수-목 성령치유 집회를 하는 것과 영적인 책을 써서 출간하는 것은 주변 교회에서 양식을 제공받지 못하는 영혼을 위해서입니다. 이곳에서 성령으로 영의기도 훈련을 받아 스스로 성령의 인도를 받는 영적습관을 들이고, 성경지식과 하나님이 주시는 지혜가 부족해서 깨달음이 부족하다면 이곳에서 양식을 먹어 적극적으로 영혼을 살찌게 하려고 노력하는 발전소입니다. 충만한 교회는 성령치유와 영적인 서적을 통하여 생명의 보양식을 제공하는 곳입니다.

인터넷이라는 최첨단 고속도로를 통해 언제 어디서나 손쉽게 올 수 있으니 하나님의 은혜가 아니던가? 수가성의 여인은 늘 목말라 있었기에, 예수님을 만나자마자 어디에서 생수를 얻을 수 있는지 다급하게 물어보았습니다. 그러므로 당신도 말라버린 샘을 바라보고 한탄만 하지 말라는 것입니다. 하나님은 전지전능하신 분입니다. 기존의 샘이 말라버렸거나 오염이 되어 먹을 수 없다면 새로운 샘을 파서 제공해주시는 분입니다. 그러므로 자신이 마시던 샘에서 목마름을 해결하지 못한다면 새로운 샘을 찾아 나서야합니다. 지금까지 당신이 하나님께 구하고 요청하지 않았기 때문에 주리고 목말라 있었던 이유입니다. 영적인 기갈을 면하는 영혼의 보양식을 몰랐기 때문입니다.

당신이 갈급하게 찾고 있다면 성령으로 여러 통로를 인도해주시며 다양한 샘이 있는 곳을 보여주실 것입니다. 하나님을 과소평가하지 말아야 합니다. 그분은 죽은 자를 살리시는 분입니다. 당신보다 더 당신을 사랑하시는 분입니다. 당신 안에 계셔서 당신이 성공하기를 소원하시는 분입니다. 당신의 영혼이 잘되어 당신을 통하여 하나님의 나라를 건설하시는 분입니다. 당신에게서 하나님의 얼굴이 나타나기를 소원하시는 분입니다. 지금도 성령으로 인도하시면서 당신의 영혼을 깨우고 계십니다.

이젠 배부르지 못하는 뻥튀기과자를 그만 드시고, 영양이 듬뿍 담긴 빵과 기름이 좔좔 흐르는 현미밥과 보양식이 어디 있는지 두리번거리며 찾아보아야 합니다. 말라버린 샘물가에 앉아 한탄하며 눈물만 흘리지 말아야 합니다. 적극적으로 찾아 나서야 합니다. 지금이라도 눈물을 닦고 찾아보면 엄청나게 많은 곳에 샘을 파놓으신 것을 보시고 깜짝 놀라실 것입니다. 다만 지금까지 보지 못한 이유는 영안이 흐려져서일 것입니다.

영혼이 잠자고 있어서 깨닫지 못한 연고일 것입니다. 하나님은 그 샘들을 은밀하게 감추시고 아무나 발견하게 해놓으시지 않으셨습니다. 오직 당신을 간절히 찾으며 간절히 구하는 자들에게만 발견하도록 해놓으셨습니다. 천국은 아무나 가는 곳이 아닙니다. 오직 소수의 사람들만이 들어가는, 진입장벽이 아주 높은 보물섬이기 때문입니다. 영혼을 살찌우기 위한 보양식은 이런 것입니다.

첫째, 성령으로 세례를 받아야 합니다. 성도들은 물세례 받는 것으로 만족하면 안 됩니다. 반드시 성령으로 세례를 받아야 합니다. 교회는 성도들을 성령으로 세례를 받게 하는 곳입니다. 성령세례는 성령세례 받은 사람(담임목사)을 통하여 전이됩니다. 성령세례를 받은 사람은 자기가 성령세례를 받았다는 것을 압니다. 성령세례는 우리가 의식할 수 있는 의식적 체험입니다. 오순절 성령강림이 있을 때 성령이 제자들 각 사람 위에 임하였습니다. 그리고 제자들은 나가서 복음을 증언하기 시작했습니다. 제자들에게 '여러분들은 언제 성령세례를 받았습니까?' 라고 물으면 '오순절입니다' 라고 분명히 대답할 것입니다. 사도바울이 갈라디아교회에 편지를 씁니다. "너희가 성령을 받은 것이 율법의 행위로냐 혹은 듣고 믿음으로냐?"(갈 3:2). 사도 바울이 이 질문을 하는 것은 갈라디아교회가 성령 받은 것을 알고 있었다는 것입니다.

성경은 성령 받은 것에 대해서 많은 기록을 남기고 있습니다. 빌립이 전도했던 사마리아교회, 고넬료의 가정, 에베소교회 등 성령 받은 교회나 가정들은 성령을 받은 것을 정확히 알고 있습니다. 성령세례는 우리가 알 수 있는 분명한 체험입니다. "당신은 성령을 받았습니까?"라는 질문에 대해서 딱 부러지게 "예" "아니오"로 대답할 수 있는 체험입니다. 아울러 성령세례는 하나님과 그리스도에 대한 감사와 사랑을 불러일으킵니다.

성령세례는 예수를 믿을 때 영 안에 임재하신 성령께서 순간 전인격을 장악하는 것입니다. 성령으로 세례를 받을 때 하나님의 영광과 그분의 존재의 실상을 전인격이 자각하는 것을 의미합니다. 살아계신 성령의 역사를 몸으로 느끼고 눈으로 볼 수 있는 현상이 일어나는 것입니다. 물론 다른 사람도 자신이 성령으로 세례를 받는 것을 눈으로 볼 수가 있는 것입니다. 그래서 성령세례 받은 사람들은 이렇게 말합니다. "(벧전 1:8) 예수를 너희가 보지 못하였으나 사랑하는 도다. 이제도 보지 못하나 믿고 말할 수 없는 영광스러운 즐거움으로 기뻐하니" 교회는 성도들이 성령으로 세례 받아 권능 있는 삶을 살게 하는 곳입니다. 성령으로 세례를 받아야 성도가 진정한 하늘의 사람으로 변화되기 시작합니다. 성령세례는 참으로 중요한 체험입니다.

둘째, 진리를 말하고 들어야 합니다. 교회에 들어와 하나님의 은혜로 영혼의 만족을 누리며 아브라함의 복을 받으려면 듣고 말하는 것도 주의해야 합니다. 율법을 듣고 말하는 사람은 바리새인이 됩니다. 율법은 말 그대로 법입니다. 지키면 살고 지키지 않으면 죽는 것입니다. 율법은 머리로 알고 움직이기 때문에 생명이 없기 때문입니다. 율법은 반드시 피 흘림이 있어야 복음이 됩니다. 그러나 진리를 듣고 말하면 영이 살아나는 것입니다. 진리는 성령의 역사가 일어나기 때문에 생명이 있습니다. 왜냐하면 예수를 믿으면 성령이 우리 마음 안에 들어오십니다. 성령께서 진리를 깨달아 알게 하시고 들리게 하시기 때문입니다. 성령의 사람만이 진리를 말하고 알아듣기 때문입니다. 진리(복음)를 알아듣고 말하는 사람은 성령의 인도를 받는 성도입니다. 성령의 인도로 하나님과 바른 관계를 갖고 있으면 자연적으로 범사가 형통하게 되는 것입니다.

율법을 듣고 말하는 성도는 보이는 성전을 중요하게 생각하고 교회 중심의 신앙생활을 합니다. 진리를 알아듣고 말하는 성도는 자신 안에 있는 심령 교회를 중요하게 생각합니다. 율법을 듣고 믿고 신앙 생활하는 성도는 하나님을 위해서 섬기기 위하여 신앙생활을 합니다. 하나님을 위해서 섬기려니 보이는 하나님이 교회에만 계신다고 믿어 교회를 중요하게 생각하는 것입니다. 왜냐하면 많은 분들이 세상에서 샤머니즘의 신앙생활을 하다가 예수를 믿었습니다. 자신이 믿던 신을 위하고 섬겨서 복을 받으려고 섬기는 신을 모신 신전을 찾던 것이 습관이 되었습니다. 그래서 예수를 믿었어도 하나님을 위해서 섬기려면 교회를 가야 한다는 생각을 탈피하지 못하는 것입니다.

하나님은 사도행전 17장 24-25절에서 "우주와 그 가운데 있는 만물을 지으신 하나님께서는 천지의 주재시니 손으로 지은 전에 계시지 아니하시고, 또 무엇이 부족한 것처럼, 사람의 손으로 섬김을 받으시는 것이 아니니, 이는 만민에게 생명과 호흡과 만물을 친히 주시는 이심이라" 하나님은 사람의 손으로 섬김을 받지 않는 분입니다. 하나님은 예수님을 믿는 자들에게 생명과 호흡과 만물을 친히 주시는 하님이십니다. 섬기는 믿음 생활을 하다가 보면 자연스럽게 자신 안에 계신 하나님과는 관계를 열수가 없습니다. 하나님은 사도행전 17장 24절에서 "우주와 그 가운데 있는 만물을 지으신 하나님께서는 천지의 주재시니 손으로 지은 전에 계시지 아니하시고" 분명하게 사람의 손으로 지은 전에 계시지 않는 다고 말씀하십니다. 우리 하나님은 우리의 심령 성전에 계십니다. 우리는 바르고 정확하게 알고 믿음 생활을 해야 합니다. 막연하게 알고 믿음 생활을 하면 낭패를 당합니다. 하나님과의 관계가 열리지 않으니 하나님의 복을 받을 수 없는 것입니다.

반대로 진리를 알아듣고 말하면서 믿음 생활하는 성도는 하나님과 동행하는 신앙생활을 합니다. 성령께서 자신에게 진리를 알아듣고 말하게 하시기 때문입니다. 진리를 알아듣고 섬기는 성도는 성령님을 통하여 자신 안에 계신 하나님과 교통하면서 믿음 생활을 하기 때문에 항상 하나님과 동행합니다. 예수님을 믿고 믿음 생활하면서 하나님의 복을 받아 거부가 되려면 하나님과 동행하는 성도가 되어야 합니다. 가정이나 사업이나 불통하는 이유는 하나님과 관계가 원활하지 못하기 때문인 것입니다. 에덴동산은 범사가 잘 되는 낙원이었습니다. 하나님이 중심이 되고 하나님이 주인이 되어 있으니까 에덴동산에는 아무런 부정적인 것이 없었습니다. 그런데 아담이 하나님께서 돌보시는 그 삶을 저버리고 나왔기 때문에 저주가 다가오고, 가난이 다가오고 슬픔도 다가온 것입니다.

이 모든 문제가 하나님과 올바른 관계를 맺으면 하나님의 명령 한마디에 갈릴리 풍파가 잠잠해진 것처럼, 죽은 나사로가 무덤에서 살아나 온 것처럼, 순식간에 문제가 해결되어 버리고 말 것입니다. 하나님과 동행하는 신앙으로 회복이 되어야 하나님과 동행하며 아브라함의 복을 받을 수가 있습니다. 지금 하나님은 우리의 마음 안에 들어와 좌정하고 계십니다. 하나님은 성령으로 진리를 깨닫게 하십니다. 성령으로 진리를 깨달으면서 살아가는 사람은 성령의 인도를 받는 자녀입니다.

셋째, 성령으로 영의 기도하는 방법을 배우고 바르게 기도해야 합니다. 성령으로 기도를 바르게 해야 영혼의 만족을 누릴수가 있습니다. 그래서 기도를 어떻게 하는 것인지 바르게 배우고 해야 합니다. 바른 기도는 성령으로 기도하는 것입니다. 성령으로 기도하라는 것은 성령의 지배하에 기도하라는 것입니다. 나는 믿음의 기도를 할 수 없습니다. 우리는 죄로 무능하기 때문에 본성적으로 하나님 앞에 나아갈 수 없습니다.

그런데 우리의 힘으로 하나님 앞에 기도할 수 있다고 착각하고 있습니다. 그렇다면 어떻게 우리는 기도할 수 있을까요? 바로 성령께서 양자의 영을 우리 안에 두셔서 하나님께 기도할 수 있게 하시는 것입니다. 내가 믿음의 기도를 만드는 것이 아니라, 성령께서 믿음의 기도를 우리에게 주시는 것입니다. 이에 우리는 성령의 인도와 자극에 늘 민감해야 합니다. 그러나 무조건 기다리는 것은 아닙니다. 따라서 성령님의 인도를 구하는 것이 기도의 시작입니다.

넷째, 현실문제의 해결방법을 배우고 해결해야 합니다. 예수를 믿는 크리스천은 모든 문제를 하나님의 방법으로 해결해야 합니다. 하나님께 기도하여 알려주시는 방법으로 순종하면 문제가 기적같이 해결이 됩니다. 문제가 있을 때 성령으로 기도하십시오. 어려움을 당할 때 성령으로 기도하십시오. 몸이 아플 때 성령으로 기도하십시오. 기도는 하나님의 문제해결방법을 알아내는 것입니다. 하나님께서 알려주신 방법대로 순종하면 기적적으로 문제가 해결이 됩니다. 하나님의 방법이 문제해결의 기적을 가져오는 것입니다.

다섯째, 마음의 상처와 질병을 치유 받아야 합니다. 교회에 들어오면 예배를 드리면서 기도하며 성령으로 세례를 받음과 동시에 상처와 질병을 치유 받는 것입니다. 상처를 치유해야 영적으로 깊은 성도가 되어 성령의 지배와 인도를 받을 수가 있습니다.

여섯째, 영적 전쟁하는 방법을 배우고 귀신을 축사해야 합니다. 영혼의 만족함을 누리려면 반드시 혈통에 역사하는 귀신을 축귀해야 합니다. 영적인 세계를 알고 영적 전쟁하는 방법을 터득해야 합니다. 축귀에 대해서는 "귀신 축사 차원 높게 하는 법" 책을 참고하세요. 크리스천이 축귀를 하려면 영들의 전이에 대하여 알아야 합니다. 능력전도자는 반드시 영들의 전이와 영적인 손상에 대해서 바르게 알고 대처해야 합니다. 영들의 전이와 영적인 손상에 대해서는 "하나님의 복을 전이 받는 법"을 읽어

보기 바랍니다.

    일곱째, 하나님의 음성 듣는 방법을 배우고 들어야 합니다.
영혼의 만족함을 누리려면 하나님의 음성을 들어야 합니다. 하
나님의 음성을 들어야 영혼이 살 수 있기 때문입니다. 하나님의
음성을 들으려면 모든 통로를 열고 들으려고 노력해야합니다.
하나님의 자녀가 하나님의 음성을 듣는 것은 생사 간에 문제입
니다. 자세한 것은 "하나님의 음성을 쉽게 듣는 법" 책을 참고하
면 됩니다.

    여덟째, 성령님과 동행하는 삶을 살아야 합니다. 하나님은
우리가 푸른 초장 맑은 시냇물 가에 있을 때에나, 사망의 음침
한 골짜기를 지날 때에나 항상 함께 계십니다. 우리가 세상에서
어렵고 힘들고, 병들어 고통스러운 환난을 당하고 있다 할지라
도 여전히 성령 하나님께서는 우리와 함께 동행 하십니다. 다윗
은 "내가 사망의 음침한 골짜기로 다닐지라도 해를 두려워하지
않을 것은 주께서 나와 함께 하심이라."(시 23:4)고 노래했습니
다. 성령님과 동행하는 방법에 대하여는 "강력한 능력을 이끌어
내는 영적비밀"을 읽어보시면 확실하게 알 수 있습니다.

15장 자신안의 골방으로 들어가라.

(마6:5-6)"또 너희는 기도할 때에 외식하는 자와 같이 하지 말라 그들은 사람에게 보이려고 회당과 큰 거리 어귀에 서서 기도하기를 좋아하느니라. 내가 진실로 너희에게 이르노니 그들은 자기상을 이미 받았느니라. 너는 기도할 때에 네 골방에 들어가 문을 닫고 은밀한 중에 계신 네 아버지께 기도하라 은밀한 중에 보시는 네 아버지께서 갚으시리라"

영혼이 만족한 삶을 살아가기 위하여 골방으로 들어가야 합니다. 골방으로 들어가라는 것은 자신의 마음 안에 임재 하여 계신 하나님께 들어가야 한다는 말입니다. 우리가 기도에 대해서 말할 때 하나님의 도움을 구하는 행위에 한정시킬 수는 없습니다. 기도는 도움을 구하는 기능 외에도 더 중요한 수많은 기능을 가지고 있기 때문입니다. 그러나 도움을 구한다는 한 가지 측면에서만 봐도 기도라는 것은 우리와 하나님 사이에 있어서 필수불가결한 요소가 되는 것입니다. 즉 기도가 없이는 하나님과 우리의 관계가 정상적으로 유지될 수 없다는 결론에 이를 수 있게 되는 것입니다. 기도의 본질은 첫째로 하나님과 교통하는 것입니다. 우리가 한국에 있는 가족과 지리적으로 아무리 멀리 떨어져 있어도 전화통만 붙잡으면 금방 연결이 됩니다.

그래서 바로 곁에 있는 사람과 대화를 하듯이 말을 할 수 있고 들을 수도 있습니다. 마찬가지로 우리는 하나님과의 영적인 통신수단으로서 기도를 가지고 있습니다. 수화기만 들면 멀리 있는 사람과 연결되듯이 우리는 기도를 통해서 즉시 하나님과 연결될 수 있는 것입니다. 이처럼 하나님과 연결된다는 것은 우리 그리스도인의 삶에서 무엇을 의미할까요? 근본적으로 우리는 하나님의 뜻을 지고선으로 하여 살아가는 존재입니다.

우리 인간이 그렇게 창조되었습니다. 그리고 타락해서 하나님을 떠났다가 다시 하나님의 자비와 그리스도의 대속의 죽음을 통해서 하나님의 자녀로 회복이 되었습니다. 그렇기 때문에 우리의 가치와 존재의미는 모두 하나님에게 의존하고 있는 것입니다. 하나님을 떠나서는 구원도 없고, 하나님의 울타리 밖에는 생명도 없고, 하나님과 상관없이는 한 순간도 존재할 수 없는 것이 우리의 본질입니다.

마치 우리는 식물이 땅에 뿌리를 내리고 있으면서 꽃도 피우고 열매도 맺는 것처럼, 하나님께 속해 있고 연결되어 있을 때 그리스도인이라는 정체성과 존재의미가 성립하게 되는 것입니다. 주님께서도 이렇게 말씀하셨어요. "나는 포도나무요 너희는 가지니 저가 내 안에, 내가 저 안에 있으면 이 사람은 과실을 많이 맺나니 나를 떠나서는 너희가 아무 것도 할 수 없음이라" (요 15:5). 그래서 기도를 영적인 호흡이라고 합니다. 우리가 숨을 쉬지 않으면 금방 목숨이 끊어지겠지요? 마찬가지로 우리의 영적인 삶이 생명을 유지하기 위해서는 끊임없이 영적인 호흡을 해야 하는데 그것이 바로 기도라는 것입니다. 식물이 뿌리를 통해서 계속해서 생명의 근원을 공급받아야 하는 것처럼, 우리 역시 기도를 통해서 하나님으로부터 우리 영적 삶의 근원과 양식을 공급받아야 하는 것입니다.

그래서 사도 바울은 '쉬지 말고 기도하라'(살전 5:17)고 했습니다. 숨 쉬는 것을 쉴 수 있습니까? 기도 역시 그 본질상 쉬었다가 할 수 있는 것이 아닌 것입니다. 특히 기도는 하나님의 능력과 도우심의 창구가 됩니다. 그래서 우리가 힘들고 낙심될 때 기도할 수 있습니다. 우리는 이 기도를 통해서 하나님을 만납니다. 하나님을 만나려고 하늘까지 올라가지 않아도 됩니다. 비행기를 타고 가서 하나님을 만나는 것도 아니고, 요로에 있는 사람에게 청탁을 해서 겨우 하나님을 만날 수 있게 되는 것도 아닙니다. 그저 엎드려 기도하는 순간 우리는 영광의 하나님, 자비로우신 하나님을 만날 수 있게 됩니다. 얼마나 놀랍고 감사한 일입니까? 기도하는 것이 귀찮고 어려운 일이라고 생각되세요? 아니에요, 우리가 기도할 수 있다는 것은 얼마나 큰 축복이요 특권인지 모릅니다.

히브리서 기자는 우리의 하나님에 대한 접근가능성에 대해서 이렇게 말합니다. (접근가능성:accessibility). "그러므로 우리가 긍휼하심을 받고 때를 따라 돕는 은혜를 얻기 위하여 은혜의 보좌 앞에 담대히 나아갈 것이니라"(히 4:16). 이것이 바로 기도로 가능한 것이잖아요? 교회가면 맨 날 기도하라고 귀찮게 하는 것 같습니까? 그렇지만 반대로 만약 누군가가 자신에게 절대로 기도를 못하게 한다면 무슨 일이 일어날 것 같습니까? 그야말로 우리는 숨이 막혀 죽어버리고 말 것입니다. 다니엘을 보세요. 그의 대적들이 그를 올무에 빠뜨려 제거하려고 한 달 동안 기도해서는 안 된다는 왕의 조서를 만들어냈습니다. 젊었을 때 전쟁포로로 잡혀와 지금까지 살면서 하루에 세 번씩 시간을 정해놓고 예루살렘을 향하여 기도하던 다니엘로서는 기도하지 못한다는 것이 죽음보다 더 큰 고통이었을 것입니다.

그래서 사자굴에 던져지게 될 것을 뻔히 알면서도 기도했어요. 지금도 하나님께 기도하는 것이 발각되면 붙잡혀서 고초를 당하는 지역이 많이 있습니다. 그래서 골방이나 토굴 같은 곳에 숨어서 남몰래 하나님께 기도하는 사람들의 기도, 얼마나 간절하고 소중한 기도이겠습니까? 기도는 귀찮은 것이 아닙니다. 힘든 일도 아니예요. 억지로 하는 것도 아닙니다. 우리 그리스도인의 삶에서 기도는 정말 소중하고 귀중한 축복입니다. 이러한 기도의 특성 때문에 기도는 신자의 삶에서 반드시 시행되어야 하는 종교적 의무로 간주되기도 합니다.

즉 기도의 부재는 올바른 신앙의 형태가 아니라는 것입니다. 그런 측면에서 접근하게 되면 기도의 유무와 정도에 따라서 한 사람의 신앙이 평가될 수 있습니다. 그러다 보면 또 인간의 욕심이라는 것이 작용하지 않겠어요? 즉 자신의 기도 열심히 하는 경건한 모습으로 다른 사람들에게 인정을 받고 싶은 마음이 생길 수 있는 것입니다. 바리새인들은 회당과 큰 거리 어귀에서 기도하기를 좋아했는데, 그런 곳에서 기도하는 것은 그들의 관습이었습니다. 그것 자체가 잘못된 것은 아닙니다. 회당이야 종교적인 행사가 시행되는 곳이니까 당연히 기도하는 곳이 될 것입니다. 그리고 길거리 모퉁이가 기도하기에 썩 좋은 곳은 아니지만 거기서 기도하면 안 된다는 법도 없습니다.

그러나 문제는 그렇게 사람이 많이 모이고 왕래가 많은 곳에서 기도하기를 좋아했던 그들의 동기입니다. 사람에게 보이려고 기도한 것입니다. 우리가 여태 한 얘기의 중점적인 내용은 기도는 우리와 하나님과의 관계에서 일어나는 일이라는 것입니다. 즉 기도는 하나님께 하는 것이라는 말입니다. 그러나 회당과 길거리 모퉁이에서 기도한 바리새인들은 결국 누구에게 기도한 꼴입니까? 사람들에게 기도한 것이 되는 거예요. 하나님하고는 아무런 상관이 없는 기도인 것입니다.

요즘에는 그런 현상이 거의 없어진 것 같습니다만, 제가 평신도 생활할 때만 해도 예배 시간에 대표 기도하는 장로님들은 기도를 엄청나게 오래 했습니다. 목사님 설교 시간과 거의 맞먹을 정도였으니까요. 어렸을 때 그렇게 오랫동안 눈을 감고 기도하는 것은 정말 고역이었어요. 기도를 오래 해야 잘하는 것으로 생각했을까요? 아니면 그래야 하나님이 들으실 줄로 생각했을까요? 주님은 말을 많이 한다고 하나님이 들으시는 것이 아니라고 하시는데 말이죠. 또 기도하면서 온갖 아름다운 미사여구를 총동원해서 기도하는 분들도 많지요? 목소리까지 약간 떨면서 말이죠. 결국 그런 기도는 하나님께 드리는 기도입니까? 아니면 사람 들으라는 기도입니까? 여기서 주님은 골방에 들어가 문을 닫고 기도하라고 하십니다. 골방은 조용하고 은밀한 곳입니다. 다른 사람에게 보이거나 또는 방해받을 일이 없는 곳이지요. 거기에는 오직 나와 하나님만 있을 뿐입니다.

왜냐하면 기도는 하나님께 하는 것이니까요. 기도의 골방을 갖는다는 것은 하나님과 우리 사이가 막히지 않고 늘 연결되어 있다는 것을 의미합니다. 우리가 기도의 골방을 갖고 있을 때 그리스도인으로서 우리의 삶은 아주 달라질 것입니다. 골방은 정확하게 표현하면 자신의 마음 안입니다. 골방에서 기도하라는 것은 자신의 마음 안에 계신 하나님께 무시로 기도하라는 것입니다. 자, 그럼 기도는 골방에서 하라고 하셨으니까 사람들이 모이는 곳에서는 기도 안 해야겠다, 새벽기도회도 나가면 안 되겠고, 철야기도회도 안 나가고, 무슨 기도모임이든지 없애는 것이 좋겠다…. 혹시 이렇게 생각하는 사람도 있을까요? 실제로 그런 극단적인 사고를 하는 사람들도 있을 수 있습니다.

이것은 또 하나의 위험한 생각이지요. 사람은 이중적인 삶을 살기가 쉽지 않습니다. 자신의 마음 안에 기도의 골방을 가지고 늘 기도하는 사람이 새벽기도회나 철야기도회에서는 기도하지 않는 것이 가능하겠습니까? 기도의 비밀을 아는 사람이 기도모임을 반대하는 것 있을 수 있을까요? 집에서 새는 바가지 밖에서도 새고, 집에서 온전하면 밖에서도 온전한 법입니다. 또 주님은 기도할 때에 이방인과 같이 중언부언하지 말라고 하십니다. 중언부언은 똑같은 말을 의미 없이 반복하는 행위입니다. 주문 외는 것이 되겠군요. 똑같은 말이라도 계속해서 반복하면 하나님이 더 들어주시는 것이 아니라고 주님은 말씀하십니다.

하나님이 귀가 어두우시다면 알아들으실 때까지 반복해야겠지요. 주님이 뭐라고 하시는가 보세요. "구하기 전에 너희에게 있어야 할 것을 하나님 너희 아버지께서 아시느니라." 하나님은 귀가 어두우셔서 잘 못 알아들으시는 것도 아니고, 기억력이 좋지 않으셔서 금방 잊어버리시기 때문에 우리가 구하는 것을 안 들어주시는 것도 아닙니다. 우리가 구하기 전에 벌써 우리에게 필요한 것을 아시는 하나님이십니다.

그렇다면 뭐 하러 기도를 하지요? 기도하기 전에 아신다면 말입니다. 얘기가 더 복잡해집니다. 하나님은 우리가 구하기 전에 벌써 우리에게 필요한 것을 아심에도 불구하고 우리로 하여금 기도하게 하십니다. 그렇게 함으로써 우리가 하나님께 의존하는 존재라는 것을 우리 스스로 깨닫게 되는 것이지요. 물론 우리는 우리에게 무엇이 필요한지 인식하지 못하고 있을 수도 있습니다. 하나님 보시기에 우리가 몰라서 구하지 못하는 것이라 할지라도 하나님 보시기에 필요한 것이면 억지로라도 우리에게 주실 것입니다.

중요한 것은 우리가 기도해도 안 주시는 경우입니다. 기도는 우리가 필요한 것이 있을 때 하나님께 말씀드려서 받아내는 것이 아닙니다. 그럼 왜 기도를 하는 겁니까? 그것은 우리의 뜻을 관철시키기 위한 것이 아니라 하나님의 뜻을 파악하기 위한 것입니다. 나는 아들을 낳고 싶지만 하나님 생각에는 아들 주실 마음이 없을 수도 있습니다. 그럴 경우에 기도해가지고 하나님을 설득시켜서 아들을 얻어내는 것이 기도가 아니라는 것입니다. 기도를 하는 더 중요한 목적은 아들을 안 주시는 것이 하나님의 뜻이라는 것을 파악하고 순종하게 되는 것입니다.

어떻게 기도하는 것이 올바로 하는 것인지 가장 좋은 본보기는 우리 주님의 기도입니다. 십자가에 못 박히시기 전날 밤, 겟세마네 동산에서 하신 기도를 기억하십니까? "아버지여, 제가 질 십자가가 너무나 고통스럽고 힘듭니다. 내가 안지면 안 되겠습니까? 할 수만 있으면 이 잔을 내게서 지나가게 하옵소서." 그렇지만 주님의 기도는 그렇게 끝나지 않습니다. "그러나 나의 원대로 마옵시고 아버지의 원대로 하옵소서." 하나님은 기도하는 자를 찾으십니다.

우리가 기도로 하나님 앞에 나오기를 기다리고 계십니다. 기도를 한다는 것은 하나님께 떼를 쓰는 것이 아니라 나의 욕심과 자아를 하나님 앞에 굴복시킨다는 뜻입니다. 기도가 어렵게 느껴지는 이유가 바로 그것입니다. 그러나 이러한 모습으로 우리가 하나님께 나아가서 기도하게 될 때 우리와 하나님과의 관계는 올바로 서게 될 것이고, 또 그것은 우리가 올바른 그리스도인이 된다는 의미이기도 합니다. 기도의 골방으로 들어가십시오. 이제 골방기도를 바르게 하는 방법을 알려드리겠습니다.

제자들이 예수님께 기도하는 법을 가르쳐 달라고 청하자, 예수 그리스도께서는 이렇게 말씀 하셨습니다. "너는 기도할 때에 네 골방에 들어가 문을 닫고 은밀한 중에 계신 네 아버지께 기도하라 은밀한 중에 보시는 네 아버지께서 갚으시리라"(마태 6:6). "또 너희는 기도할 때에 외식하는 자와 같이 하지 말라 그들은 사람에게 보이려고 회당과 큰 거리 어귀에 서서 기도하기를 좋아하느니라. 내가 진실로 너희에게 이르노니 그들은 자기 상을 이미 받았느니라."(마태 6:5). "오직 마음에 숨은 사람을 온유하고 안정한 심령의 썩지 아니할 것으로 하라 이는 하나님 앞에 값진 것이니라."(벧전3:4). "사람의 일을 사람의 속에 있는 영외에 누가 알리요, 이와 같이 하나님의 일도 하나님의 영외에는 아무도 알지 못하느니라."(고전 2:11).

마음의 골방에 들어가라는 말씀입니다. 마음은 작은 그릇이지만, 그 안에는 모든 것이 담겨 있습니다. 그 안에 하나님이 계시고, 천사들이 있으며, 생명과 천국이 있고, 거룩한 도시들과 은혜로운 보물들이 있습니다. 우리는 자주 마음의 골방에 들어가야 합니다. 모든 생각을 마음속에 모으고, 정신을 마음 안에 계신 하나님 앞에 두고 산 믿음과 뜨거운 영으로 고요히 하나님께 기도해야 합니다.

요한 크리소스톰은 "기도하면서 지나치게 말을 많이 하는 것은 기도하는 것이 아니라 잡담하는 것입니다"라고 하였습니다. "그러나 교회에서 네가 남을 가르치기 위하여 깨달은 마음으로 다섯 마디 말을 하는 것이 일만 마디 방언으로 말하는 것보다 나으니라"(고전14:19). 집중하지 않은 채 많은 말을 하여 소음으로 채우는 것보다는 집중하며 짧게 기도하는 것이 바람직하다는 의미입니다. 주님께서 기도의 가르침을 주셨을 때 예수님께서 아버지로 하나님을 부르라고 하셨을 뿐만 아니라, 아버지를 아주 친근하고 은밀한 개인적으로 자상한 아빠로 부르도록 하셨습니다.

그래서 예수님께서 하신 것은 그 사회에서 받아들여지고 있는 하나님을 부르는 방법을 완전히 뒤엎어서, 아무도 감히 부를 수 없었던 거룩하고 엄청난 신비이신 하나님에 대하여 완전히 새로운 아이디어, 새로운 개념을 제시하신 것입니다. 그래서 예수님께서 "너희는 기도를 하려면 골방에 들어가 문을 닫고 아버지께, 너의 아빠에게, 너의 파파에게, 너의 어르신네에게 기도하라"고 하셨을 때에 이것은 이 골방 안에서 우리와 하나님 사이에 엄청난 친밀이 이미 존재함을 암시하신 것입니다. 이 골방이야말로 아주 친밀하고 가까우며 아주 부드러우시고 다정하신 궁극적 신비(하나님)의 현존을 만나는 곳입니다.

이렇게 함으로써 무섭고 떨리며 겁나서 머리가 솟을 정도로 두려운 기도의 관계가 즉시 사라진 것입니다. 이제 기도의 관계는 편안하고 친밀한 관계에 들어간 것입니다. 이렇게 골방에 들어가 문을 닫고 비밀하게 기도하는 과정에 세 단계가 있음을 암시합니다. 첫 번째는 일상적인 일과와 주변 환경, 그리고 그 안에 있는 사람들을 모두 떠나보내는 것입니다. 비유적으로 말한다면 이것은 우리의 일상적 심리적인 인식과 관심사를 넘어서 우리 심성의 내면으로 들어감을, 다른 말로 하면 우리 존재의 영적인 수준으로 들어감을 뜻합니다.

그러므로 골방이란 우리의 내면으로 이해해야 하는데 이 내면이란 우리의 일상적 심리적 기능들을 넘어선 곳으로서, 예수님께서는 거기서 아버지, 아빠가 우리를 기다리시며, 또 현존하시는데 그 현존은 비밀 속에 감추어져 있다고 말씀하신 것입니다. 이사야가 말했듯이, 비밀 속에 계신 하나님을 찾는 방법은 우리 또한 비밀의 장소로 들어가는 것입니다.

그 비밀의 장소는 우리 존재의 영적인 수준을 말하며 그곳에서는 우리의 직관적인 기능들-수동적 지력, 그리고 하나님께 향한 의지가 작용하는 곳입니다. 그래서 우리가 기도하기로 결정하면 우리는 자신의 내면으로 들어갑니다. 여기서 세부를 살펴보겠습니다. 우리는 문을 닫습니다.

그러면 우리는 우리의 외적인 일과와 주변 환경을 밖에 남겨둘 뿐만 아니라, 사고와 지각, 즉 분심이라고 말하는 내적인 대화(일종의 자신과의 대화)를 밖에 남겨두는 것입니다. 말하자면 모든 종류의 자아성찰 같은 것들도 우리가 문을 닫을 때에 밖에 남겨두는 것입니다. 외적인 침묵을 말하는 것입니다. 어떤 번역에 따르면 문을 닫는 것을 '빗장을 건다.'라고 되어 있습니다. 그러므로 당신이 일상적인 사고와 관심사와 내적 대화로 되돌아갈 때, 이것은 마치 당신이 일어나서 문을 열고 밖으로 나가는 것과 같습니다.

그러면 당신은 그 과정을 되풀이해야 하는 것입니다. 다시 골방으로, 당신의 내면의 방으로 들어가 문을 다시 닫고, 인간적인 사고들을 떠나보내고, 친밀한 신비의 현존, 감추어진 현존, 비밀스런 현존이신 아빠에게 기도하는데, 외부의 모든 것, 내부의 모든 것, 그리고 모든 자아 성찰들로부터도 비밀하게 하나님께 기도하는 것입니다. 이것이 골방에서 기도하는 과정에 대하여 예수님께서 일러주신 것입니다. 그 방에 있는 외적 소음 등에 주의를 주지 않는 내적 자유를 암시합니다.

오로지 내면에 집중하고 귀기우리는 것을 말합니다. 여기에는 고독과 침묵이 내적 침묵으로 들어가는 움직임을 형성해 가는데 아주 큰 도움이 된다는 의미가 있습니다. 그러나 내적 침묵이 일단 형성되면, 그 침묵은 내 안에 있기 때문에 우리는 그것을 어떤 활동에로도 가지고 갈 수 있습니다. 우리는 점차로 소음과 활동이 있는 장소에도, 그리고 우리가 생각을 하도록 요구하는 상황에서 활동을 할 때에도, 우리는 같은 침묵 속에 있음을 알게 됩니다. 쉽게 말한다면 거리를 걸어가면서도, 일을 하면서도, 주부가 가족의 식사를 준비하면서도 내면에 집중한 침묵 속에 있을 수 있다는 다는 말입니다.

그러면 골방은 우리 안에 있기 때문에 언제나 그곳으로 갈 수 있고 아빠를 만나는 장소인 골방은 언제나 거기에 있습니다. 그래서 이 기도를 통한 하나님의 현존은 점차로 습관화 되어서 그 현존은 기도할 때뿐만 아니라, 모든 일상생활에도 따라가게 됩니다. 이렇게 함으로써 우리의 활동은 부드러운 아버지 아빠의 현존과 사랑과 애정과 영향이 있는 중심에서 나오게 됩니다. 마음 안에서 하나님의 생각이 올라오는 것입니다.

마음 안에서 성령의 권능이 올라오는 것입니다. 우리는 성령으로 하는 영의기도를 정규적으로 수련하면서 이것을 알고 체험하기 시작합니다. 그래서 골방으로 들어간다는 것은 단순히 진행하느냐 하는 방법에 대한 예수님의 제안이며, 성령으로 하는 영의기도는 이 예수님의 말씀에 대한 한 가지 해석인 것입니다. 이것은 어떻게 하느냐 하는 방법입니다.

그리고 이것은 무엇이든지 어떻게 하는가에 대한 설명을 기대하는 현대인들에게 적절한 방법입니다. 우리에게 말씀으로서가 아니고 침묵이라고 하는 훌륭한 하나님의 언어로서 우리에게 찾아오시는 역동적인 현존을 받아들이는 것입니다. 하나님의 첫 번째 언어는 침묵이며, 그 외의 모든 언어는 잘못된 번역입니다. 그러므로 하나님의 말씀을 가장 깊은 수준에서 듣는다는 것은 가장 깊은 침묵의 수준에서 듣는다는 것입니다.

필자가 성령의 이끌림을 받아 깊은 영의 상태에서 기도하게 되면 대부분 침묵하시는 하나님을 경험할 수가 있습니다. 하나님은 잔소리하시는 하나님이 아니십니다. 영적인 상태에 들어가 그분과 교통하게 되면 그저 평안할 따름입니다. 이는 체험하지 못한 분들은 이해하기가 어려울 것입니다. 거기에서 우리의 가슴은 하나님께 온전히 열려 있고, 우리의 마음은 어떤 특정한 내용에 대하여 주의를 주는 것이 아니라, 믿음으로 하나님의 사랑의 현존에 주의를 줍니다. 우리 존재의 영적인 수준에 있는 내면의 방이 우리가 성령으로 하는 영의기도 중에 일구어나가는 것입니다.

하나님의 현존은 언제나 우리에게 열려있습니다. 그것은 (말로 한다면 우리가 말이나 아이디어로 생각하게 만들기 때문에) 우리에게 말로 하는 것이 아니라, 말하자면 우리를 살짝 밀어주심으로써, 그리고 감각을 통하여, 영적인 민감성을 통하여, 우리의 모든 다른 기능들을 통하여, 자연의 아름다움을 통하여, 다른 사람들의 선함을 통하여, 심지어는 사람들의 악함을 통하여 우리에게 말씀하시는 것입니다. 모든 고통과 악함의 밑바닥에도 하나님께서 현존하시며 이것은 내적인 방에서 일구진 믿음의 눈을 통하여 감찰(투시)할 수 있습니다. 우리는 이것을 믿음으로 받아드리는 것입니다.

그래서 하나님은 조금씩 우리의 일상생활의 일부가 됩니다. 우리가 살고 있는 3차원의 세계에서 일종의 5차원이 되는 것입니다. 우리가 물 세례 때에 받았고, 성령으로 세례를 받을 때에 강화되었고, 그리고 성찬을 뗄 때마다, 이러한 관계를 증진하기 위하여 골방에 들어갈 때마다, 강화되는 성령의 선물을 통하여 이것을 암시해 주시는 것입니다. 사랑하는 연인들끼리 그냥 곁에 있기만 하면 좋은 것과 같이, 높은 사랑의 침묵과 은밀한 관계, 그저 바라보기만 해도 좋은 상태가 영의 상태에 들어가 하나님의 얼굴을 보고 맛 들이는 영적인 기도의 상태라고 볼 수 있는 것입니다. 하나님과 연합이 되어 서로 주거니 받거니 하는 상태라는 것입니다.

반드시 성령의 이끌림을 받아 영의 상태에 들어가야 합니다. 그러니까, 예수님께서 알려주시는 골방기도를 하려면 성령으로 세례를 받고 성령의 지배를 받는 상태에서 가능한 것입니다. 자세한 골방기도에 대하여는 "깊은 영의기도 숙달하는 비결"과 "기도 쉽게 바르게 하는 법"을 참고하시기를 바랍니다. 이 책에는 기도를 어떻게 해야 영혼의 만족을 누리며 마음 안에 하나님으로 채우는 비결들이 제시되어 있습니다.

4부 영혼의 만족을 위한 비결

16장 성령으로 세례를 받아야 한다.

(행 2:1-4)"오순절 날이 이미 이르매 그들이 다같이 한 곳에 모였더니 홀연히 하늘로부터 급하고 강한 바람 같은 소리가 있어 그들이 앉은 온 집에 가득하며 마치 불의 혀처럼 갈라지는 것들이 그들에게 보여 각 사람 위에 하나씩 임하여 있더니 그들이 다 성령의 충만함을 받고 성령이 말하게 하심을 따라 다른 언어들로 말하기를 시작하니라"

영혼의 만족을 누리려면 성령으로 세례를 받아야 합니다. 예수를 믿는 순간에 성령세례 받은 것이 아닙니다. 일부 크리스천들이 성령의 능력이 있는 목사님의 교회에 다니면 성령으로 충만할 줄 아는 데 절대로 그렇지 못합니다. 능력 있는 목사님(사람)을 의지하니 더 성령으로 세례 받기가 힘들 수도 있습니다. 자신이 직접 성령으로 세례를 받으려고 관심을 가지고 노력해야 합니다. 성령 세례를 받지 않으면 영혼의 만족을 누릴 수가 없습니다. 성령으로 충만할 때 영혼이 만족할 수 있기 때문입니다.

하나님은 분명하게 "그런즉 너희는 먼저 그의 나라와 그의 의를 구하라 그리하면 이 모든 것을 너희에게 더하시리라(마

6:33)"말씀하셨습니다. 자신 안에 하나님의 나라가 먼저 이루어지게 하라는 말씀입니다. 그래서 교회에 들어오면 먼저 예배를 드리면서 기도하고 찬양하다가 성령으로 세례를 체험해야 합니다. 성령으로 세례를 받으면 성령께서 자신이 살아오면서 받은 상처를 치유하십니다. 앞에서 설명했던 자아를 부수십니다. 그러면서 자신 안에 계신 하나님과의 관계가 열립니다. 하나님과 관계가 열리니 심령이 점차로 하늘나라가 이루어집니다. 하늘나라가 이루어지면서 혈통에 역사하던 귀신이 떠나갑니다.

귀신이 떠나가니 하나님과 친밀한 관계가 됩니다. 영혼이 만족을 누리기 시작하니 기도할 때마다 하나님께서 음성이나 감동이나 꿈이나 환상을 통해서 자신의 문제를 해결하는 지혜를 주십니다. 주신 지혜대로 순종하니 문제가 해결이 됩니다. 마음 안에 계신 성령님의 역사로 귀신이 떠나가기 때문입니다. 그러므로 예수를 믿었으면 성령으로 세례를 받아 하나님과 관계를 먼저 열어야 합니다.

성령세례에 대한 견해가 다릅니다. 장로교회에서는 예수를 믿을 때 성령이 믿게 하여 성령세례를 받았으니, 이제 성령으로 충만을 받아야 한다고 합니다. 성령충만을 강조합니다. 웨슬리안 알미니안주의 교회들(감리교, 성결교, 오순절교), 그중에서 특히 오순절 순복음 교회에서는 성령을 받는 것, 혹은 성령이 임하는 것을 즉 "성령세례"를 받는 것으로 중시합니다.

그리고 오순절교회에서는 성령세례 받은 증거가 필수적으로 방언이라고 주장합니다. 이것이 장로교회와 순복음교회의 대표적인 차이 중의 하나입니다. 과연 "성령세례"가 있습니까? 그리고 "성령세례"는 구원과 관계가 있습니까? "성령세례"의 시점은 언제입니까? 구원받은 자도 "성령세례"를 받아야 합니까? 이 문제는 아직도 결론이 나지 않는 문제입니다. 장로교단도 성령세례란 용어를 인정합니다. 그러나 순복음 교회에서 말하는 성령세례의 의미가 다릅니다.

간단히 말하면 장로교회에서는 성령세례의 순간을 "성도가 믿을 때"로 규정합니다. 그러나 순복음교회에서는 성령 세례의 순간을 "방언을 할 때"로 규정합니다. 무슨 말입니까? 장로교회의 입장에서는 성령세례가 성도의 구원과 관련이 있다고 주장한다는 말입니다. 반면에 순복음교회의 입장에서는 성령세례가 이미 구원받은 자에게 주어지는 것으로써 능력과 관련이 있다고 봅니다.

그러므로 장로교회에서는 성령으로 거듭나서 구원받은 자는 성령 세례를 받았기 때문에 또 다시 성령세례를 받아야 한다는 것을 인정하지 않고 내주하는 성령의 활동에 의한 "성령 충만"만을 인정합니다. 저는 이렇게 설명을 합니다. 장로교회에서 말하는 "성령세례"는 예수를 믿고 영이 살아나 하나님과 교통할 수 있는 것입니다. 성령이 영 안에 내주하신 것입니다. 반면 오순절교회의 "성령세례"는 내주하신 성령이 성도의 영-혼-육을 완전하게 장악하는 것을 말합니다. 저는 "성령세례"를 "내 안에 계신 성령의 폭발"이라고 표현하기도 합니다. 성령폭발이란 내주하신 성령께서 성도를 완전하게 장악한다는 뜻입니다. 용어를 쉽게 이해하도록 설명한 것이니 오해가 없으시기를 바랍니다.

그럼 왜 성령으로 세례를 받아야 되느냐 입니다. 무조건 성령으로 세례를 받아야 한다고 하지 말고 왜 성령으로 세례를 받아야 하느냐는 것입니다. 이것을 바르게 알고 성령으로 세례를 받으려고 해야 한다는 것입니다. 왜는 간단합니다. 예수님이 요단강에서 세례요한에게 물로 세례를 받은 다음에 성령으로 세례를 받으셨기 때문입니다. 성령으로 세례를 받고 성령의 이끌림을 받아 광야에 가서서 마귀의 시험을 성령의 인도와 말씀으로 승리하시니 천사가 수종을 들고 그때부터 회당에서 말씀을 증거 하실 때 권능으로 귀신들의 정체가 폭로되었습니다. 성령으로 세례를 받으시기 전에는 그저 말씀만 전하셨으나 성령의 세례를 받고 말씀을 전하니 권능이 나타나기 시작을 한 것입니다. 마가복음 1장 27절은 이렇게 말합니다. "다 놀라 서로 물어 이르되 이는 어찜이냐 권위 있는 새 교훈이로다 더러운 귀신들에게 명한즉 순종하는도다 하더라" 사람들은 다 놀라서 말했습니다. "이는 어찜이냐 권세 있는 새 교훈이로다 더러운 귀신에게 명한즉 순종하는도다" 예수님의 권세는 귀신의 순종으로 나타납니다.

그리고 예수님이 성령으로 세례 받는 것을 강조하셨기 때문입니다. "요한은 물로 세례를 베풀었으나 너희는 몇 날이 못 되어 성령으로 세례를 받으리라 하셨느니라"(행1:5). 몇 날이 못 되어 성령으로 세례를 받는 다고 말씀하십니다. 그러면서 이렇게 말씀하십니다."오직 성령이 너희에게 임하시면 너희가 권능을 받고 예루살렘과 온 유대와 사마리아와 땅 끝까지 이르러 내 증인이 되리라 하시니라."(행 1:8). 우리에게 성령이 임하시면 예수님의 증인이 되어진다고 말씀하십니다. 어떻게 해야 주님의 증인이 되어질까 고심하고 애쓰는 것이 아니라, 성령이 임하시면 되어 진다는 것입니다. 예수님을 닮아가는 것이 우리의 노력으로 되어지는 것이 아닙니다. 성령이 임하시면 성령께서 우리를 예수님을 닮은 삶으로 만들어 가십니다. 우리가 애를 써가며 예수님을 닮아가려는 것은 율법의 신앙이고, 성령께서 예수님을 닮아가게 만드시는 것이 은혜의 삶입니다. 우리가 할 수 있는 일은 모든 일에 하나님만 인정하는 삶입니다.

우리가 바르게 알아야 할 것은 예수님을 닮아간다는 것은 예수님과 같은 권세도 포함이 됩니다. 예수님과 권세 있는 삶을 살면서 예수님의 지상명령을 순종하려면 반드시 성령으로 세례를 받아야 합니다. 성령으로 세례를 받은 다음부터 땅의 사람이 하늘의 사람으로 바뀌는 것입니다. 반드시 하늘의 사람으로 변해야 땅의 사람에게 역사하던 귀신이 떠나가기 때문입니다. 귀신이 떠나가야 자유 함을 찾을 수 있습니다. 그래서 예수님이 이렇게 말씀하시는 것입니다."믿는 자들에게는 이런 표적이 따르리니 곧 저희가 내 이름으로 귀신을 쫓아내며 새 방언을 말하며 뱀을 집으며 무슨 독을 마실지라도 해를 받지 아니하며 병든 사람에게 손을 얹은즉 나으리라 하시니라"(막16:17).

그럼 이제 어떻게 해야 성령으로 세례를 받을 수 있느냐는 것입니다. 우리가 바르게 알아야 할 것은 위로부터 임하시는 성령은 오순절 마가의 다락방사건으로 종료가 되었습니다. 그러므로 성령으로 세례와 불로 장악이 되려면 성령의 역사가 있는 장소에 가는 것이 빠릅니다. 성령의 불로 장악되고 성령의 역사를 체험하려면 성령의 역사가 있는 장소에 가는 것이 좋습니다. 자신이 과거에 한번 성령의 세례를 체험했었다면 혼자 기도해도 성령의 불로 장악될 수 있습니다.

자신이 한 번도 성령의 세례를 체험하지 못했다면 성령의 기름부음심이 있고 성령의 불의 역사가 나타나는 장소에 가서 성령의 불로 충만 받는 것이 맞습니다. 성령의 체험과 장악은 장작불의 원리와 같습니다. 성령의 불로 충만하고 성령의 역사를 체험한 사람들이 많이 모이는 장소는 성령의 역사가 강합니다. 성령은 어디에 계시는가, 먼저 내 영 안에 계십니다. 그리고 우리 안에 계십니다. 또 말씀 안에 계십니다. 그러므로 성령체험을 하지 않았다면 성령의 역사가 있는 장소에 가셔야 성령을 쉽게 체험하고 장악을 당할 수가 있습니다. 또 한 방법은 성령 받은 자에게 가서서 말씀을 듣고 안수를 받는 방법이 있습니다.

위로부터 임하시는 성령의 역사는 오순절 마가의 다락방에서 임하셨습니다. 그 이후는 그때 성령 받은 사람이 말씀전하고 안수 할 때 임했습니다(행19:1-7). 성령의 불로 충만한 사람에게 전이 받는 것입니다. 성령으로 세례 받고 장악되기 원하십니까? 성령이 역사하는 장소로 가십시오. 그래야 빨리 성령으로 장악될 수가 있습니다.

성령으로 세례를 받아야 성령의 불세례를 받으면서 성령 충만이 이루어지는 것입니다. 제가 성령 사역을 하면서 체험한 바로는 성령의 세례를 받지 않으면 성령 충만에 이르기가 어렵습니다. 왜냐하면 성령께서 성도의 전인격을 장악하지 못했기 때문입니다. 그러므로 저의 견해로는 성령으로 세례를 받는 것이 옳다고 판단이 됩니다. 성령으로 세례 받고, 성령으로 충만함을 받기 위하여 내 안에 계신 성령님에게 집중해야 합니다.

물론 처음 한번은 성령의 불을 받아야 합니다. 다음부터는 내 주하신 성령으로부터 불이 나와야 합니다. 성령의 불이 자신 안에서 나오도록 영성훈련을 해야 합니다. 성령이 역사하는 교회 시대인 지금은 성령을 받은 사람이 말씀을 전하고 기도할 때 임합니다. 이는 말씀을 전하는 사람의 심령에 임재 했던 성령이 나타난 것입니다. 성령은 먼저 성령세례를 받은 성도 안에 임재하여 계십니다. 그리고 성령으로 세례 받은 성도들이 모인 장소에 임재 하여 계십니다. 성령으로 세례를 받은 목회자가 전하는 말씀 안에 임재 하여 계십니다. 그러므로 성령의 불은 성령으로 세례를 받은 성도의 마음속에서 나오는 것입니다. 그런데 아직도 많은 목회자나 성도가 성령의 불이 하늘에서 떨어지는 줄로 압니다. 저에게 질문을 많이 합니다. 목사님! 우리 교회에서는 성령의 불이 하늘에서 떨어진다는데, 왜 목사님은 성령 받은 성도의 심령에서 올라온다고 하십니까? 그래서 제가 잘 설명을 합니다. 지금 하나님은 예수를 영접한 성도의 마음 안에 계십니다. 예수님은 요한복음14장 20절에서 "그 날에는 내가 아버지 안에, 너희가 내 안에, 내가 너희 안에 있는 것을 너희가 알리라" 하셨습니다.

로마서8장 10-11절에서는 "또 그리스도께서 너희 안에 계시면 몸은 죄로 말미암아 죽은 것이나 영은 의로 말미암아 살아 있는 것이니라. 예수를 죽은 자 가운데서 살리신 이의 영이 너희 안에 거하시면 그리스도 예수를 죽은 자 가운데서 살리신 이가 너희 안에 거하시는 그의 영으로 말미암아 너희 죽을 몸도 살리시리라" 하셨고, 고린도전서 3장 16절에서는 "너희는 너희가 하나님의 성전인 것과 하나님의 성령이 너희 안에 계시는 것을 알지 못하느냐" 했습니다. 빌립보서 2장 13절에서는 "너희 안에서 행하시는 이는 하나님이시니 자기의 기쁘신 뜻을 위하여 너희에게 소원을 두고 행하게 하시나니"라고 하십니다. 이렇게 볼 때에 분명히 성령의 불은 내 안에서 나오는 것이 맞습니다. 하나님이 성도의 마음 안에 계시기 때문입니다. 성령의 불이 자신 안에서 나오는 것을 인정하지 않으면 이런 현상이 나타납니다. 밖에서 역사하는 불만 받으려고 하기 때문에 영의통로가 뚫리지를 않습니다. 왜냐하면 밖에다가만 관심을 집중하기 때문입니다. 내 안에 관심을 가져야 자신이 보이는데 밖에다가 관심을 두니 자신이 보이지 않는 것입니다.

그래서 밖에다가 관심을 두니 영의통로가 열리지를 않습니다. 영의통로가 막혀있으니 항상 갈급합니다. 성도는 심령에서 은혜가 올라와야 영의 만족을 얻을 수가 있습니다. 밖에서 들리고 보이는 것을 가지고 은혜를 받으려고 하니 항상 심령이 갈급한 것입니다. 교회나 은혜의 장소에 가서 말씀을 듣고 예배를 드릴 때는 은혜를 받는 것 같습니다.

그러나 마치고 돌아서면 허전합니다. 기도를 할 때도 마찬가지입니다. 기도를 하면 마음이 편안해지는 것 같습니다. 조금 지나면 심령이 갑갑해집니다. 밖에서 역사하는 성령의 불을 받아서 몸은 뜨거운데 마음은 평안하지 못합니다. 마음이 평안하지 못하니 성품이 변하지 않습니다. 남이 하는 조그마한 소리에도 참아내지 못하여 혈기를 냅니다. 성령의 불이 마음에서 올라오지 않으니 육체에 역사하는 세상신이 역사하기 때문입니다.

좀처럼 심령이 변하지 않으니 그리스도인으로서 본을 보이지 못합니다. 세상 믿지 않는 사람들보다 더 악하고 혈기를 잘 냅니다. 이런 성도가 기도하는 것을 보면 거의 목에서 나오는 소리로 기도를 합니다. 기도할 때 나름대로 생각하기는 성령으로 충만하다고 생각하는데 절대로 그렇지 못합니다.

이런 성도가 밖에서 역사하는 성령의 불을 잘 받습니다. 밖에서 역사하는 불로 인하여 육체가 훈련되어 있기 때문입니다. 성령이 역사하면 뜨거움도 강합니다. 그러니 성령의 불을 받았다고 믿어버리는 것입니다. 마음속에서 불이 나오지 않으니 육체

에 역사하던 세상신이 떠나가지를 않습니다. 기도를 해도 세상
신이 적응을 하여 같이 기도하면서 꼼짝도 하지 않습니다. 이런
분들이 모두가 이구동성으로 하는 말이 얼마 전에 어디에서 성
령의 강한 불을 받았다고 합니다.

예를 든다면 이런 경우입니다. 제가 어느 기도원에 간적이 있
습니다. 기도 시간이 되었습니다. 강단에서 집회를 인도하시는
목사님이 성령의 불을 받아라! 불! 불! 불! 하니까? 어느 여성이
욱욱하는 것입니다. 제가 물었습니다. 왜~ 그렇게 몸을 움츠
리면서 욱욱합니까? 그랬더니 이렇게 대답을 합니다. 강사 목
사님의 성령의 불이 강하기 때문에 자기에게 그런 현상이 나타
난다는 것입니다. 이는 잘못 이해한 것입니다. 우리 안에 역사
하는 성령의 불은 밖에서 역사하여 나에게 와서 느끼게 할 수도
있습니다. 그렇다고 욱욱하는 것은 아닙니다.

제가 지금까지 성령치유 사역을 하면서 욱욱하는 분들을 안
수하여 영의통로를 뚫으면 속에서 말로 표현하기 힘들 정도로
더러운 것들이 나옵니다. 이 더러운 것들이 나가고 나면 절대로
욱욱하지 않고, 조용하고 평안하게 영으로 기도를 합니다. 얼
굴이 평안하게 보일 정도로 평안해집니다. 욱욱하게 하는 것은
상처 뒤에 역사하는 악한 영들입니다. 이들이 떠나가고 나면 잠
잠해 지면서 평안을 느끼고 영으로 깊은 기도를 합니다.

이렇게 성령의 불을 받는다고 하는 분들이 상처를 많이 가지
고 있습니다. 자신의 속에서 떠나보내지 않고 받아들이기 때문

입니다. 은혜의 장소에 가서 말씀을 듣고 기도할 때는 충만한 것 같습니다. 3일만 지나면 갈급해 집니다. 혈기가 나고 괜히 짜증을 많이 냅니다. 심령의 영이 막혀있어서 일어나는 현상입니다. 이런 분들은 절대로 영의 만족을 누리지를 못합니다.

마음의 상처와 상처 뒤에 역사하는 세상신이 영을 압박하기 때문입니다. 치유를 받으려면 호흡을 깊게 들이쉬고 내쉬면서 배에서 나오는 소리로 주여! 주여! 주여! 를 한 5분만 하면 영의 통로가 뚫리기 시작하는 것을 본인이 느끼게 됩니다. 성령의 임재를 지속적으로 받았기 때문에 영의통로를 뚫기가 쉽습니다. 그런데 보통 이런 분들이 자아가 강하여 주여! 주여! 주여! 하면서 기도를 하지 않습니다. 몸을 움츠리고 으으으 하면서 자신만이 인정해주는 성령의 불을 받았다고 믿기 때문입니다.

자신이 성령의 불을 받는 방법을 터득하여 그대로 행동합니다. 이런 분은 좀처럼 변화되지 않습니다. 자아가 강하기 때문입니다. 제가 지금까지 십 년이 넘도록 성령 사역을 하면서 나름대로 체험한 결론에 의하면 영의통로를 뚫어야 되는 분들은 이렇습니다. 기도할 때나 안수를 받을 때 몸이 뜨거워지면서 경직이 되는 성도입니다. 기도를 하루라도 쉬면 마음이 갑갑하여 죽을 것 같다고 말하는 분입니다. 기도할 때 몸의 진동이 심하게 나타나는 성도입니다. 방언 기도할 때 몸이 뜨거워지면서 땀을 많이 흘리는 성도입니다. 안수를 받을 때 으으으 하면서 몸이 굳어지고 뜨거워지는 성도입니다. 일어서서 기도하다가 잘 넘어지는 성도입니다. 기도하다가 깜박깜박하면서 의식을 놓는 성도입니다. 기도할 때 뿐이고 돌아서면 갈급한 성도입니다. 다른 성도가 자신에게 조금이라도 거슬리는 말을 하면 분이 나와서 참지 못하는 성도입니다. 예배는 열심히 참석하고 기도는 많이 하는데 항상 심령이 갈급한 성도입니다. 나름대로 신앙생활은 잘한다고 생각하는데 몸의 이곳저곳이 아픈 분입니다. 마음의 상처로 고생하는 분들입니다.

그리고 교회에서나 세상에서 사람들과 대화할 때 머리가 아프다던가. 속이 거북스러운 분들은 영의통로를 뚫어 속에서 불이 나오게 해야 합니다. 이런 분들은 자신의 마음속에서 불이 나오지 않아 영이 약하기 때문에 일어나는 현상입니다. 대화할 때 상대방의 나쁜 기운들이 자신에게 침투하기 때문에 영이 알아차리고 조심하라고 육이 느끼게 하는 것입니다. 이런 분들은 대화할 때 마음으로 호흡을 하여 성령의 역사를 일으켜야 합니다. 그래야 상대방의 나쁜 기운들이 타고 들어오지 못합니다. 대화를 한 후 호흡을 깊게 들이쉬고 내쉬면서 심령을 정화해야 합니다. 그렇지 않으면 나쁜 기운들이 자신 안에서 집을 지을 수도 있습니다. 경각심을 가져야 합니다.

이런 분들은 성령이 충만한 장소에 가서 은혜 받고 기도하면서 영의통로를 뚫어야 합니다. 호흡을 들이쉬고 내쉬면서 배에서 나오는 소리로 주여! 주여! 주여! 를 지속적으로 하면 기침이 나오면서 영의통로가 열립니다. 체험 있는 사역자의 도움을 받는 것이 빠릅니다. 사역자가 안수할 때 이렇게 하시기를 바랍니다. 피사역자의 머리에 한 손을 올리고, 다른 손은 등 뒤에 올립니다. 피사역자에게 지시를 합니다. 호흡을 들이쉬고 내쉬라고 말입니다. 최대한 방광이 있는 곳이 부풀어 오르도록 호흡을 깊게 들이쉬게 합니다. 호흡을 들이쉬고, 내쉬고 하면서 한 3분 동안 기다리면 웬만한 성도는 모두 영의통로가 뚫립니다. 영의통로가 뚫리면 더러운 것들이 나오므로 사전에 꼭 휴지를 준비해야 합니다. 말로 표현 할 수 없도록 많은 오물들이 나옵니다.

피사역자의 마음 안에 있는 영으로부터 권능이 올라오니 더러운 것들이 밀려서 나오는 것입니다. 이렇게 몇 번만 하면 영의통로가 열려서 깊은 영의기도가 됩니다. 마음이 평안해집니다. 구습이 변합니다. 말로 표현 할 수 없는 평안이 올라옵니다. 우리는 성령의 불이 심령에서 올라오게 해야 합니다. 그래야 영적으로 변합니다. 영의 만족을 누리게 됩니다. 성령의 불이 심령에서 올라와야 예수님의 성품으로 변합니다. 영의통로가 뚫리니 영의 만족을 찾아 방황하지 않습니다.

분명하게 성령의 불은 받는 것이 아닙니다. 물론 처음에는 성령을 받아야 합니다. 그러나 성령이 장악하면 자신의 영 안에서 성령의 불이 나오는 것입니다. 자신의 영 안에서 성령의 불이 나오도록 영성을 깊게 해야 합니다. 예수를 믿고 성령으로 거듭난 성도는 바르게 알고 바르게 행해야 합니다.

명확한 근거도 없는 샤머니즘적인 용어에 속지 말고 바르게 체험하기 바랍니다. 무엇이든지 받아들이지 말고 말씀으로 분별해 보는 습관을 들이시기를 바랍니다. 마귀는 어찌하든지 성도들을 속이려고 합니다.

그것도 하나님의 말씀과 성령의 역사를 교묘하게 위장하여 침투합니다. 분별력을 길러야 합니다. 성도는 하나님의 말씀과 바른 성령 체험을 하면 변하게 되어 있습니다. 무엇이든지 열매를 보시기를 바랍니다. 아무리 뜨거운 불을 받았다고 할지라도 구습이 변하지 않으면 분별의 대상입니다. 무엇인가 잘못된 것이 있다는 것입니다. 수준을 높이시기를 바랍니다.

충만한 교회에서는 매주 토요일 10:00-12:30까지 각각 2시간 30분씩 개별 특별집중 기적치유 시간을 갖고 있습니다. 한번에 4-6명밖에 할 수 없으므로 1주일 전에 지정된 선교헌금을 입금하시고 예약을 합니다.

*대상은 이렇습니다. 여기서도 저기서도 치유와 능력을 받지 못한 분/ 불치병, 귀신역사를 빨리 치유 받을 분/ 목과 허리디스크, 허리어깨통증, 근육통, 온몸이 아프고 무거움에서 치유 해방 받고 싶은 분/ 자녀나 본인의 우울증, 공황장애, 조울증, 불면증을 빨리 치유 받을 분/ 가슴이 답답하고 기도하기가 힘이 드는 분/ 축복과 영의 통로를 뚫고 싶은 분/ 성령의 불세례를 체험하고 싶은 분/ 최단기간에 현실문제 해결과 성령치유 능력 받고 싶은 분입니다. 반드시 일주일 전에 전화 확인하시고 선교헌금을 입금 후 예약해야 합니다(전화 02-3474-0675).

17장 성령의 지배를 받는 생활을 하라.

(고전 2:10-13)"오직 하나님이 성령으로 이것을 우리에게 보이셨으니 성령은 모든 것 곧 하나님의 깊은 것까지도 통달하시느니라. 사람의 일을 사람의 속에 있는 영외에 누가 알리요 이와 같이 하나님의 일도 하나님의 영외에는 아무도 알지 못하느니라. 우리가 세상의 영을 받지 아니하고 오직 하나님으로부터 온 영을 받았으니 이는 우리로 하여금 하나님께서 우리에게 은혜로 주신 것들을 알게 하려 하심이라. 우리가 이것을 말하거니와 사람의 지혜가 가르친 말로 아니하고 오직 성령께서 가르치신 것으로 하니 영적인 일은 영적인 것으로 분별하느니라."

하나님은 영혼의 만족을 누리면서 하나님께 쓰임을 받을 분들의 전인격이 성령의 지배를 받는 사람이 되기를 원하십니다. 하나님은 모든 성도들이 성령의 지배를 받기를 소원하십니다. 특별하게 영혼의 만족은 성령의 지배를 받아야 가능합니다. 왜 예수를 믿으면서 영혼의 만족을 누리지 못하는가? 자신의 전인격이 성령의 지배를 받지 못하기 때문입니다. 한마디로 세상 것이 섞여있기 때문입니다. 세상 것이 섞여서 방해함으로 영혼의 만족을 누릴 수가 없는 것입니다. 이것은 아주 심각하게 받아드려야 합니다. 그래야 성령의 역사에 관심을 가져서 성령의 지배를 받는 성도가 될 수 있기 때문입니다. 전인격이 성령의 지배를 받지 않고는 영혼이 만족을 누릴 수가 없기 때문입니다. 우리 예수 믿는 사람들의, 삶의 특징이 있다면, 그것이 무엇이라고 생각하십니까? 입으로만 예수를 믿는다고 시인하는 그런 보통의 신앙의 삶이 아니라, 예수를 믿고 난 다음에 변화된 삶을 살아가는 성도들의 특징을 말하는 것입니다. 이러한 성도들의 삶의 특징이 무엇이겠습니까? 그것은, "영-혼-육 전인격이 성령의 지배를 받는 삶"이라, 그렇게 말 할 수 있습니다.

그러면, 성령의 지배를 받는 삶이란, 또 무엇을 말하는 것입니까? 전인격이 성령께 사로잡혀 사는 것을 말하는 것입니다. 성령을 주인으로 모시고 세상을 살아가는 것입니다. 매사를 성령님과 의논하고 성령의 뜻을 따라 사는 것을 성령의 지배를 받는 삶이라고 말할 수 있습니다. 성령의 인도함을 받아, 성령의 능력에 의해서 살아가는 삶을 말하는 것인 줄로 믿습니다. 성령님이 나를 지배하고 다스리는 삶, 이전에 우리의 삶이, 육체의 본능이 지배하는 삶이었고, 죄가 지배하는 삶이었다면, 이제 예수를 믿고, 변화를 받고 난 다음에 나타나는 삶은, 성령에 의해서 지배를 받는 삶이 되어야 합니다.

에베소서 5장 14절 말씀을 보게 되면, "그러므로 이르시기를, 잠자는 자여 깨어서 죽은 자들 가운데서 일어나라. 그리스도께서 네게 비춰시리라 하셨느니라."말씀하고 있습니다. 지금 우리의 신분은 어떤 신분입니까? 이제 예수 안에서, 새로운 생명을 소유하고 태어난, 하나님의 자녀들입니다. 그러므로 이제는, 과거의 세상 적이고, 육신적인 삶의 방식은 벗어버리고, 하나님의 백성으로서 살아가야 하는 삶의 방식을 따라야 한다는 것입니다. 그 하나님의 방식을 따르는 삶, 이것이 바로 성령의 지배를 받는 삶이라는 것입니다.

그러나 오늘 우리 성도들의 삶은 어떻습니까? 아직도 우리의 많은 부분이 주님의 방식을 따르지를 못하고 있습니다. 아직도 내 자아가, 내 속에 살아 쉼 쉬고 있고, 아직도 내 뜻이 내 인생의 대부분을 결정하고 있습니다. 어둠의 권세에 속해 있는 죽음의 자리에서 이제는 벗어나, 나의 삶을 주장하시고, 온전히 이끌어 주시기를 원하시는, 빛 되신 예수 그리스도를 향해, 걸어가야 하는데도 불구하고, 우리는 여전히 그 빛을 외면하고, 고개를 어둠의 세상을 향해, 돌리고 있다는 것입니다.

우리의 삶에 빛이 크게 비취면, 어두움은 작아지게 되고, 결국에는 그 어둠이 흔적 없이 물러가게 됩니다. 그러나 반대로, 우리의 삶에 어두움이 크면 어떻습니까? 빛이 작게 느껴지게 됩니다. 그리고 이 상태로 계속 있게 되면, 나중에는 그 어두움이, 빛을 완전히 삼켜 버리게 된다는 것입니다.

그래서 예수를 믿어도, 예전과 비교해 별로 변화된 것이 없는 여전히 세상의 흑암 속에서 헤매며, 오히려 더 무능력한 가운데, 오히려 더 고통스런 가운데, 삶을 살아가게 된다는 것입니다. 왜냐하면 성령의 역사가 일어나지 않으니 마귀와 귀신들이 자꾸 장악하기 때문입니다. 그래서 오만가지 문제가 발생하는 것입니다. 빨리 알아차리고 성령의 지배를 받아야 합니다.

가슴에 손을 얹고 생각해 보세요. 주님이 우리에게 요구하시는 삶의 모습이, 과연 이러한 것이겠습니까? 주님이 우리에게 요구하시는 삶은, 결코 이러한 모습의 삶은 아닐 것입니다. 주님은 우리에게, 변화된 삶을 요구하십니다. 그것도 어정쩡한 변화가 아니라, 확실히 변화된 삶을 요구하십니다. "아니 저 사람 예수 믿고 나더니, 완전히 달라졌네!" 이런 평가와 칭찬을 듣는 그러한 삶을 원하신다는 것입니다. 그런데 이렇게 변화되기 위해서는 반드시 성령의 역사가 있어야 가능한 것입니다. 성령의 지배를 받아야 변화되는 것입니다. 예수를 믿으면서도 변화되지 않는 것은 성령의 역사 없이 이론으로 지식으로 전통으로 믿음 생활을 하기 때문입니다.

그래서 이런 찬송이 있지요? "내 죄 사함 받고서 예수를 안 뒤, 나의 모든 것 다 변했네. 지금 나의 가는 길 천국 길이요, 주의 피로 내 죄 씻었네." 할렐루야! 예수를 믿고 나서, 자신의 모든 것이 변화되어 지는 것, 바로 이러한 놀라운 삶의 변화의 역사를, 하나님은 우리 모두에게 기대하고 계신다는 것입니다.

우리의 신앙의 출발은, 하나님의 권능을 믿는 믿음에서 출발하는 것입니다. "하나님은 나의 모든 것을 아시는 가운데, 나의 모든 것을 주의 권능으로 채워주시며, 온전케 하시는 하나님이십니다." 이것은 모두 성령으로 되는 것입니다. 우리가 이것을 믿어야, 하나님을 평생의 주인으로 모시며 따를 수 있는 것입니다. "내가 사망의 음침한 골짜기로 다닐지라도 해를 두려워하지 않을 것은, 주께서 나와 함께 하심이라." 다윗은 담대하게 신앙의 고백을 했습니다. 그리고는 선언하지요. "나의 평생에 선하심과 인자하심이 정녕 나를 따르리니 내가 여호와의 집에 영원히 거하리로다." 할렐루야!

세상 사람들이 우리를 향해, 너는 못한다고 말할지라도, 우리 예수 믿는 성도들은 예수 안에서 할 수 있다고, 얼마든지 가능하다고 말하며, 믿음으로 밀고 나가 행해야 기적을 체험하는 것입니다. 삶에 자신감과 담대함이 있어야 한다는 것입니다. 왜입니까? 하나님의 권능이 오늘도 나와 함께 하시기 때문에…. 성령의 역사가 오늘도 나의 삶에 나타나기 때문에…. "너 가는 길을 누가 비웃거든, 확실한 증거를 보여 주어라. 성령이 친히 감화하여 주사, 저들도 참 길을 얻으리" 지금 우리 모두가, 성령의 다스림 속에서, 성령의 인도함 속에서, 이런 확실히 변화된 인생을 살아갈 수 있기를, 주님의 이름으로 축원 드립니다.

그러면, 오늘 우리가 어떻게 하면 이런 성령의 지배함을 받는 능력 있는 삶을 살아갈 수 있겠는가? 여기에 대한 고민이 있어야 진정한 성도일 것입니다. 그래야 바른 길을 찾아서 성령의 인도를 받으며 성령의 지배를 받는 성도가 될 수 있기 때문입니다. 그런데 이에 대한 해답이 바로 에베소서 5장 18절에 나타나 있다는 것입니다. "술 취하지 말라. 이는 방탕한 것이니, 오직 성령의 충만을 받으라."했습니다. 우리가 성령의 지배를 받는 삶을 살아가는 방법, 뭐 다른 게 있겠습니까? 내 속에 성령의 크기를, 내 자아보다 더 크게 만들면 되는 것입니다. 성령이 자신을 지배하게 하면 됩니다. 성령님을 주인으로 모시고 살면 되는 것입니다. 성령이 내 속에 끊임없이 임하게 만들어서, 그 성령이 나의 삶을 온전히 주장할 수 있도록, 자신의 신앙을 가꾸어 나가면 되는 것입니다. 그렇잖아요? 그 외에 무슨 방법이 있겠습니까? 성령의 지배를 받으며 살아가는 것 알고 보면 너무나 쉽습니다. 습관이 되지 않기 때문에 어려운 것입니다.

그러면, 우리가 생각해 볼 것은 무엇입니까? 이 성령이 언제 어느 때에, 우리에게 임하고 장악하게 되는가? 하는 것입니다. 직장에서 일할 때 성령이 임합니까? 가정에서 설거지 하고, 청소할 때 성령이 임합니까? 학교에서 공부할 때 성령이 임합니까? 언제 우리에게 성령이 임하게 되어 집니까? 성전에서, 성령이 역사하는 교회에서 우리가 말씀 듣고, 기도하고, 찬송할 때, 성령이 임하고 장악이 되는 것입니다. 그래서 성도들에게 유형교회는 아주 중요합니다. 성령은 반드시 성령의 역사가 일어나는 장소에서 체험할 수가 있기 때문입니다. 성령의 역사가 강하게 일어나는 교회에서 성령으로 장악이 되어 삶의 현장에서 기도할 때 성령의 지배를 받을 수 있습니다.

성경을 보세요. 초대 교회의 성도들이 언제 성령을 체험하고 받았습니까? 각 가정마다 모여 예배하고 말씀 들을 때, 또 마가의 다락방 같은 곳에 모여, 그들이 기도하고, 찬송할 때, 하늘로부터 급하고 강한 바람 같은 성령이, 홀연히 그들 가운데 임하게 되어졌다는 것입니다. 그렇다고 가정에서만 성경보고, 기도하라는 얘기는 아닙니다. 그때는 그 가정이 곧 교회였습니다. 초대 교회는 곧 가정 교회였습니다. 하나님은 언제나 교회 가운데, 좌정하여 계시는 줄 믿습니다. 교회는 유형교회와 무형교회를 모두 망라하는 것입니다. 그래서 지금도, 언제나 성령의 역사가 일어나는 교회에 모여 성경보고, 말씀 듣고, 기도하고, 찬양할 때, 성령이 임하게 된다는 것입니다. 그런데 홀연히 라는 말이 무슨 말입니까? 갑자기라는 말이지요. 오로지 하나님만을 생각하며 몰입 집중하여 기도할 때 홀연히 성령이 장악하시는 것입니다.

성령이 임하시는 것은 전적으로 성령님의 뜻이지만 분명한 것은 적당히 말씀보고, 적당히 기도하고, 적당히 찬송할 때 임하는 것이 아니라, 마음 중심으로 예배하고, 말씀을 깊이 묵상하고, 전심으로 기도하고, 뜨겁게 찬송할 때, 성령은 우리 가운데 분명 임하게 된다는 사실입니다. 그러므로 내 삶 속에 말씀보는 시간을 늘리고, 기도하는 시간을 늘리고, 찬송하는 시간을 늘리면, 그 때에 우리도 성령이 충만하게 될 가능성이 더 많아진다는 것입니다.

에베소서 5장 15절-16절 말씀에, "그런즉 너희가 어떻게 행할 것을 자세히 주의하여 지혜 없는 자같이 말고, 오직 지혜 있는 자같이 하여 세월을 아끼라. 때가 악하니라."했습니다. 무슨 뜻입니까? 세상에 취하여, 하나님이 주신 시간들을 자기 임의로 사용하여, 허송세월을 보내지 말고, 우리의 시간들을 영적인 부분들에 할애해서, 말씀과 기도와 찬양의 시간들을 통하여, 하나님의 뜻을 온전히 분변한 가운데, 그 뜻대로 살아가는 신앙의 모습이, 필요하다는 것입니다. 항상 하나님을 생각하고 집중하는 자세가 중요합니다. 그래서 결과적으로 우리의 삶이, 성령이 원하시는 대로, 성령이 이끄시는 대로, 성령의 지배함을 받아, 살아가게 된다는 것입니다.

우리가 이렇게 성령의 지배를 받게 되면, 우리의 삶에 어떤 역사가 나타나겠습니까? 먼저 우리는 하늘의 신령한 지혜와 강력한 능력을 이끌어낼 수가 있습니다. 그리고 세상에 능력을 행사하게 됩니다. 그래서 세상을 살아가도 힘 있게, 당당하게 살아가게 된다는 것입니다. 사단의 권세가 지배하는 이 세상에서, 사단의 올무에 걸려 허우적거리는 인생을 살아가는 것이 아니라, 하나님의 자녀답게 하나님의 권능을 힘입어, 사단의 권세를 깨뜨리며, 주의 이름으로 날마다 승리하며 살아가는 삶, 이런 역사들이 우리의 삶에 나타나게 된다는 것입니다.

더 나아가 마음에 천국을 이루어 항상 하나님과 교통하면서 살아갈 수가 있는 것입니다. 성도는 무엇보다도 하나님과 관계를 열어 친밀하게 지내야 합니다. 하나님과 친밀하게 지내려고 성령의 지배를 받는 것입니다. 성령의 지배를 받게 되니 마귀와 귀신이 감히 넘보지 못하는 성도가 되는 것입니다. 그래서 무시로 하나님을 찾는 것입니다. 항상 성령으로 충만하여 성령의 지배를 받는 삶을 살기위해서 하나님을 찾는 것입니다. 많은 성도들이 성령이 충만 하면 교회에 나가서 기도할 때 손을 흔들고 벌벌 떨면서 기도하면 성령으로 충만한 줄로 착각합니다.

그러나 성령으로 충만하다는 것은 항상 하나님을 생각하면서 하나님을 찾는 상태가 성령으로 충만한 상태인 것입니다. 이렇게 될 때 전인격이 성령의 지배를 받게 되는 것입니다. 성도들은 성령의 권능으로 살아가야 합니다. 성도들에게서 성령의 능력이 빠진 인간의 힘이나, 경험으로는 하나님을 기쁘시게 하지 못합니다. 성령의 도우심이 빠진 인간의 재주나 재능으로 세상을 이길 수가 없습니다. 성령의 지배를 받지 않는 성도는 잎만 무성한 무화과나무로 자라게 만들 뿐이라는 겁니다. 열매가 없이 잎만 무성한 무화과나무, 그 나무는 인간의 눈으로 볼 때는 멋있게 자란 나무이고, 가지도 무성하고, 잎도 너무나도 푸른 나무이지만, 결국 어떻게 되었습니까? 주님의 저주로 인해 말라 죽고 말았다는 것입니다. 이러한 사실을 우리는 유념해야 할 줄로 압니다. 전인격이 성령의 지배를 받아야 합니다.

성령의 지배를 받으면 무슨 일을 해도 포기하지를 않습니다. 쉽게 절망하지 않습니다. 끝까지 될 때까지 밀어붙이는 끈기 있고, 집중력이 있는 인생을 살아가게 된다는 것입니다. 그래서 기도를 해도, 남들과 다릅니다. 언제까지 기도합니까? 응답될 때까지 기도 한다는 것입니다. 하나님은 신실하신 하나님이십니다. 신실이 뭡니까? 믿을 신자, 열매 실자가 아닙니까? 말 그대로 우리가 믿는 대로 열매를 맺게 해 주시는 하나님이시라는 겁니다. 그것을 의심 없이 믿는다는 것이지요. 그래서 시간이 문제지, 응답은 반드시 된다는 믿음을 가지고 기도하게 된다는 것입니다. 하나님이 귀찮아서라도 응답해 주실 줄 믿습니다. 불의한 재판관의 마음을 움직여, 자신의 억울한 사정을 풀게 한 것은 한 여인의 끈질긴 기도 때문이었습니다. 집중력 있는 기도 때문이었다는 겁니다.

오늘 인생을 살아감에 있어, 직장 생활을 함에 있어, 또는 교회에서 맡은 사역을 감당함에 있어, 자꾸만 힘이 들고, 자꾸만 내가 피곤하게 느껴지는 때가 있습니까? 인생의 사역에 나타나는 열매는 없고, 자신의 힘만 고갈되는 그런 경험을 하신 적이 있습니까? 그래서 모든 것 그냥 포기하고 싶은 그런 생각이 드십니까? 혹 이런 가운데 지내는 분들은 없으십니까? 곰곰이 생각 해 보시기 바랍니다. 일이 많아 힘든 것이 아닙니다. 환경이 어려워 힘든 것이 아닙니다. 무엇 때문입니까? 내가 성령에 충만하지 못하기 때문에 힘이 든 것입니다. 내가 성령의 지배를 받지 않고, 내 힘과 내 뜻으로 살아가려고, 그 일을 감당하려고 했기 때문에 힘이 든 것입니다. 자신의 힘으로 하나님의 일을 하려고 하기 때문에 힘이 드는 것입니다. 우리가 바르게 알아야 할 것은 성도가 하는 모든 일은 하나님의 일입니다. 그렇기 때문에 성도는 성령이 지배하여 성령의 힘으로 인생을 살아가고, 직장 생활을 해야 됩니다. 사람의 힘으로 하나님의 일을 하려니 얼마나 힘이 들겠습니까? 상상에 맡깁니다.

19세기의 사역자, D.L 무디가 이런 말을 했습니다. "사역자들을 망가뜨리는 것은 과도한 사역이 아니라 성령 없이 일하는 것이다" 참 멋진 얘기 아닙니까? 우리가 과도한 사역을 해서 무너지는 게 아니라는 겁니다. 성령 없이 일하기 때문에 무너지는 것입니다. 기계가 망가지는 게 기계를 많이 돌려서 망가지는 것입니까? 아닙니다. 윤활유 없이 돌리기 때문에 망가지는 것입니다. 오늘 우리가 하나님 앞에 성령의 충만을 위해 기도해야 하는 이유가 여기 있는 것입니다.

하나님 앞에서 기도하는 가운데 성령의 은혜를 받고, 성령의 능력으로 사명을 감당하는 하나님의 거룩한 자녀들이 다 되시기를 바랍니다. 우리는 사명을 꼭 교회에서 사역하는 것으로 한정하면 안 됩니다. 성도들이 하는 모든 일은 하나님께서 주신 사명입니다. 직장 생활도 사명입니다. 사업을 하는 것도 사명입니다. 예수를 믿고 성령으로 거듭난 성도가 하는 모든 일은 사명입니다. 사명을 거창하게 생각하지 마시기를 바랍니다. 다 같이 한번 따라합시다. "주여! 성령 없이는, 아무 일도 하지 않게 하옵소서." "주여! 성령 없이는, 능력전도하지 않게 하옵소서." "주여! 성령에 사로잡힌 인생이 되게 하옵소서." 성령의 지배함을 받아, 능력전도하며 하나님께 쓰임을 받으시기를 바랍니다.

18장 영을 강하게 하는 훈련을 하라.

(잠4:23)"모든 지킬 만한 것 중에 더욱 네 마음을 지
키라 생명의 근원이 이에서 남이니라"

영을 강하게 하려면 마음 안에 좌정하고 계시는 하나님으로부
터 영적인 능력이 흘러 나와야 가능한 것입니다. 하나님은 예수
를 영접한 사람의 마음 안에 임재 하여 계십니다. 많은 성도들이
성경에 나오는 교회가 유형 교회인 것으로 알고 있는 경우가 많
습니다. 성경에 기록된 교회는 물론 유형교회를 말하고 있지만,
성경에 기록된 교회는 대부분 마음의 교회를 말합니다. 사람들
은 하나님께서 유형 교회의 건물 안에나 성당 안에 혹은 기도원
에 혹은 가톨릭 교인들이 말하는 피정의 집에 계신다고 말합니
다. 실상은 인간이 지은 어떤 형태의 건물이든 그 건물 안에 하
나님은 계시지 않습니다. 하나님은 바로 인간의 마음속에 거하
시는 것입니다. 마음에 하나님을 주인으로 모시지 않은 사람들
이 아무리 화려하게 지은 예배당에 모여도 그곳에서는 하나님은
계시지 않습니다. 하나님은 영과 진리로 예배드리는 사람을 찾
고, 그런 성도의 마음속에 주인으로 계시는 것입니다.

사람들의 관심은 눈에 보이는 성전 건물입니다. 성전은 하
나님의 임재를 나타냈으나 더 이상 백성들은 성전을 통해 하나
님의 영광을 보지 못했습니다. 이 시대도 성전이란 용어보다

교회 예배당이란 말이 합당합니다. "충만한 교회 예배당" 건물로서의 성전은 더 이상 없습니다. 성경은 이제 주님을 모신 우리의 몸이 성전이라 합니다. "너희가 하나님의 성전인 것과 하나님의 성령이 너희 안에 거하시는 것을 알지 못하느뇨(고전 3:16)" 우리의 관심은 어디에 있습니까? 웅장하고 화려한 건물입니까? 참 성전이신 예수님을 마음에 주인으로 모시는 믿음의 일입니까? 우리의 관심과 열정은 많은 이들의 심령에 예수생명이 불길처럼 일어나게 하여 행복한 삶을 살아가는 복음사역이어야 합니다.

첫째, 빼앗긴 우리의 마음. 창세기 1장 27절로 28절에 하나님이 자기 형상 곧 하나님의 형상대로 사람을 창조하시되 남자와 여자를 창조하시고 하나님이 그들에게 복을 주셨다고 말한 것입니다. 또 창세기 2장 7절에 "여호와 하나님이 땅의 흙으로 사람을 지으시고 생기를 그 코에 불어넣으시니 사람이 생령이 되니라"고 했습니다. 그런데 하나님은 성경에 보니 영이라고 말했지, 하나님이 육체라고 말하지 않았습니다. 그러므로 육체적인 아담과 하와가 하나님의 형상과 모양이 아니라, 아담과 하와의 마음이 하나님의 형상과 모양이요, 그 마음속에 하나님이 와서 거하시는 것인데, 아담과 하와의 마음이 불신앙과 불순종으로 하나님이 떠나 버리고 만 것입니다. 마귀의 말을 듣고 하나님을 반역하여 아담과 하와의 마음이 하나님이 떠나 버렸습니다. 그러자 하나님도 아담과 하와의 마음속에 거하지 아니하시고 떠나시게 된 것입니다.

창세기 2장 17절에 "선악을 알게 하는 나무의 열매는 먹지 말라 네가 먹는 날에는 반드시 죽으리라" 하셨습니다. 그들이 선악과를 따먹고 그 마음이 죽어서 마귀가 그 마음에 들어오자 하나님은 아담과 하와의 마음을 떠나 버린 것입니다. 타락한 아담과 하와 이후의 인류들은 마음속에 하나님을 모시지 못하고 공중의 권세 잡은 악령이 마음속에 주인되어 사는 것입니다. 사람의 마음은 영을 담든 그릇이기 때문에 성령이든, 악령이든 거하는 것입니다. 중간지대인 마음은 없습니다.

그래서 악령이 시키는 대로 불신앙과 불순종과 세속을 따라서 살았고 하나님과 멀리멀리 떠나 버리고 만 것입니다. 그러므로 사람에게 가장 중요한 것은 마음인 것입니다. 사람의 마음이 하나님을 떠나고, 마귀가 점령하자 공허하고 혼돈하며 흑암이 깊이 점령한 마음이 되고 만 것 입니다. 사람의 마음이 죄와 허무와 죽음의 황야가 되고 만 것입니다. 죄가 마음을 부패시키고 마음에 하나님 없으니 허무하기 짝이 없게 된 것입니다. 하나님이 계셔야 마음에 소망이 있고 기쁨이 있고 가치가 있을 것인데 이것을 다 잃어버리고 마음이 허무하게 되고 죽음의 광야가 꽉 들어찬 것입니다. 어디에서 와서 왜 살며 어디로 가는지를 마음은 알지 못하고 오직 죄와 허무와 죽음의 황야가 되고 만 것 입니다. 마음이 길을 잃고 방황하게 된 것입니다. 하나님은 방황하는 인간을 예수님을 보내셔서 구원하십니다.

둘째, 예수님의 구원과 성전 회복. 하나님이 우리 마음을 변화시키기 위해서 보내신 분이 하나님의 아들 예수님인 것입니다. 우리 마음을 변화시킬 수 있는 유일한 분은 예수님 밖에 계시지 않습니다. 예수를 영접하면 성령께서 마음 안에 임재하시기 때문입니다. 예수님이 오셔서 십자가를 걸머지고 우리 옛사람을 십자가에 못 박아 버려 마음의 죄악을 청산하고 마음을 점령한 귀신을 성령으로 쫓아내고 청소하고 변화시켜 주셨습니다. 그렇기 때문에 십자가의 보혈을 통해서 우리는 새로 거듭날 수가 있는 것입니다. 성경은 "누구든지 그리스도 안에 있으면 새로운 피조물이라 이전 것은 지나갔으니 보라 새것이 되었다"고 말한 것입니다. 주님이 우리를 새 사람으로 만들기 위해서 이사야 53장 5절로 6절에 보면 "그가 찔림은 우리의 허물 때문이요 그가 상함은 우리의 죄악 때문이라 그가 징계를 받으므로 우리는 평화를 누리고 그가 채찍에 맞으므로 우리는 나음을 입었도다. 우리는 다 양 같아서 그릇 행하여 각기 제 길로 갔거늘 여호와께서는 우리 모두의 죄악을 그에게 담당 시키셨도다."라고 말한 것입니다.

예수님이 우리의 부패하고 부정하고 죽은 마음을 십자가에 걸머지시고 청산한 것입니다. 우리의 육체를 청산한 것이 아니라, 우리 죄악으로 물든 영혼을 청산한 것입니다. 그리고 변화시켜서 하나님의 형상과 모양대로 다시 새롭게 지음을 주신 것입니다. 십자가를 통해서만이 우리는 하나님의 형상과 모양으로 복구되고 새로운 피조물이 되는 것입니다. 십자가 없이 인간의 수양과 도덕으로 마음이 변화되지 않습니다. 아무리 자기 피부를 비눗물로 닦아도 황인종이 백인종이 되지 못하고, 흑인종이 황인종이 되지 못하는 것입니다. 마음이 그리스도의 보혈로 말미암아 변화되어야 참으로 새롭게 변화될 수가 있는 것입니다. 예수님은 보혈과 성령을 통하여 우리 마음을 점령하였던 마귀를 쫓아내고, 하나님과 화목케 하시고 보혈과 성령의 능력으로 우리를 새롭게 하신 것입니다. 주의 십자가의 보혈의 능력과 성령의 역사가 없이는 마귀는 쫓겨 나가지도 않습니다. 보혈과 성령의 역사가 일어나면 마귀는 마음에서 철수하는 것입니다. 보혈과 성령의 역사 없이 하나님과 우리 사이를 화목 시킬 수도 없습니다. 예수님의 보혈과 성령이 마귀를 청산해 버리고 쫓아내고 죄악을 씻어내고 우리 마음을 하나님과 화목 시키고 하나님이 또다시 우리 마음속에 와서 거하게 만들어 주시는 것입니다. 심령성전을 가꾸는 분은 성령입니다. 성령으로 기도할 때 성령께서 마음 성전을 정화하시는 것입니다.

셋째, 말씀과 성령으로 마음을 다스리는 자가 삶을 다스린다. 어떻게 하면 마음을 다스릴 수가 있을까요? 하나님의 마음은 우리 마음속에 성령을 통해서 오시는 것입니다. 성령으로 세례를 받고 성령으로 충만 받아 마음을 성전으로 만들어야 합니다. 성전 된 마음에 하나님 말씀을 성령으로 받아 드려서 마음을 다스려야 되는 것입니다. 그러므로 말씀을 우리가 듣고 말씀을 읽고 말씀을 묵상하는 것은 굉장히 좋습니다. 성령으로 마음을 다스리지 아니하면 말씀으로 다스리지 아니하면 마음은 절대로 다스려지지 않습니다. 말씀과 성령을 마음속에 항상 채워 놓아야 세상과 마귀가 마음에 들어오지 못합니다. 말씀과 성령의 충만을 등한히 하면 곧장 세상과 마귀가 들어와서 세상과 마귀의 생각을 집어넣어서 마음을 흔들어 놓는 것입니다. 그러므로 하나님의 말씀이 마음을 변화시키는 것입니다. 그러므로 마음으로 늘 하나님을 찾아야 합니다.

성령의 역사가 일어나지 않으면 심령 성전을 가꿀 수가 없습니다. 심령에 마귀와 귀신이 거할 수가 있기 때문입니다. 마귀는 사람의 힘으로 어찌할 수 없는 강하자입니다. 반드시 성령의 역사가 일어나야 마귀와 귀신이 떠나가는 것입니다. 심령에서 성령이 사로잡아야 심령성전이 정화되고 거룩하게 되어 하나님께서 마음대로 역사하실 수가 있습니다. 마음은 성령으로 충만한 믿음으로 다스려야 되는 것입니다. 믿음은 들음에서 나며 들음은 그리스도의 말씀으로 말미암는 것입니다. 하나님의 말씀을 믿는 것입니다. 눈에는 아무 증거 안보이고 귀에는 아무 소리 안 들리고 손에는 잡히는 것 없더라도 하나님의 말씀을 믿고 흔들리지 말아야 마음을 다스릴 수 있는 것입니다. 하나님의 은혜로 주신 약속을 우리는 믿어야 되는 것입니다. 믿으면 그 믿음을 통해서 마음을 다스리고 그 마음이 하나님의 역사를 나타낼 수가 있는 것입니다.

열두 해를 혈루병을 앓은 여인을 보십시오. 그녀가 하나님을 알지 못할 때는 마음을 다스릴 수가 없었습니다. 마음이 불안하고 초조하고 절망이었습니다. "나는 못산다. 나는 할 수 없다. 나는 죽는다"고 생각한 것입니다. 열 두해 동안 피를 흘리는 고통을 당했으니 빈혈증에 걸리고 가족들이 다 떠난 후로 산비탈 아래 초막을 치고 살고 있으니 외롭기 그지없었습니다. 마음을 잡을 수가 없었습니다. 그녀는 이미 절망하고 죽음이 그 마음을 점령했습니다. 그런데 어느 날 예수 그리스도의 소식을 들었습니다. 하나님의 아들 예수 그리스도께서 갈릴리와 유다를 다니면서 죽은 자를 살리시고, 문둥이를 깨끗이 하고, 앉은뱅이를 일으키고, 천국복음을 전한다는 말씀을 듣고, 이 예수 그리스도를 마음속에 믿자 그 마음이 변화되기 시작한 것입니다.

마음이 변화되어 흑암이 떠나가고 좌절과 절망이 떠나가고 마음에 희망과 꿈과 소망이 넘쳐나자 예수님이 그를 찾아오게 된 것입니다. 마음이 변화된 사람을 예수님이 찾아오시는 것입니다. 마음이 세속으로 꽉 들어찬 사람에게 예수님이 찾아오시지 않습니다. 예수님은 마음이 예수 그리스도를 사랑하고 사모하는 자를 찾아오는 것입니다. 혈루병을 앓는 여인이 마음속에 예수님을 믿고 예수님을 사모하고 마음이 안정되어 주의 은혜를 받기를 사모하자 예수님이 그 집 앞을 지나가게 되고 예수님을 만나서 그 옷자락에 손을 대니 혈루병이 낫게 된 것입니다. 이 혈루병을 앓는 여인이 소망을 갖고 치유를 받은 것은 먼저 마음속에 예수님을 모시고 믿음이 굳세게 섰기 때문에 그렇게 된 것입니다.

그러므로 환경이 변화되기를 기다리지 마십시오. 마음이 변화되면 환경이 따라서 변화되는 것입니다. 자신의 마음 안에서 성령의 역사가 일어나야 환경을 변화시키는 것입니다. 마음에 절망이 있는데 환경이 소망으로 찾아올 수 없습니다. 마음에 슬픔이 있는데 환경이 갑자기 기쁨으로 변화될 수 없습니다. 마음에 공포가 있는데 환경에 평화가 다가올 수 없는 것입니다. 마음이 성령으로 충만한 믿음이 있으면 성령의 역사로 공포가 사라지고 평안한 환경이 되는 것입니다. 마음에 평화가 있으면 환경이 평화롭게 되는 것입니다. 마음에 축복이 있으면 환경이 축복으로 변화되는 것입니다. 마음에 치료가 있고 건강이 있으면 환경에 치료와 건강이 다가오게 되는 것입니다.

무엇이든지 마음이 먼저 변화되어야 환경이 변화되는 것입니다. 마음은 생명의 말씀과 성령의 역사로 변화되는 것입니다. 마음이 믿음으로 굳세게 서야 운명과 환경이 변화될 수가 있는 것 입니다. 그렇기 때문에 마음을 지키는 것은 성령으로 충만한 믿음인 것입니다. 하나님은 마음을 하나님의 나라를 만드시기 위하여 마음 안에 성령으로 임재하신 것입니다. 마음을 변화시켜야 모든 것을 변화시킬 수가 있기 때문입니다.

또한 마음은 마음속을 꿈으로 다스려야 되는 것입니다. 85세 된 아브라함의 마음이 흔들리고 마음이 캄캄했습니다. 왜냐하면 얼마 안 있으면 죽을 것인데 나이가 85세요, 아내가 75세인데 아들이 없습니다. 재산은 많습니다. 금과 은도 많고 짐승 떼들도 많은데 이 많은 재산을 상속할 자가 없어서 자기의 종에게 상속하고 갈 수밖에 없습니다. 그러므로 마음이 답답했습니다. 기도하고 부르짖었습니다. 그런데 하루는 밤에 하나님이 아브라함을 천막에서 불러내어 하늘을 쳐다보고 하늘에 있는 별들을 헤아리라고 말했습니다. 그리고 말하기를 "네 자손이 저 별들처럼 많을 것이다."라고 말씀한 것입니다. 거기에서 아브라함은 마음속에 꿈을 얻었습니다. 몸은 85세입니다. 아내는 75세입니다. 몸이 젊어진 것도 아닙니다. 아내가 젊어진 것도 아닌 것입니다.

그러나 마음이 절망과 흑암과 두려움에서 믿음으로 변화된 것입니다. 왜냐하면 꿈을 가질 수 있게 된 것입니다. 꿈이 마음을 다스린 것입니다. 눈에는 아무 증거가 없습니다. 귀에는 들리는 소리도 없습니다. 손에는 잡히는 것 없습니다. 몸은 여전히 85살의 늙은 몸입니다. 그러나 마음이 달라진 것입니다. 마음에 꿈을 얻게 된 것입니다. 그들은 하늘의 별과 같이 많은 자녀들을 거느린 사람이 된다는 꿈을 얻게 된 것입니다. 꿈이 마음을 변화시킨 것입니다.

십자가를 바라보면 변화될 수 있는 것입니다. 몸이 변화된 것이 아닙니다. 가정이 변화된 것도 아니고 환경이 변화된 것도 아니지만, 십자가를 바라보고 마음이 변화되면 몸도 변화되고 가정도 변화되고 환경도 변화될 수 있는 것입니다. 먼저 마음이 변화되어야 되는 것입니다. 마음이 무엇으로 변화되는 것입니까? 꿈을 바라볼 때 마음이 변화되는 것입니다. 어디에서 꿈을 얻을 수 있습니까? 십자가를 바라보면 꿈을 얻을 수가 있는 것입니다. 예수님은 십자가를 통하여 죄를 짓고 불의하고 추악하고 버림받아야 마땅한 나를 의롭다하고 용서해 주신 것입니다. 십자가를 통하여 용서받은 의인이 된 꿈을 얻을 수가 있는 것입니다. 소망을 얻을 수가 있는 것입니다. 예수님이 나를 대신해서 마귀와 세상과 싸워서 이기고 우리에게 거룩함과 성령 충만을 주셨으니 십자가를 통하여 거룩함과 성령 충만의 꿈을 얻을 수가 있었던 것입니다. 예수님이 나를 위해서 병들고 고통을 당하여 치료의 은혜를 베풀어 주셨으니 십자가를 통하여 치료의 꿈을 얻을 수가 있는 것입니다. 내가 가난하고 헐벗고 굶주리고 실패했을지라도 예수님이 십자가에서 나를 위하여 저주를 담당하시고 청산하셨기 때문에 십자가를 통하여 아브라함의 복과 형통이 임하는 것을 꿈꿀 수가 있는 것입니다. 내 마음속에 꿈을 받아 들일수가 있는 것입니다. 내가 비록 죽을지라도 십자가를 바라보고 영생을 꿈 꿀 수가 있는 것입니다.

십자가를 가슴에 끌어안고 십자가를 통하여 예수께서 나를 위해서 역사해 주신 그 은혜를 품으면 그 꿈이 이루어져 나오는 것입니다. 영혼이 잘됨같이 범사에 잘되며 강건하고 생명을 얻되 풍성하게 얻는 놀라운 병아리가 깨어 나오는 것입니다. 꿈을 품어야 마음을 지킬 수가 있는 것입니다. 마음은 꿈을 통해서 좌지우지 될 수가 있는 것입니다. 아브라함은 결국 85세에 꿈을 품었더니 100세에 그 꿈이 이루어져서 사랑하는 아들이삭을 선물로 받게 된 것입니다.

그 다음 마음은 입술의 고백을 통해서 지켜질 수가 있는 것입니다. 입술로 시인하므로 기적이 일어나는 것입니다. 로마서 10장 10절에 "사람이 마음으로 믿어 의에 이르고 입으로 시인하여 구원에 이르느니라" 예수 믿는 것도 마음에 그냥 믿어서 구원받는 것이 아닙니다. 입으로 고백해야 구원을 받게 되는 것입니다. 우리가 입술로 말한다는 것은 하나님의 역사를 풀어놓게 되는 것입니다.

잠언 16장 32절에 "자기의 마음을 다스리는 자는 성을 빼앗는 자보다 낫다"고 했는데 마음은 입술의 고백을 통해서 다스릴 수 있는 것입니다. 잠언서 4장 23절에 "모든 지킬 만한 것 중에 더욱 네 마음을 지키라 생명의 근원이 이에서 남이니라" 마음은 입술의 고백을 통해서 지킬 수가 있는 것입니다. 마음에 아무리 긍정적인 마음을 가지려고 해도 입술로 "나는 못한다. 나는 안된다. 나는 할 수 없다. 나는 죽는다. 나는 병들었다"고 고백을 하면 그 마음은 사망의 세력으로 묶이게 되는 것입니다. 마음이 아무리 답답하고 고통스러울지라도 입술로 고백을 긍정적으로 합니다. 예수 그리스도의 십자가의 보혈로 말미암아 "나는 용서받은 사람이다. 나는 의로운 사람이다. 나는 성령이 같이 계신다. 나는 건강한 사람이다. 나는 복 받은 사람이다. 나는 영생복락을 얻은 사람이다. 나는 승리한다. 나는 영혼이 잘되고 범사에 잘되며 강건하며 생명을 얻되 넘치게 얻는 사람이다." 고백하면 그 마음이 기적을 가져오는 것입니다. 성경에 하나님을 믿으라. 누구든지 이 산들에 명하여 저 바다에 던지라 하고 그 말하는 것이 이룰 줄 마음에 믿고 의심하지 아니하면 그대로 되리라. 말씀으로 믿음을 꽉 잡아 놓으면 그대로 이루어진다고 말한 것입니다. 우리 입술의 말이 씨가 되는 것입니다. 그러므로 아무리 의로운 긍정적인 마음을 가졌다고 할지라도 입으로 부인하면 다 파괴되어 버리고 마는 것입니다. 입술의 열매를 가지고 마음을 지킬 수가 있는 것입니다.

넷째, 영혼을 강화시키는 훈련을 하라. 마음 성전을 거룩하게 가꾸려면 성령으로 기도하면서 영을 강하게 해야 합니다. 영을 강하게 하는 영적인 방법은 ① 영과 진리로 예배를 드리고, ②성령으로 영의기도를 하며, ③ 말씀을 배우고, 묵상하고 ④ 말씀을 삶에 적용하고 ⑤ 전인격으로 살아계신 하나님의 역사를 체험하여 믿음을 갖게 하는 것이 영을 강하게 하는 단계이며 절차입니다.

이 다섯 가지가 어느 한쪽으로 일방적으로 치우치지 않고 균형을 유지해야 하며, 어느 한 가지라도 결여 되었다면 그 것은 온전하지 못한 것입니다. 우리는 하나님이 완전한 것처럼 완전해야 합니다. 완전하다는 말의 헬라어는 '텔레이오스'인데 '전체로 가득 하다'라는 뜻을 지닙니다. 이 세 가지 구성 요소 중 어느 것도 빠짐없이 다 들어있는 상태를 말하는 것입니다. 우리의 영이 강해지는 것은 이 세 요소를 다 갖추고 있다는 것을 말합니다. 하나님은 우리가 이런 상태로 살아가기를 원하시는 것입니다.

영을 강화시키는 훈련은 첫째로 말씀을 묵상하는 훈련입니다. 성령의 임재가운데 마음으로 말씀의 묵상을 지속적으로 하면 영이 강화됩니다. 예를 든다면 하나님은 영이십니다. 하나님은 반석이십니다. 그렇지 않으면 시편1편을 묵상하는 것입니다. 둘째로 마음으로 기도하는 것입니다. 호흡을 들이쉬고 내쉬면서 하나님을 찾는 것입니다. 저는 마음으로 하나님! 사랑합니다. 하나님! 도와주세요. 하나님! 어떻게 해야 합니까? 하면서 하나님을 찾으며 집중하는 것입니다. 길을 걸어가면서도 쉬지 않고 하나님께 집중하는 것입니다. 셋째로 마음으로 찬양을 부르는 것입니다. 호흡을 들이쉬고 내쉬면서 마음으로 찬양을 하는 것입니다. 찬양은 자신이 제일 잘 부를 수 있는 찬양을 1절만 지속적으로 하는 것입니다. 이렇게 영을 강화시키는 훈련을 지속적으로 하면 자신의 혼과 육이 영의 지배를 받아 육체가 강건하여 집니다.

마음을 다스리는 자가 환경과 건강과 운명을 다스리는 것입니다. '아이고 내 팔자야. 나는 왜 이 모양이야. 나는 항상 모든 것이 좌절이 되고 절망이고 실패하고 패배한다.'고 말하면 안 됩니다. 마음을 올바르게 먹으면 마음이 운명을 다스리고 환경을 변화시킬 수가 있는 것입니다. 마음은 무엇으로 다스릴 수 있습니까? 사람의 마음은 하나님의 말씀으로 다스릴 수가 있는 것입니다. 말씀을 묵상하여 말씀이 들어와서 생각을 잡아줘야 되는 것입니다. 생각이 흔들리면 안 되는 것입니다. 생각이 바다 물결같이 흔들리면 안 되는 것입니다.

하나님 말씀이 마음을 점령합니다. 그러면 말씀은 변하지 않기 때문에 확실한 생각을 가질 수가 있는 것입니다. 마음은 꿈으로 다스릴 수가 있는 것입니다. 마음은 마음속에 꿈이 있을 때 그 마음을 점령하고 마음을 다스릴 수가 있는 것입니다. 마음은 믿음으로 다스리는 것입니다. 마음은 입술의 고백을 통해서 다스릴 수가 있는 것입니다. 마음으로 기도해야 합니다. 기도할 때 성령으로 충만해지기 때문에 마음을 지킬 수가 있습니다. 하나님의 성령은 우리 몸에 거하는 것이 아니라 마음에 거하고 계신 것입니다. 마음을 통해서 하나님은 역사하는 것입니다. 천국을 누리는 권능이 마음에 있는 것입니다. 그러므로 지킬만한 것보다 마음을 지켜야 되는 것입니다.

19장 성령으로 동행하는 기도를 하라.

(엡6:18~19)"모든 기도와 간구를 하되 항상 성령 안에서 기도하고 이를 위하여 깨어 구하기를 항상 힘쓰며 여러 성도를 위하여 구하라. 또 나를 위하여 구할 것은 내게 말씀을 주사 나로 입을 열어 복음의 비밀을 담대히 알리게 하옵소서 할 것이니,"

성령님과 동행하는 신앙이 영혼을 만족하게 합니다. 영혼이 만족을 누리려면 성령님과 동행하며 기도를 바르게 할 줄 알아야 합니다. 많은 분들이 기도는 평상시에 하기 때문에 대수롭지 않게 생각을 하고 정확하게 배우려고 하지를 않습니다. 영혼이 만족을 얻으면서 살아가려면 예수님과 동행하며 성령으로 기도해야 순간순간 말씀하시는 하나님의 음성을 들을 수가 있습니다. 하나님은 예수를 믿고 성령으로 거듭난 우리에게 성령 안에서 기도하라고 하십니다. 제가 그동안 성령치유 사역을 하다가 체험한 것은 성도들의 기도가 바르지 못하다는 것입니다. 기도가 바르지 못하니 성령의 인도를 받지 못하여 영적으로 변화되지 못하는 것입니다. 기도는 많이 하는 데 자신이 변화되지 못하고 영육의 문제가 치유되지 못한다는 것입니다. 자신이 먼저 치유되어야 능력 전도를 할 수가 있습니다.

기도가 바르지 못하면 믿음 생활의 모든 부분이 잘못되는 것입니다. 우리나라 성도들의 영적인 열심은 알아주지 않습니까? 그런데 변화되지 못하고, 성령으로 충만하지 못하고, 성령의 권능을 받지 못하고, 삶이 바뀌지 않는 것은 기도가 잘못되었기 때문입니다. 기도를 바르게 하면 성령의 인도를 받아 전인격이 변화되기 시작을 합니다. 성도가 하나님의 복을 받는 것은 전인격이 성령의 지배를 받아야 가능한 것입니다. 기도가 바뀌어야 합니다. 무조건 많이 한다고 잘하는 기도가 아닙니다. 성령으로 바르게 해야 합니다.

그래서 성도가 신앙생활 하는 가운데, 가장 어려운 것 한 가지가 바로 기도입니다. 기도하는 습관이 되지 않으면 기도생활을 꾸준히 지속적으로 해 나가는 것이 얼마나 어려운 가를 우리는 경험하며 살아가고 있습니다. 기도는 기본이 있습니다. 기도의 기본을 적용하지 않고 기도함으로 아무리 열심히 그리고 오래 기도를 해도 참 평안을 누리지 못하는 것입니다.

우리는 기도를 바르게 알아야 합니다. 기도는 하나님과 사귀는 것입니다. 하나님과 가까이 하는 것입니다. 하나님과 함께 시간을 보내는 적극적인 행위입니다. 하나님과 사랑을 나누는 시간입니다. 하나님께 사랑을 고백하고 감사하는 시간입니다. 우리의 삶에서 가장 깨어있는 시간, 하나님의 소리를 듣는 시간입니다. 자신을 치료하는 시간입니다. 예수를 믿는 성도가 하는 기도는 세상 사람들이 하는 기도와 다릅니다.

첫째, 성령의 인도함을 받아야 하나님의 아들이다. 우리가 깨달아야 할 것은 하나님의 성령으로 인도함을 받는 그들이 곧 하나님의 아들이라고 말한 것입니다. 이러므로 하나님의 아들이 된 사람이면 그 누구를 불문하고 성령의 인도를 받을 자격이 있고 권리가 있는 것입니다. 성도는 반드시 성령의 인도함을 받아야 합니다. 그런데 하나님의 성령의 인도를 어떻게 받을까요? 성령 인도를 받으려면 우리의 모든 지성을 다 버리고, 이성을 다 버리고 성령으로 몽롱하게 되어서 '주여! 인도하여 주시옵소서' 마치 죽은 사람처럼 이렇게 해서 성령의 인도를 받는 것입니까? 대부분의 사람들은 성령의 인도를 받으려면 자기 지성도 버려야 됩니다. 자기 이성도 버려야 됩니다.

그래서 완전히 몽롱한 상태에 들어가야 성령의 인도를 받는 줄 알고 있는데 그러한 상태는 신비주의인 것입니다. 이것은 대단히 위험한 것입니다. 하나님께서 우리를 만드실 때 우리의 지성을 만들어 주셨습니다. 우리에게 지혜를 주시고 이성을 주신 것은 이걸 내버리라고 주신 것이 아닙니다. 우리의 지성과 이성을 사용하라고 주신 것입니다.

이러므로 하나님의 성령께서 우리를 인도하실 때 가장 평범하게 우리 속에 와서 계신 성령님은 성령님의 지성을 우리의 지성에 주셔서 깨달음을 통하여 인도하시는 것입니다. 이성의 기능이 성령의 지배를 받는 영의 상태에서 기도를 하거나 말씀을 묵상할 때 문제에 대한 해결방법을 깨닫게 하십니다. "이렇게 하라. 저렇게 하라."성령은 우리의 지성을 무시하지 않습니다. 우리의 지성에 하나님께서 성령의 지성으로 깨닫게 해주셔서 깨달음을 통하여 성령이 인도해 주시는 것입니다.

그렇기 때문에 범사에 성령의 인도를 받으려면 성령님을 인정하고 환영하고 모셔드릴 뿐만 아니라 문제가 생겼을 때 "성령이여 내게 깨달음을 주시옵소서. 이것이냐 저것이냐 깨달음을 주시옵소서. 이 길이 옳으냐? 저 길이 옳으냐? 깨달음을 주시옵소서. 어느 것이 하나님의 뜻인지 깨달음을 주시옵소서." 깨달음을 바라고 성령으로 기도할 때 하나님의 성령께서 우리에게 빛을 비추어서 깨닫게 해주십니다. 그 깨달음대로 순종하고 걸어가면 성령의 인도를 받는 것이 되는 것입니다.

이러므로 대소사 성령의 인도를 받는 것이 그렇게 어렵지 않습니다. 저는 지금까지 목회를 해오면서 하나님께서 무슨 꿈이나 환상이나 음성으로 저에게 계시해 주신 것은 적습니다. 거의 모든 일이나 문제를 놓고 하나님께 엎드려서 성령의 인도를 간절히 바랄 때 성령께서 저의 마음에 깨달음, 감동을 주셨습니다. 그러므로 무슨 감동도 젖혀버리고 이성도 젖혀버리고, 그렇게 해서 무슨 몽롱한 입신 상태에서 계시를 받는 그런 것은 없습니다.

그런 것은 신비주의지 그것은 성령의 인도라고 볼 수 없는 것입니다. 하나님의 성령은 인격자이기 때문에 우리에게 인격적으로 인도하셔서 우리의 인격을 무시하지 않습니다. 우리가 기도할 때 성령께서 깨달음을 주셔서 이 길이 하나님의 길이라는 것을 알고 걸어가게 만들어 주시는 것입니다. 그러므로 누구든지 하나님의 성령 앞에서 성령의 인도를 받을 수가 있는 것입니다.

그 다음 성령께서는 또한 우리의 감정을 통하여 인도하시는 것입니다. 대소사에 하나님의 성령은 우리의 감정을 무시하지 않습니다. 어떠한 사람들은 "신앙 안에 들어오면 감정을 무시해 버려야 한다."이렇게 말합니다. 저는 그런 사람들 웃기는 소리를 한다고 생각합니다. 자신의 감정을 버린 사람은 사람이 아닙니다. 사람은 모두 다 감정을 가지고 삽니다. 다만 자신의 감정이 하나님의 감정에 화합을 하게 해야 합니다.

하나님께서는 성령의 역사로써 우리 감정을 순화시킵니다. 성령은 감정을 가지고 계십니다. 그렇기 때문에 성령이 우리 감정을 통해서 인도하십니다. 성령이 우리의 감정을 성령의 감정과 화합하게 하는 것입니다. 감정이 감성이 되게 하십니다. 그래서 순종하게 하는 것입니다. 또한 어떠한 일을 위해서 기도할 때 안 될 일은 하나님의 성령께서 우리 마음속에 거센 거부 반응을 일으키는 것입니다. 막 싫어지고 미워지고 불안해지고 그렇게 되는 것입니다. 거부 반응이 일어납니다. 저는 그럴 때가 많습니다.

어떠한 일을 하려고 할 때 인간적으로 생각할 때 모두 좋다고들 하는데 기도를 하면 마음속에 거부 반응이 일어납니다. '싫다, 이거 하면 안 된다"이것은 아니다.' 마음에 거부가 옵니다.

그런 일에 과거에 제가 그럼에도 불구하고 인정에 끌려서 손을 대었다가 백전백패를 했습니다. 아주 그냥 큰 실망을 했습니다. 그러므로 하나님의 성령께서 우리 감정에 거부 반응을 일으켜서 불안해지고 싫어지고 미워지고, 크게 싫은 반응이 일어나는 것입니다.

우리가 기도할 때 그러한 거부 반응이 일어나면 이것은 하면 안 되는 것입니다. 그러나 성령께서 긍정적인 반응을 주실 때는 마음에 소원이 일어납니다. 성경의 빌립보서에도 하나님께서 "자기의 기쁘신 뜻을 위하여 너희로 소원을 두고 행하게 하시나니." 하였습니다. 마음속의 뜨거운 소원이 일어나고, 거기에 보태져서 평안하고, 기쁨이 오고, 확신이 오고, 마음이 끌립니다. 기도할 때마다 그런 일이 일어납니다. 그러면 그 길을 택해야 됩니다. 그래서 하나님께서는 지성에 깨달음을 주시고 감정에는 거부 반응이나 긍정적인 반응을 통해서 하나님의 뜻을 보여 주십니다. 그 다음에 이제 우리는 결단을 내리게 되는 것입니다. 자아의 의지를 하나님께 굴복시켜 맡기면 주님의 뜻이 임하여서 성령으로 우리의 마음속에 선택의 결정을 내리게 되는 것입니다.

둘째, 성령님과 동행하며 인도함을 받기 위해서는. 성령 안에서 기도하고, 성령 안에서 찬송하며, 성령 안에서 봉사하고, 성령 안에서 치유하며, 성령 안에서 사는 법을 배워야 합니다 (빌3:3).

1) 성령 안에서 기도하는 생활을 통하여 성령의 인도를 받으라. 기도는 영혼의 호흡이요, 하나님과의 대화라 합니다. 이것은 가장 깊숙한 곳에 거하는 영의 흐름이 외부적으로 흘러나오는 것입니다. 영력이 흘러나오고 영적 생명이 흘러나옴으로 영에 몰입됨으로 인하여 성령 안에서 기도할 수 있게 되는 것입니다. 영력은 우리 몸의 지성소인 영속에 임재 하여 계시는 하나님의 능력입니다. 우리가 지성소에 계시는 하나님을 만나기 위해서는 성령의 인도를 받는 깊은 영의 기도가 되어야합니다.

이 기도를 통하여 하나님으로부터 주어지는 각종 은혜와 능력과 응답을 받게 됩니다. 이러한 기도를 통하여 하나님으로부터 주어지는 생명이 우리의 심령을 거룩하게 만들어가고, 영적인 생명과 능력을 키워 나가는 것입니다. 열매가 맺어지고 영적인 지각이 예민해지고 영성이 개발되어집니다.

그러므로 성령 안에서 기도하는 훈련이 필요합니다. 우리의 간구는 마음의 소원이나 원하는 바를 구함으로 성령 안에서 기도하기가 심히 어렵습니다. 그러나 영으로 기도하고 마음으로 기도하면 성령 안에서 기도하기가 쉬워집니다. 성령에 몰입되어 아무런 자신의 생각이나 욕심도 없이 오로지 하나님으로부터 주어지는 것을 받게 되는 기회가 되기 때문에 영으로부터 주어지는 각종 은혜와 능력과 은사가 넘치게 됩니다.

영적인 기능과 지각이 발달됨으로 성령의 인도함을 따르는 성도가 됩니다. 성령 안에서 기도하기 위하여 성전 뜰에서 먼저 육신의 생각으로 기도하지만, 시간이 흐르고 마음이 안정이 되고, 생각이 주님의 사랑과 말씀을 묵상하면서 진지하고 순전한 마음으로 하나님의 성소에서 깊어지는 영의기도를 하게 됩니다.

그러나 하나님이 찾아오시는 경우에는 다르겠지만, 내가 하나님께 나아가는 경우가 대부분이기에 이때는 지성소로 나아가야 하는 것입니다. 마음으로 하나님을 부르면서 지성소에 계시는 하나님을 찾아 들어가야 합니다. 내 생각과 구하는 것까지 모두 저 버리고, 오로지 성령 안에 깊이 사로잡히는 경지에 들어가서, 기도 줄을 잡고, 시간도 의식하지 않는 깊은 경지에 몰입되어지는 상태에서 주님과 더불어 주거니 받거니 하거나, 성령님과 주거니 받거니 하는 기도는 성령의 인도함을 따르는 깊은 기도 훈련으로 숙달되는 것입니다.

2) 영으로 사는 삶을 통하여 성령의 인도를 받으라. 하나님은 데살로니가 전서 5장 17-18절에서 "항상 기뻐하라. 쉬지 말고 기도하라. 범사에 감사하라 이는 그리스도 예수 안에서 너희를 향하신 하나님의 뜻이니라." 고 말씀하십니다. 항상 영의 상태가 되게 하라는 것입니다. 영의 상태가 되어야 영이신 하나님과 교통할 수가 있기 때문입니다.

영으로 사는 삶은 ① 항상 기뻐하는 삶입니다. 육신대로 살지 않고 영으로서 몸의 행실을 죽이는 삶의 훈련(롬8:13-14)인데, 이것은 겉 사람이 분을 품거나 혈기를 내는 일을 당하더라도, 속사람은 외부의 영향을 받지 아니하고 평안을 유지하며,

항상 기뻐하는 삶을 삽니다. 속칭 내 영을 지킨다는 말로 표현되고, 내 영이 훈련되어 강한 사람은 외부의 영향권에서 벗어나서, 환경을 초월하여, 안정된 심령으로 평안과 기쁨을 유지 할 수 있게 됩니다.

② 범사에 감사하며 사는 삶입니다. 원망하고 불평하면 혈기가 나오지만 범사에 감사하면서 살면 혈기가 죽어지고, 영적인 민감한 지각력이 생기게 되고, 직관의 민감한 반응의 느낌을 따르는 자기를 죽이는 훈련을 하게 되어, 영과 혼을 분별하게 됩니다(롬8:5-6).

③ 쉬지 않고 기도하는 삶입니다. 기도생활을 잠시라도 중단하면 육이 발동하게 됩니다. 육을 죽이기 위해서는 기도 생활을 쉬지 말아야 하는데, 특별히 방언기도와 방언 통역을 통한(고전 14:14) 기도훈련은 영적으로 교통하는 가장 적극적인 방편입니다. 영으로 기도하며 마음으로 기도하는 이 방법이 영으로 교통하는 가장 빠른 지름길입니다. 이 기도는 깊은 기도에 몰입하여 대화하는 기도입니다. 기도할 때 영(속사람)의 기도에 익숙해지면 우리의 혼은 여러 가지 생각으로 세상의 일들을 하기에 바쁘고, 육신적인 일들에 바쁠지라도 우리의 속사람은 쉬지 않고 기도하는 삶을 살수가 있게 됩니다. 이러한 영적 삶을 통하여 영의 실체와 움직이는 느낌을 알 수 있고 지각 할 수 있어야 합니다. 이러한 지각이 성령의 능력과 은사로 나타나게 되며, 성령의 인도함을 따를 수 있게 됩니다.

3) 영육의 질고를 치유하는 사역을 통하여 성령의 인도를 받으라. 질병의 원인이 무엇일까? 어느 때에 성령이 역사하며 성령이 어떻게 역사하여 병을 고치는가? 안수하면 왜 병이 고쳐지며, 그리고 왜 넘어지는 사람이 생기고, 발작하는 사람이 생기는가? 귀신이 어떤 사람들에게 들어가고 어떻게 잠복되어 있는가? 등을 알려는 노력은 영적인 눈을 뜨게 만들고, 성령의 역사와 귀신의 역사를 분별하고 이해하게 되어 영적인 것이 무엇인가를 보다 더 현실적으로 경험하게 되고 영적인 기능이 발달되어집니다.

왜 이 사람을 하나님이 고치시지 않는가? 등을 기도하면 응답 받는 여러 가지 현상을 통하여 성령사역에 대하여 관념적으로 이해하던 것을 실제적이고 구체적으로 이해하게 됩니다. 영적으로 변화되지 않는 것은 내 속에 임재하신 성령이 역사하고, 성령에 의하여 일어나는 여러 가지 현상들을 이해 할 수가 있어야 하는데, 이는 결코 지식이나 연구로는 되지 않는 일입니다. 실제 성령의 인도를 받으며 환자를 치유하면서 체험해야 알 수 있는 일입니다. 그러므로 성령의 역사를 통한 치유사역 보다, 더 구체적이며, 실제적이고 다양한 성령사역은 없을 것입니다. 영적 투쟁의 분명한 원인과 결과를 다루는 이 사역이야말로 영적인 현상들을 이해하는데, 가장 적합한 수단이 될 것입니다. 성령에 의한 치유사역을 부인하는 경우는 대부분 성령에 대한 실제적인 능력으로 인정하지 않는 불신앙에 있는 것입니다.

그러므로 이러한 치유사역의 훈련은 성령의 인도함을 따르는 훈련의 가장 으뜸이 되리라 봅니다. 그러나 가장 영적이면서도 가장 하나님을 가까이 하는 수단이 되기 때문에, 그리고 사단이 가장 직접적으로 노출되어지고 추방되어지는 분야이기 때문에, 사단이 기를 쓰고 방해하는 분야도 이분야인 것입니다.

셋째, 성령으로 쉬지 말고 기도하라. 쉬지 말고 기도하라고한 바울, 항상 기도할 것을 주문한 예수님, 기도를 쉬는 죄를 범하지 않게 해달라고 한 사무엘 등 찾아보면 적지 않습니다. 이들의 공통점은 그들 스스로가 평소에 쉬지 않고 기도를 하는 경지에 올라있음에 틀림없습니다.

그래서 필자도 사역을 시작하고 나서 쉬지 말고 기도하는 수준의 경지가 어느 정도일까 궁금해 했습니다. 그렇지만 우리 주변에는 기도의 습관이 되어 있지 않아 식사기도를 하는 것조차 멋쩍어 하는 이들이 적지 않습니다. 새벽기도라도 나간다면 기도를 열심히 한다고 생각하며 심야기도나 기도원에서 금식기도라도 한다면 대단한 수준이라고 생각하기 십상입니다.

그렇지만 예수님이나 바울이 말하는 수준의 경지에 도달하기에는 한참 멀었다고 생각해야 합니다. 쉬지 않고 기도하는 수준은 정해진 기도시간이나 기도회에 참석해서 기도하는 정도가 아니라, 일상의 삶에서 몸이 자동적으로 반응해서 자신도 모르게 기도하는 수준에 올라서야 합니다. 말하자면 생활의 달인처럼 무의식적으로 몸이 반응하여 기도하는 사람이 되는 것입니다.

그렇다면 아주 소수의 사람들만이 기도의 달인의 경지에 올라서야 하는 것일까요? 그것은 아닙니다. 크리스천이라면 예외 없이 기도의 달인에 올라서야 하는 것입니다.

일상의 삶에서 쉬지 않고 기도하는 경지에 도달해야하는 이유는 성령의 내주하는 삶에 필수적이기 때문입니다. 육체의 욕심을 만족시키는 것은 특별히 노력을 하지 않아도 됩니다.

누구나 육체의 쾌락이나 탐욕을 원하는 삶을 추구하며 살고 있습니다. 그래서 사람들은 돈을 벌기 위해 노력하고 부자가 되기 위해 인생을 바칩니다. 육체의 욕심이나 쾌락을 만족시키는 것에 돈만 한 것이 없습니다. 돈만 있다면 맛난 것, 좋은 옷, 고급 차 등 육체가 원하는 삶을 부족하지 않게 누리게 해줍니다.

그렇지만 육체가 아니라 영이 소망하는 삶을 살려면 영적인 사람이 되어야 합니다. 육체를 지닌 사람은 자연스레 육적인 사람이 되지만 영적인 사람이 되려면 끊임없이 영적인 습관을 추구해야 힙니다. 말하자면 성령이 내주하시고 충만하신 상태를 항상 유지하는 상태가 되어 있어야 가능합니다. 성령이 내주하시면 어떻게 살아야 할지를 깨닫게 해주고 가르쳐주시고 인도해주시기 때문입니다.

그래서 틈만 나면 성령님을 찾고 부르며 그분의 내주를 즐기고, 그분의 인도하심을 따라 하나님이 기뻐하시는 뜻대로 살아가야 영적인 사람이 되는 것입니다. 예수님은 이러한 사람을 성령으로 다시 태어난 상태라고 말씀하셨습니다. 이 경지에 도달하게 되면 평안하고 기쁘게 사는 것은 기본이고 놀라운 영적 능력으로 신령한 지식과 지혜, 귀신을 쫓아내며 질병을 낫게 하는 등의 초자연적인 능력을 경험하게 됩니다. 또한 이러한 상태가 오래되면 성령의 열매인 하나님의 거룩한 성품으로 변화하게 되는 것입니다. 그렇지만 안타깝게도 신앙의 경륜이 오래되었고 교회의 직책이 무거운 사람조차 이러한 능력을 소유한 이를 보는 것은 쉽지 않습니다. 그 이유는 교회는 오래 다녔는지는 모르지만 성령과 동행하는 삶에 무지하기 때문입니다.

다시 돌아와, 성령 충만하고 성령으로 거듭났다고 말하는 이를 보는 것은 쉬운 일이지만, 성령이 내주하시는 증거인 놀라운 영적 능력을 나타내 보이라 하면 꼬리를 내리고 과거의 사건만 반복해서 말하는 이가 적지 않습니다. 하나님은 과거의 하나님이 아니라 현재의 하나님이시듯이, 과거에 성령 충만했던 사실이 중요한 게 아니라, 현재에도 그러한 상태를 항상 유지해야 합니다. 이는 쉬지 않고 기도하는 영적인 습관을 들이지 못한 탓입니다. 한 때 성령 충만 한데 중요한 게 아닙니다.

지금 이 순간 성령이 내주하시는 삶을 유지해야 하는 것입니다. 과거에 열심히 기도했던 경험이 중요하지 않습니다. 지금 이 순간 쉬지 않고 기도하는 사람이 되어야 합니다. 교회의 기도시간이나 기도원에서의 기도가 아니라, 일상의 삶에서 쉬지 않고 기도하는 영적인 습관을 들이지 않는다면 성령으로 거듭나는 삶은 언감생심(焉敢生心)입니다. 필자는 아침과 잠자리에 들기 전에 각각 한두 시간 기도하는 것을 습관으로 들이고 있지만 그게 전부가 아닙니다. 낮에도 틈만 나면 기도를 시도합니다. 자동차 안이든, 집이든, 걷기를 하든, 공원의 벤치이든 상관하지 않습니다. 눈을 뜨고 기도할 때도 많습니다. 그래서 하루 종일 기도하며 하나님의 영으로 채우려고 노력을 합니다.

물론 아직까지 기도의 달인의 경지에 도달했다고 할 수 없지만, 적어도 기도의 달인이 되려고 애쓰고 노력하고 있는 것은 분명합니다. 쉼 없는 기도에 도달하려면 성령이 내주하시는 기쁨과 평안을 누려야 가능합니다. 성령이 내주하시면 자신의 의지가 아니라 성령의 이끌림에 따라 기도에 몰입하게 됩니다.

물론 이 때의 기도는 응답의 바라는 기도목록의 나열이 아니라 하나님의 이름을 찾고 부르며 그분의 내주를 갈망하고 찬양하고 감사하는 기도가 대부분입니다. 기도가 신앙인의 의무가 아니라 기쁨과 평안을 누리는 시간으로 채워짐을 경험할 때 비로소 쉬지 않고 기도하는 경지에 도달할 것입니다.

20장 하나님의 얼굴을 구하는 자가 되라.

(출34:33-35)"모세가 그들에게 말하기를 마치고 수건으로 자기 얼굴을 가렸더라. 그러나 모세가 여호와 앞에 들어가서 함께 말할 때에는 나오기까지 수건을 벗고 있다가 나와서는 그 명령하신 일을 이스라엘 자손에게 전하며, 이스라엘 자손이 모세의 얼굴의 광채를 보므로 모세가 여호와께 말하러 들어가기까지 다시 수건으로 자기 얼굴을 가렸더라"

영혼의 만족함을 누리면 하나님과 친밀한 관계가 됨으로 하나님의 손을 구하는 삶에서 하나님의 얼굴을 구하는 삶으로 전환이 됩니다. 우리가 아무리 사모하고, 기도를 많이 하고, 아무리 능력을 경험해도 하나님의 얼굴을 구하는 삶으로 전환하지 않으면 하나님과 친밀함은 절대 열리지 않습니다. 바꿔 말하면 하나님의 손을 구하는 삶에서는 하나님과 친밀함은 절대 불가능합니다. 아브라함은 하나님의 얼굴을 구하는 자입니다. 반대로 롯은 하나님의 손을 구하는 자입니다. 누가 어떻게 되었는지는 창세기에 결과가 잘 기록되어 있습니다. 우리는 하나님의 얼굴을 구하는 크리스천이 되어야 아브라함과 같은 전인적인 복을 받게 됩니다.

하나님의 손을 구하는 사람들은 홍해 가에 있던 이스라엘 사람들입니다. 하나님께 원망하면서 소리만 지르는 사람들입니다. 모세는 하나님의 얼굴을 구하여 하나님을 대면하는 삶을 사는 사람입니다. 모세의 형 아론은 하나님의 손을 구하는 사람입니다. 모세는 출애굽기 4장 10절에서 "입이 뻣뻣하고 혀가 둔한 자"라고 말씀하고 있습니다. 하나님도 이 부분을 인정하셔서 형인 아론을 붙여 주셨습니다. 하나님은 말 잘하는 아론과 직접 대화시며 일하시지 않으시고 모세에게 붙여주신 이유가 있습니다. 모세는 하나님의 얼굴을 보면서 대화하는 사람입니다. 반면에 아론은 말은 잘하지만 하나님의 얼굴을 볼 수가 없는 육신에 속한 사람이기 때문입니다. 모세는 한마디로 하나님과 대면하며 친밀하게 지내는 사람입니다.

신앙의 본질은 하나님과 친밀함입니다. 하나님을 알고 사랑하는 삶을 말하는 것입니다. 하나님을 알기 위해서는 하나님께서 자신을 계시(조명)하실 때만 하나님을 알 수 있습니다. 하나님을 얼굴을 구해하는 것은 필수입니다. 따라서 하나님의 얼굴을 구하는 삶은 신앙의 첫 단추와 같습니다. 반대로 하나님의 손을 구하는 삶에서는 하나님과 친밀함이 절대로 가능하지 않습니다.

첫째, 하나님의 손을 구하는 삶에서는 친밀함은 절대 열리지 않는다. 요한복음 6장에 나오는 광야에 있던 사람들입니다. 오병이어의 떡을 먹었던 무리들과 제자들로서 큰 기적을 경험하고 또 사모한 그들이지만 예수님께서 십자가를 지실 것을 말씀하자 다 떠났습니다(요6:66). 예수님은 그들에게 영적인 눈을 열어 주시지 않았습니다. 하나님의 얼굴을 구하는 삶으로 나오지 않았기 때문입니다. 즉 하나님의 손을 구하는 삶(요6:26)을 사는 아담적인 사람이기 때문입니다. 여기서 우리가 기억해야 할 것은 하나님의 얼굴을 구하는 삶으로 나오지 않으면 그렇게 사모하여 나왔음에도 불구하고 하나님과 친밀한 교제가 전혀 열리지 않는다는 것입니다. 육신에 속한 아담이기 때문입니다.

또 다른 무리들은 광야의 이스라엘 백성들입니다. 엄청난 기적들을 경험했음에도 불구하고 하나님과 친밀함이 전혀 열리지 않았습니다. 왜 그렇습니까? 하나님의 얼굴을 구하는 삶으로 전환하지 않았기 때문입니다. 우리가 아무리 사모하고, 기도를 많이 하고, 아무리 능력을 경험해도 하나님의 얼굴을 구하는 삶으로 전환하지 않으면 하나님과 친밀함은 절대 열리지 않습니다. 바꿔 말하면 하나님의 손을 구하는 삶에서는 하나님과 친밀함은 절대 불가능합니다. 하나님의 손을 구하는 삶의 특징은 이렇게 표현하고 설명할 수가 있습니다.

1)육신에 속한 사람으로 완악하여 하나님의 뜻을 헤아리지 못하고, 자신들의 육적인 만족을 이루기 위하여 하나님을 이용하니 하나님을 근심케 하고, 더 나아가 하나님을 분노케 합니다.

①이스라엘 백성들은 40년 동안 하나님의 행사를 보았음에도 불구하고 그들은 40년 동안 하나님을 격노케 하였습니다(히3:7-19). 하나님의 능력을 경험하는 것이 반드시 하나님이 우

리를 신임(기뻐하시는)하는 보증이 아니라는 겁니다. 이것은 별개입니다. 자신에게서 신령한 능력이 나타난다고 다된 것이 아니라는 것입니다.

②유다에서 제 3대 아사 왕은 여호와를 섬기는 신앙부흥을 적극적으로 추진한 왕이었습니다. 그는 먼저 이방제단과 산당을 없이하고 주상을 훼파하며 아세라신을 다 찍어 없앴습니다. 에티오피아의 대왕 세라가 백만 대군을 거느리고 유다를 침략해 들어왔을 때, 간절히 부르짖어 기도하여 하나님께서 에티오피아의 군대를 치셨습니다. 그 후 20년 동안 아무 일이 없이 나라가 부강하고 태평 성대 하니 아사가 하나님을 찾지 않았습니다. 북방인 이스라엘 왕 바아사가 군대를 소집해서 유다를 침략하자 마음속에 두려움이 들어왔으나 여호와께 부르짖거나 기도하지 않았습니다. 병이 들었어도 하나님께 구하지 않고 의원에게 의지했기 때문에 못 고쳤습니다(대하 16:12). 그는 죽고 만 것입니다. 형통함이 하나님의 기뻐하시는 보증이 아니라는 것입니다.

③ 요한계시록에 나오는 라오디게아 교회를 보세요(계 3:14-17). 라오디게아교회는 세상 적으로 잘되었던 교회입니다. 급성장한 교회였습니다. 부족한 것이 없는 교회였습니다. 그런데 주님으로부터 칭찬 한마디 없는 교회가 바로 라오디게아 교회였습니다. 그런데 왜 칭찬을 못 받았나요? 세상 적으로 잘되는 것이 하나님이 자기들을 신임하는 보증이라고 자기들의 수준으로 생각한 것입니다. 많은 성도들이 세상에서 잘되는 것

이 축복인줄로 압니다. 그러나 기억하세요, 외부적 사역의 확장이 하나님의 신임은 아니라는 것입니다. 하나님의 신임과는 별개입니다. 이것은 영의 눈을 열어 보셔야 합니다.

2)하나님의 얼굴을 구하지 않으면 하나님의 길을 알지 못합니다. 하나님의 길을 따라 행할 때 하나님이 기뻐하시는 삶이 가능한 것입니다. 하나님의 길을 모르면 하나님을 기쁘시게 하는 삶은 불가능합니다. 하나님의 손을 구하는 삶에서는 친밀함이 불가능합니다. 따라서 하나님의 길을 알 수 없습니다. 고로 하나님을 기쁘시게 하는 삶은 불가능한 것입니다.

헨리 블랙가비 목사님은 하나님은 우리에게 3가지를 계시하시는데 하나님 자신, 하나님의 목적, 길(방법)을 계시하신다고 하셨습니다.

①하나님이 자신을 계시하시는 목적입니다. 모세를 하나님과 친밀한 관계로 인도하시기 위해서 자신을 계시하십니다. 그래서 하나님의 인도를 따라 가려면 영적인 눈을 열어 믿음으로 하지 않고는 불가능합니다. 그런데 믿음으로 주님을 의지하려면 주님을 알아야합니다. 하나님을 아는 만큼 믿을 수 있기 때문입니다.

②하나님이 목적을 계시하시는 이유입니다. 그 일에 동참케 하기 위해서 계시하셨습니다(계시가 곧 초청). 하나님의 일에 동참하려면 자신의 삶을 조정해야 합니다. 자신의 삶을 조정하려면 대가를 지불해야합니다. 오늘날 많은 사람이 하나님을 따

르기를 원합니다. 그런데 대가를 지불하기를 원치 않습니다. 하나님의 음성을 듣는 그 자체로 만족하는 경우가 많습니다. 그러니 실제 하나님과 동행하지 못하는 것입니다. 하나님을 따르려면 반드시 대가가 지불되어야 합니다. 자신의 삶이 조정되고 동참되어지면 그때 주님이 앞서서 인도해가십니다. 구체적인 길(방법)을 지시하십니다.

③언제 하나님 자신, 목적, 길이 보일까요? 하나님의 얼굴을 구해야 합니다. 이스라엘 백성들은 하나님의 얼굴을 구하지 않으니 하나님 자신을 계시하지 않았습니다. 하나님을 모르니 믿음이 없습니다. 따라서 불신, 세상사랑이 가득한 것입니다. 하나님의 얼굴을 구하지 않으니 하나님의 목적을 계시하지 않습니다. 하나님의 의중(길)을 모릅니다. 참다운 순종이 불가능한 것입니다. 따라서 하나님을 기쁘시게 하는 것이 불가능한 것입니다.

둘째, 하나님의 얼굴을 구하는 삶이 되어야 한다. 이 삶에서 하나님과 친밀함도, 동행하는 삶도, 다가오는 하나님의 놀라운 행하심에 동참하는 삶이 가능한 것입니다.

1) 하나님의 얼굴을 구하는 삶의 특징입니다. 하나님의 얼굴을 구하는 삶은 하나님의 손을 구하는 삶과 정반대의 특징을 가지고 있습니다. 하나님과 친밀해집니다. 하나님의 길을 알고 그 길을 따라 행하기 때문입니다. 하나님의 은총이 있습니다. 하나님이 기뻐하십니다. 진정한 믿음이 있습니다. 하나님과 친

밀한 교제에서 나오기 때문입니다. 올바른 순종을 할 수가 있습니다. 하나님이 영광으로 임하십니다. 출애굽기 34장에 보면 하나님이 모세 앞에 영광으로 임하십니다. 모세가 하나님의 얼굴을 구한 것에 대한 응답으로 이루어진 것입니다.

성경은 마지막 때에 하나님의 놀라운 영광으로 하나님의 백성들과 하나님의 교회를 방문하실 것을 예언하고 있습니다. "일어나라 빛을 발하라 이는 네 빛이 이르렀고 여호와의 영광이 네 위에 임하였음이니라. 보라 어둠이 땅을 덮을 것이며 캄캄함이 만민을 가리려니와 오직 여호와께서 네 위에 임하실 것이며 그의 영광이 네 위에 나타나리니"(사60:1-2). 그러므로 오늘날 하나님의 얼굴을 구하는 삶으로의 전환이 어느 때 보다 절실하게 필요합니다.

2) 하나님의 얼굴을 구하는 삶이란 이렇습니다. 하나님의 손을 구한다는 말과 대조적으로 사용합니다. 하나님의 손을 구한다는 것은 자신의 목적과 목표를 위해 하나님의 도움이나 능력과 같은 하나님의 손길을 구하는 것입니다. 하나님의 얼굴을 구한다는 것은 하나님 자신을 구하는 것을 의미합니다. 하나님을 더 알기를, 더 사랑하기를 구하는 것입니다. 하나님을 자신의 주인으로 모시기 위하여 얼굴을 구하는 것입니다.

하나님의 손을 구하는 삶과 하나님의 얼굴을 구하는 삶은 별 차이가 없어 보이지만 근본적인 차이가 있습니다. 하나는 하나님이 수단이 되는 삶이고, 다른 하나는 하나님이 목적이 되는 삶입니다. 그러므로 하나님의 얼굴을 구하는 삶은 먼저 거짓신앙 체계를 버리는 것, 즉, 하나님이 수단이 된 삶을 버리는 것에서 시작됩니다. 하나님이 목적이 되는 삶으로 바뀌어야 합니다. 하나님을 주인으로 모시고 살아가려는 자세가 되어야 합니다.

3)하나님의 얼굴을 구하는 삶의 실 예입니다. 먼저 모세입니다. "여호와께서 모세에게 이르시되 너는 네가 애굽 땅에서 인도하여 낸 백성과 함께 여기를 떠나서 내가 아브라함과 이삭과 야곱에게 맹세하여 네 자손에게 주기로 한 그 땅으로 올라가라. 내가 사자를 너보다 앞서 보내어 가나안 사람과 아모리 사람과 헷 사람과 브리스 사람과 히위 사람과 여부스 사람을 쫓아내고, 너희를 젖과 꿀이 흐르는 땅에 이르게 하려니와 나는 너희와 함께 올라가지 아니하리니 너희는 목이 곧은 백성인즉 내가 길에서 너희를 진멸할까 염려함이니라 하시니"(출33:1-3). 모세가 지금 있는 곳은 광야입니다. 하나님의 약속은 젖과 꿀이 흐르는 가나안 땅, 심지어 천사들을 앞서 보내어 모든 원수를 멸해주시겠다고 약속합니다.

모세의 이 자세를 보십시오. 모세는 하나님께서 함께 가시지 않는 젖과 꿀이 흐르는 가나안 땅이나 천군 천사를 통한 놀라운 승리보다 하나님의 임재가 함께 하시는 그 돌 뿐이고 숨이 막히는 사막이 더 좋다고 했습니다. 그만큼 그는 그 무엇보다 하나님의 얼굴을 구했습니다. 하나님의 임재, 하나님 자신을 구했습니다. 하나님과 함께 있기를 구했습니다. 그 무엇보다 하나님이 그에게 소중했습니다. 하나님의 은총 가운데 있는 것이 소중했습니다. 이것이 바로 하나님의 얼굴을 구하는 자세입니다.

우리는 이러한 모세의 기도와 삶의 자세를 보면서, 왜 하나님께서 그에게 그러한 친밀함을 허락하셨는지, 그가 왜 하나님의 은총을 입었는지, 왜 하나님은 그의 기도를 들으사 곧바로 돌이키시고 이스라엘 백성들과 동행하셨는지, 그리고 왜 하나님께서 영광으로 그에게 임하셨는지를 깨달을 수 있습니다.

우리는 성경에서 하나님의 얼굴을 구하는 것이 무엇인지를 한 구절로 정리한 것을 볼 수 있습니다. "내가 여호와께 바라는 한 가지 일 그것을 구하리니 곧 내가 내 평생에 여호와의 집에 살면서 여호와의 아름다움을 바라보며 그의 성전에서 사모하는 그것이라"(시17:4). 하나님의 얼굴을 구하는 것은 하나님을 알고 사랑하는 것이 유일한 소망이 되는 것입니다.

다윗도 하나님의 임재 가운데서 하나님의 영광을 보고, 하나님의 아름다움을 앙망하는 것을 한 가지 소원으로 하나님께 간구했습니다. 그것은 다윗의 많은 소원 중의 하나가 아니었습니다. 심지어 많은 것 중에서 첫 번째도 아니었습니다. 그것은 다윗의 유일한 한 가지 소원이었습니다. 그리고 그것은 예전에도 그랬고, 지금도 변함없이 그랬습니다. 이것이 바로 하나님의 얼굴을 구하는 삶입니다. 하나님께서 다윗에 대해서 하나님의 마음에 합한 자라고 말씀하셨는데, 우리는 그 이유를 알 것 같습니다.

하나님의 얼굴을 구하는 것은 오직 하나님만이 유일한 목적이 되는 것을 말합니다. 필자는 성공적인 사업도 원하고, 하나님도 더욱 알기 원하는 성도들을 보았습니다. 그리고 목회도 성공하고 하나님의 영광도 보기를 원하는 많은 목회자들도 보았습니다. 그러나 필자는 그것은 결코 하나님의 얼굴을 구하는 자세가 아닌 것을 발견했습니다. 그것은 나누어진 마음입니다. 우리들이 진실로 하나님을 알기 원하고, 하나님이 우리에게 소중하면, 그 분만이 우리의 유일한 목적과 목표가 되어야 합니다. 하나님만이 우리의 유일한 목표와 목적이 되어 질 때, 그 분 안에 우리에게 필요한 모든 것이 다 있습니다. 그 분은 천지를 창조하신 분일 뿐 아니라, 우리를 진실로 사랑하시는 분이시기 때문입니다.

4)우리는 지속적으로 하나님의 얼굴을 구해야 합니다.

①모세의 예입니다. 모세와 다윗과 같은 하나님의 사람들은 지속적으로 하나님의 얼굴을 구했습니다. 그들이 광야를 방황하며 헤맬 때 뿐 아니라, 그들의 사역이 확장되고 놀라운 하나님의 복이 그들과 함께 할 때에도 그들은 여전히 하나님의 얼굴을 구했습니다. 하나님 자신만이 그들의 유일한 소망이요 열망이었습니다. 출애굽기 33:12-13에 나오는 모세의 기도는 그의 사역의 절정기에 그가 한 기도인 것을 기억하십시오. "모세가 여호와께 아뢰되 보시옵소서, 주께서 내게 이 백성을 인도하여 올라가라 하시면서 나와 함께 보낼 자를 내게 지시하지 아니하시나이다. 주께서 전에 말씀하시기를 나는 이름으로도 너를

알고 너도 내 앞에 은총을 입었다 하셨사온즉, 내가 참으로 주의 목전에 은총을 입었사오면 원하건대 주의 길을 내게 보이사, 내게 주를 알리시고 나로 주의 목전에 은총을 입게 하시며 이 족속을 주의 백성으로 여기소서"(출33:12-13).

②바울의 예입니다. 신약 성경에 나오는 사도 바울도 처음부터 끝까지 오직 예수님 한 분만을 구했습니다. 바울이 간절히 알기를 원했던 한 가지로서 오직 예수님만(주님만) 알기를 원했습니다. "내가 너희 중에서 예수 그리스도와 그가 십자가에 못 박히신 것 외에는 아무 것도 알지 아니하기로 작정하였음이라"(고전2:2). 사도 바울이 간절히 얻기를 원하는 것이 바로 예수 그리스도입니다. "그러나 무엇이든지 내게 유익하던 것을 내가 그리스도를 위하여 다 해로 여길뿐더러 또한 모든 것을 해로 여김은 내 주 그리스도 예수를 아는 지식이 가장 고상하기 때문이라 내가 그를 위하여 모든 것을 잃어버리고 배설물로 여김은 그리스도를 얻고"(빌립보서 3:7-8).

사도 바울이 간절히 본받기를 원하는 것도 예수 그리스도입니다. "내가 그리스도와 그 부활의 권능과 그 고난에 참여함을 알고자 하여 그의 죽으심을 본받아"(빌립보서 3:10). 바울은 그것을 얻기 위하여 다른 모든 것을 해로 여겼습니다(빌3:7-8절). 사도 바울은 오직 예수님만을 원했습니다. 고린도전서는 대체적으로 그의 사역의 초기 부분에 쓰신 서신서입니다. 그리고 빌립보서는 로마 옥중에서 쓰신 서신으로서 그의 사역의 말기 부분에 쓰인 서신입니다. 이 서신들을 보면, 바울은 처음부터 끝까지 오직 예수 그리스도만을 알기 원하고, 그 분만을 사랑하기 원했던 것을 알 수 있습니다.

우리는 지속적으로 하나님의 얼굴을 구해야 합니다. 우리는 이 점을 반드시 배워야 합니다. 우리의 유일한 목표와 목적은 처음부터 끝까지 하나님 자신뿐이어야 합니다. 그 분을 알고, 그 분을 더욱 사랑하는 것만이 되어야 합니다. 우리들이 하나님의 얼굴을 구하는 삶을 살다가도, 조금만 방향이 흐려져 다른 것이 우리의 삶의 초점이 되어지면, 심지어 그것이 주를 위한 사역이라 할지라도, 곧바로 하나님과의 친밀함이 우리에게서 끊어집니다.

5)하나님의 얼굴을 구체적으로 어떻게 구해야 합니까? 하나님의 얼굴을 구하는 과정은 이렇습니다. "그가 나가서 아사를 맞아 이르되 아사와 및 유다와 베냐민의 무리들아 내 말을 들으라. 너희가 여호와와 함께 하면 여호와께서 너희와 함께 하실지라. 너희가 만일 그를 찾으면 그가 너희와 만나게 되시려니와 너희가 만일 그를 버리면 그도 너희를 버리시리라"(대하 15:2). 찾으면 만난바 되는데 어떻게 찾아야 할까요? "또 마음을 다하고 목숨을 다하여 조상들의 하나님 여호와를 찾기로 언약하고"(대하15:12), "온 유다가 이 맹세를 기뻐한지라. 무리가 마음을 다하여 맹세하고 뜻을 다하여 여호와를 찾았으므로 여호와께서도 그들을 만나 주시고, 그들의 사방에 평안을 주

셨더라."(대하15:15).

하나님을 아는 것과 찾는 것이 유일한 목표가 되는 것으로, 100으로 하나님을 찾아야 하나님을 1이라도 알 수 있습니다. 지속적으로 찾느냐에 따라서 30%, 60% 알아갈 수 있는 것입니다. "여호와께서 이와 같이 말씀하시니라. 바벨론에서 칠십 년이 차면 내가 너희를 돌보고 나의 선한 말을 너희에게 성취하여 너희를 이곳으로 돌아오게 하리라. 여호와의 말씀이니라. 너희를 향한 나의 생각을 내가 아나니 평안이요 재앙이 아니니라. 너희에게 미래와 희망을 주는 것이니라. 너희가 내게 부르짖으며 내게 와서 기도하면 내가 너희들의 기도를 들을 것이요, 너희가 온 마음으로 나를 구하면 나를 찾을 것이요, 나를 만나리라."(렘29:10-13).

전심으로 찾는 것이 어떤 것입니까? "내 이름으로 일컫는 내 백성이 그들의 악한 길에서 떠나 스스로 낮추고 기도하여 내 얼굴을 찾으면 내가 하늘에서 듣고 그들의 죄를 사하고 그들의 땅을 고칠지라."(대하7:14). 스스로 겸비한다는 뜻은 역대하 22장의 요시아 왕이 한 것과 같이, 말씀 앞에 정직하게 엎드려 동의하는 것입니다. 전심으로 기도(구하고, 찾고, 두드림)해야 합니다. 구하고 찾고 두드립니다(눅11:9). "내가 또 너희에게 이르노니 구하라, 그러면 너희에게 주실 것이요. 찾으라, 그러면 찾아낼 것이요. 문을 두드리라, 그러면 너희에게 열릴 것이니"(눅11:9). 하나님의 얼굴을 구해야 합니다. 창32장에 나오는 얍복

강의 야곱과 같이 하나님의 얼굴을 구해야 합니다. 그리고 악한 길에서 떠나야 합니다. 온유함으로 옷을 입어야 합니다.

아사왕의 예(대하15:8-15)입니다. "온 유다가 이 맹세를 기뻐한지라 무리가 마음을 다하여 맹세하고 뜻을 다하여 여호와를 찾았으므로 여호와께서도 그들을 만나 주시고 그들의 사방에 평안을 주셨더라"(대하15:15). 중간에 멈추십니다. 유지와 지속적이 중요합니다.

6)하나님의 얼굴을 구하는 삶의 특징은 하나님의 방법을 따라 사는 삶입니다. 자기의 방법을 따라 사는 삶을 종결하고 하나님의 뜻을 물어보는 것입니다. 하나님의 의도를 질문하여 알아내고 순종하는 것입니다. 한마디로 하나님의 방법대로 사는 삶을 사는 것입니다. "곧 내가 오늘 네게 명령하여 네 하나님 여호와를 사랑하고 그 모든 길로 행하며 그의 명령과 규례와 법도를 지키라 하는 것이라. 그리하면 네가 생존하며 번성할 것이요, 또 네 하나님 여호와께서 네가 가서 차지할 땅에서 네게 복을 주실 것임이니라"(신30:16).

특히 여호수아 22장은 여호수아가 가나안 정복을 마치고 르우벤 사람과 갓 사람과 므낫세 반 지파를 요단 동편으로 보내면서 그들을 향한 모든 신앙의 권면을 이 한 마디 속에 담아서 당부한 구절입니다. 핵심은 "하나님의 길로 행하라"입니다.

예수님은 철저하게 하나님의 방법을 따라 사셨습니다. "그러므로 예수께서 그들에게 이르시되 내가 진실로 진실로 너희에게 이르노니 아들이 아버지께서 하시는 일을 보지 않고는 아무 것도 스스로 할 수 없나니 아버지께서 행하시는 그것을 아들도 그와 같이 행하느니라"(요15:19). 하나님의 방법을 따라 살기 위해 우리에게 필수적인 요소 중 하나는 하나님께 묻는 것입니다. 하나님의 의중에 순종하고 따르는 것입니다.

가장 잘 물은 사람이 다윗입니다(삼상23:2-4; 삼하2:1). "이에 다윗이 여호와께 묻자와 이르되 내가 가서 이 블레셋 사람들을 치리이까? 여호와께서 다윗에게 이르시되 가서 블레셋 사람들을 치고 그일라를 구원하라 하시니, 다윗의 사람들이 그에게 이르되 보소서 우리가 유다에 있기도 두렵거든 하물며 그 일라에 가서 블레셋 사람들의 군대를 치는 일이니이까 한지라. 다윗이 여호와께 다시 묻자온대 여호와께서 대답하여 이르시되 일어나 그일라로 내려가라 내가 블레셋 사람들을 네 손에 넘기리라 하신지라"(삼상23:2-4).

이 중 대표적인 사례가 삼상30장입니다. 다윗이 블레셋에 피신, 당시 블레셋 족장들과 합하여 사울을 치러갑니다. 가다가 자기가 머물던 시글락으로 돌아옵니다. 아말렉 사람들이 남아있던 자녀, 아내들을 포로로 끌고 갑니다. 다윗의 부하들이 돌을 들어 다윗을 치려고 합니다. 이런 상황에서도 하나님께 물어봅니다(삼상30:6-8). 이러한 다윗도 묻지 않아서 큰 낭패를 경험한 적이 있습니다(대상13장). 나중에 그의 가장 근본적인 잘못이 하나님께 묻지 않았던 것에 있었음을 발견합니다(대상15:13).

5부 영혼의 만족을 유지하기 위해

21장 교회를 통하여 영혼의 만족을 누려라.

(시 84:10-12)"주의 궁정에서의 한 날이 다른 곳에서의 천 날보다 나은즉 악인의 장막에 사는 것보다 내 하나님의 성전 문지기로 있는 것이 좋사오니, 여호와 하나님은 해요 방패이시라. 여호와께서 은혜와 영화를 주시며 정직하게 행하는 자에게 좋은 것을 아끼지 아니하실 것임이니이다. 만군의 여호와여 주께 의지하는 자는 복이 있나이다."

교회는 어디에 어느 모습으로 있든 하나님의 영광이 함께 하는 곳입니다. 그리고 교회는 만민이 기도하는 집이라고 하셨고, 하나님은 믿는 자들을 향하여 모이기에 힘쓰라고 하셨습니다. 교회는 성도들이 하늘의 축복을 받는 아주 중요한 곳입니다.

그러면 왜, 각 교회의 예배당이 영혼의 만족을 주는 행복발전소가 되느냐 입니다. 성도들의 마음 안에 성령께서 성전을 세우시면 천국이 되는 것입니다. 마음 안에 있는 영혼에 천국이 이루어져서 천국의 은혜와 행복이 흘러나오니 삶이 행복하지 않은 것은 어불성설이 되는 것입니다. 성도 안에 하나님의 성전이 지어져 있는 사람의 삶이 행복하지 않을 수가 없는 것입니다.

교회는 영과 진리로 예배드리는 곳입니다. 예배를 어떻게 드려야 하는지를 밝히 알고 행해야 합니다. 예수를 믿고 교회에 나가는 크리스천이 영혼의 만족을 누리지 못하고 영육에 변화가 없다면 유형교회에도 문제가 있고, 자신 안에 있는 교회에도 문제가 있는 것입니다. 빠른 시간 내에 원인을 찾아 해결해야 할 것입니다. 유형교회는 하나님께 영과 진리로 예배드리면서 자신 안에 있는 무형교회가 잘되기 위해서 나가는 것입니다. 자신의 마음 안에 있는 교회가 잘되어 영혼의 만족을 누릴 수 있는 교회를 찾아야 할 것입니다. 자신의 영혼이 잘되게 하는 교회를 찾는 것은 정말로 중요한 일입니다.

하나님은 이렇게 말씀을 하십니다. "아버지께 참되게 예배하는 자들은 영과 진리로 예배할 때가 오나니 곧 이 때라 아버지께서는 자기에게 이렇게 예배하는 자들을 찾으시느니라. 하나님은 영이시니 예배하는 자가 영과 진리로 예배할지니라"(요 4:23-24). 하나님만을 주목하는 예배, 하나님께 참되게 예배하는 것은 무엇을 의미합니까? 어떻게 드리는 예배를 가리켜 아버지께 참되게 예배하는 것입니까?

하나님께 참되게 예배하는 자는 영으로 예배합니다. 영으로 드리는 예배가 무엇입니까? 우리가 이를 바르게 알기 위해서는 먼저 성경말씀을 바르게 알아야 합니다. 원래 헬라어 성경을 보면 24절에서 "하나님은 영이시니… 영으로 예배하라." 하는 구절의 '영'을 가리켜 '성령'(pneuma)으로 표기했습니다. 복잡하게 설명하지 않겠습니다. "하나님은 영이시니." 즉 하나님은 성령 하나님이십니다. 그러므로 "영으로 예배할지니라." 즉 성령 하나님으로 예배하라는 말씀입니다. 더 쉽게 설명을 드리면 '성령의 인도함 가운데, 성령님 안에서 예배하라.'는 것입니다.

교회는 땅의 사람을 하늘에 속한 사람으로 바꾸는 곳입니다. 그래서 하늘의 말로 바꾸기 위하여 사도행전 2장 1-4절에 보면 "오순절 날이 이미 이르매 그들이 다같이 한 곳에 모였더니, 홀연히 하늘로부터 급하고 강한 바람 같은 소리가 있어 그들이 앉은 온 집에 가득하며, 마치 불의 혀처럼 갈라지는 것들이 그들에게 보여 각 사람 위에 하나씩 임하여 있더니, 그들이 다 성령의 충만함을 받고 성령이 말하게 하심을 따라 다른 언어들로 말하기를 시작하니라." 성령이 오셔서 언어를 먼저 바꾸셨습니다.

교회는 말과 행동과 사고와 생각 등등이 하나님의 나라에 맞도록 바꾸는 곳입니다. 그래서 하나님의 나라에 적응하는 시간 동안 고통이 있을 수도 있습니다. 이는 학생들이 전학을 가면 적응하는 기간이 있어야 하는 것과 같은 것입니다. 잠시 고통이 있을 수가 있다는 것입니다. 참고 인내해야 합니다. 그래야 하나님의 나라 자녀로서 복과 행복을 받아 누릴 수가 있습니다.

교회는 성령으로 기도하는 곳입니다. 하나님의 나라에서 하는 기도는 땅에서 하는 기도와 완전하게 다릅니다. 영이신 하나님께 기도하기 때문입니다. 영이신 하나님께 기도하는 것이기 때문에 반드시 성령으로 기도해야 합니다. 교회에 들어오면

먼저 담임목사님으로부터 기도를 어떻게 하는지 바르게 배우고
해야 합니다. 세상에서 하던 기도방식으로 기도하면 하나님이
들으실 수가 없기 때문입니다. 기도는 참으로 중요합니다. 반
드시 기도는 성령으로 해야 합니다. 기도하는 법을 배우고 해야
하는 중요한 영적 행동입니다.

교회는 영이신 하나님을 만나게 하는 곳입니다. 영이신 하나
님은 우리 안에 임재 하여 계십니다. 영이신 하나님을 만나려면
인간적인 방법으로는 만날 수가 없습니다. 예배의식에 참석한다
고 자동적으로 하나님을 만나지는 것은 아닙니다. 하나님은 시
공을 초월해 계시는 영이시기 때문에 어디든 계시며, 자신을 부
르면 우리 마음속으로 오시는 분입니다. 그러므로 시간과 장소
가 중요하지 않습니다. 그렇다면 하나님을 어떻게 만날 수 있겠
습니까? 마음 안에 임재하신 하나님을 간절히 찾으면 만날 수 있
습니다. '만일 마음을 다하고 뜻을 다하여 그를 찾으면 만나리라'
(신4:29), '너희가 온 마음으로 나를 구하면 나를 찾을 것이요
나를 만나리라'(렘 29:13), '나를 간절히 찾는 자가 나를 만날 것
이니라'(잠 8:17) '구하라. 그러면 너희에게 주실 것이요, 찾으
라. 그러면 찾아낼 것이요, 문을 두드리라. 그러면 너희에게 열
릴 것이니… 너희 하늘 아버지께서 구하는 자에게 성령을 주시
지 않겠느냐 하시니라'(눅 11:9~13) 이렇게 예수님도 말씀하셨
습니다. 우리가 하나님을 만나지 못하는 이유는 하나님을 간절
히 찾지 않기 때문이요, 하나님을 찾지 않는 이유는 믿음이 없기

때문입니다. 하나님은 찾아야 응답하시는 분입니다.

　교회는 성령으로 세례 받게 하는 곳입니다. 성도들은 물세례를 받는 것으로 만족하면 안 됩니다. 반드시 성령으로 세례를 받아야 합니다. 교회는 성도들을 성령으로 세례를 받게 하는 곳입니다. 성령세례를 성령세례 받은 사람(담임목사)을 통하여 전이 됩니다. 성령세례를 받은 사람은 자기가 성령세례 받았다는 것을 압니다. 성령세례는 우리가 의식할 수 있는 의식적 체험입니다. 오순절 성령강림이 있을 때 성령이 제자들 각 사람 위에 임하였습니다. 그리고 제자들은 나가서 복음을 증언하기 시작했습니다. 예수님의 제자들에게 '여러분들은 언제 성령세례를 받았습니까?' 라고 물으면 '오순절입니다' 라고 분명히 대답할 것입니다. 사도바울이 갈라디아교회에 편지를 씁니다. "너희가 성령을 받은 것이 율법의 행위로냐 혹은 듣고 믿음으로냐?"(갈 3:2). 사도 바울이 이 질문을 하는 것은 갈라디아교회가 성령 받은 것을 알고 있었다는 것입니다.

　성경은 성령 받은 것에 대해서 많은 기록을 남기고 있습니다. 빌립이 전도했던 사마리아교회, 고넬료의 가정, 에베소교회 등 성령 받은 교회나 가정들은 성령을 받은 것을 정확히 알고 있습니다. 성령세례는 우리가 알 수 있는 분명한 체험입니다. "당신은 성령을 받았습니까?"라는 질문에 대해서 딱 부러지게 "예" "아니오"로 대답할 수 있는 체험입니다. 아울러 성령세례는 하나님과 그리스도에 대한 감사와 사랑을 불러일으킵니다.

성령세례는 예수를 믿을 때 영 안에 임재하신 성령께서 순간 전인격을 장악하는 것입니다. 성령으로 세례를 받을 때 하나님의 영광과 그분의 존재의 실상을 전인격이 자각하는 것을 의미합니다. 살아계신 성령의 역사를 몸으로 느끼고 눈으로 볼 수 있는 현상이 일어나는 것입니다. 물론 다른 사람도 자신이 성령으로 세례를 받는 것을 눈으로 볼 수가 있는 것입니다. 그래서 성령세례 받은 사람들은 이렇게 말합니다. "(벧전 1:8) 예수를 너희가 보지 못하였으나 사랑하는 도다. 이제도 보지 못하나 믿고 말할 수 없는 영광스러운 즐거움으로 기뻐하니" 교회는 성도들이 성령으로 세례 받아 권능 있는 삶을 살게 하는 곳입니다. 성령으로 세례를 받아야 성도가 진정한 하늘의 사람으로 변화되기 시작합니다. 성령세례는 참으로 중요한 체험입니다.

교회를 통하여 진리의 말씀을 주시며 기적을 베풀어 주십니다. 오직 예수님만이 진리이십니다. 성령으로 진리를 깨달은 만큼 믿음도 강해집니다. 권능도 강해집니다. 진리는 혼자 성경을 만 독을 한다고 깨달아 지는 것이 아닙니다. 교회에 와서 진리를 삶에 적용하여 깨달은 담임목사님으로부터 설교를 들으면서 깨닫는 것입니다. 많은 사람들은 세상이나 거짓이 진리인 양 알고 있지만, 그것은 어둠의 권세가 장난치기 때문입니다. 하지만 오직 예수님만이 우리를 자유하게 하고 우리에게 소망을 주시며 예수님만이 우리를 구원의 길로 인도하십니다.

예수를 구주로 받아들인 사람은 진리를 알게 됩니다. 진리란 무엇입니까? 주의 법이 곧 진리입니다(시119:142). 하나님의 말씀이 바로 진리입니다. 예수를 믿는 성도는 교회에 들어와 진리를 바르게 듣고 깨달아야 하나님의 복과 기쁨과 행복을 누리면서 살아갈 수가 있습니다. 성도들은 바른 진리를 듣고 깨달아야 신앙이 자라고 하나님과 관계를 바르게 할 수가 있습니다.

교회는 상한 마음을 치유하는 곳입니다. 교회에 들어와 성령으로 세례를 받으면 성령께서 마음의 상처를 치유하십니다. 마음의 상처가 치유되어야 진정한 영의 사람으로 바뀌기 시작하기 때문입니다. 자아를 부수십니다. 자아가 남아있으면 성령의 역사를 방해하고 말씀의 비밀을 깨닫지 못하도록 방해합니다. 혈통의 문제를 해결하십니다. 세상 신을 몰아내십니다. 이 모든 영적활동이 성령하나님께서 우리들의 마음에 성전을 만드시는 일입니다. 우리는 우리 안에 거하시는 하나님과 함께 새로운 삶을 만들어야 합니다. 수평적 삶을 만들고, 수평적 사회, 사랑의 사회를 만들 수 있습니다. 그럴 수 있는 능력이 있습니다. 크리스천이 되고, 풍성한 삶을 누린다는 것은 이러한 관계를 새롭게 창조해나가는 삶을 살아간다는 것입니다. 나를 변화시키고, 이웃을 변화시키는 것입니다. 이것이 내적치유입니다. 사람들은 많은 칭찬은 쉽게 잊어버리는 반면에 단 한마디의 상처를 주는 비평은 잊지 않고 기억합니다. 자신이 행한 일보다는 자신의 인간성에 대한 긍정적, 또는 부정적인 말을 훨씬 더 깊게 받아드립니다. 인간성을 깎아 내리는 말은 자존감에 심각한 영향을 줍니다.

사람들은 상처를 당할 때에 자기의 감정을 억누르고 상처를 빨리 싸매어 버리기 때문에 아무도 눈치 채지 못합니다. 그러나 그 상처는 소독을 하지 않았기 때문에 곪게 되고, 시간이 흐르면 싸맨 곳을 통하여 고름이 새어나오기 시작합니다. 이것이 오래 전의 상처가 현재의 삶에 영향을 미치는 것입니다. 상처를 받지 않고 살 수는 없지만, 치유는 하면서 살 수 있습니다. 상처는 일단 받으면 다른 사람에게 상처를 주게 되어있습니다. 상처의 악순환, 빈곤한 삶의 악순환입니다.

　상처를 받지 않을 수는 없지만, 상처를 치유할 수는 있습니다. 상처를 치유해야 이 악순환에서 벗어날 수 있게 됩니다. 상처 권에서 벗어날 수 있게 됩니다. 드디어 풍성한 삶으로 나아갈 수 있게 됩니다. 상처가 별로 나에게 영향을 주지 않게 되고, 남에게도 상처를 주지 않는 부드러운 성품이 되며, 상처가 주는 감정에 휩쓸리지 않는 든든한 삶을 살게 됩니다. 말씀과 성령으로 자신의 무의식과 잠재의식에 있는 상처를 찾아서 의식수준으로 가지고 나와서 치유하여 배출해야 합니다.

　자꾸 심령에서 성령의 역사를 일으키면 상처는 치유되게 되어 있습니다. 그러므로 상처치유에만 치중하지 말고 성령으로 충만한 임재 상태에 들어가도록 노력해야 합니다. 우리 안의 성전을 성령께서 만드시기 위하여 마음의 상처를 치유하십니다. 자아를 부수십니다. 혈통에 역사하는 귀신을 축귀하십니다. 마음을 열고 받아들여야 합니다.

교회는 마음에 행복을 주는 곳입니다. 성령이 충만하면 영의 만족을 누리게 됩니다. 영의 만족을 누리면 혼과 육의 모든 것이 정상적으로 작동을 합니다. 정상적인 활동을 하여 행복한 나날을 영위할 수 있습니다.

교회는 **영육의 병을 고치는 곳입니다.** 성도들은 질병이 생기면 하나님께 기도하여 하나님의 방법으로 질병을 치유해야 합니다. 세상의 의술도 이용해야 합니다. 인간의 힘으로 안 될 때, 성령의 권능이 역사하는 교회에 와서 우리가 기도하면 하나님의 기적이 나타나는 것입니다. 하나님이 원하시는 것은 치료에 있지 '병원에 가서 치료를 받아서 나았느냐, 주님이 안수기도를 해서 나았느냐' 그것을 따지지 않습니다. 크리스천이 치료해서 건강해지기를 하나님이 원하시는 것입니다. 그러므로 질병이 있을 때 하나님께 기도하면 병원에 보내서 병원의 도움을 받게 하기도 하시고, 그렇지 않으면 주님이 주님의 일꾼을 통해서 직접 안수해서 고쳐주기도 하시는 것입니다.

그러므로 방법에 대해선 걱정하지 말고, 구원의 치료를 받는다는 그 목적을 주님께서 관심을 가지고 계시다는 것을 잊지 마시기 바랍니다. 사도행전 10장 38절에 보면 "하나님이 나사렛 예수에게 성령과 능력을 기름 붓듯 하셨으매 그가 두루 다니시며 선한 일을 행하시고 마귀에게 눌린 모든 사람을 고치셨으니 이는 하나님이 함께 하셨음이라" 모든 사람을 고쳤다. 특별한 사람만 고친 것이 아닙니다.

하나님께서 예수님을 보내시매 그가 두루 다니시며 모든 사람을 고쳐주셨다. 크리스천 한사람 한 사람이 예수님의 몸이니깐, 유형교회 와서 기도를 통해서 예수 그리스도의 음성을 듣고 순종하면 불치병도 낫는 것입니다. 교회에 나와 예배를 통하여 예수님을 만나면 그 만남은 은혜 속에서 주님이 고쳐주시는 것입니다. 고치는 것이 하나님의 뜻이요, 안 고치는 것은 마귀의 뜻인 것입니다. "도적이 오는 것은 도적질하고 죽이고 멸망시키는 것뿐이요 인자가 오는 것은 양으로 생명을 얻게 하되 더 풍성히 얻게 하려고 오노라" 죽이는 사망의 역사는 마귀가 가져오고 생명의 역사는 하나님의 아들이 가지고 오시는 것입니다. 축복을 받는 것은 하나님 아들이 주시는 것이요, 패망케 하는 것은 원수마귀가 하는 것입니다.

교회는 성도들의 문제를 해결하는 곳입니다. 현실문제가 있을 때 하나님의 해결방법을 알아내라고 주신 것이 바로 기도입니다. 하나님께서는 예수 그리스도를 믿는 자녀들에게 주신 것이 바로 기도입니다. 기도는 하나님의 뜻을 알아내는 중요한 수단입니다. 하나님께 문제의 해결방법을 물어보는 것입니다. 하나님 어떻게 해야 할까요? 기도는 하나님의 해결방법을 알아내는 중요한 수단입니다. 기도는 하나님의 지혜와 권능을 받는 적극적인 수단입니다. 예수를 믿는 크리스천은 모든 문제를 하나님의 방법으로 해결해야 합니다. 하나님께 기도하여 알려주시는 방법으로 순종하면 문제가 기적같이 해결이 됩니다. 어려움을 당할 때 성령으로 기도하십시오. 몸이 아플 때 성령으로 기도하십시오. 기도는 하나님의 문제해결방법을 알아내는 것입니다. 현실 문제란 어떤 것일까요? 부부불화가 있다. 어깨통증이 있다. 등과 허리에 통증이 있다. 머리가 아프다. 어지럽다. 불면증이 있다. 불감증이 있다. 우울증이 있다. 꿈이 많아 깊은 잠을 자지 못한다. 위궤양이 있다. 잘 놀란다. 교통사고, 사고, 수술 후유증이 있다. 불안과 두려움이 심하다. 온몸에 근육 통증이 있다. 허리와 목 디스크로 고생한다. 요통이 있다. 골반 통증이 있다. 가슴이 답답하다. 기도가 안 된다. 늘 피곤하다. 늘 졸린다. 아랫배에 통증이 있다. 이해하지 못할 사고를 잘 당한다. 생각하지 못한 일로 물질에 손해가 난다. 역류성 식도염이 있다. 공황장애가 있다. 불안장애가 있다. 서러움이 많다. 짜증과 혈기가 심하다. 부모님에게 중풍이 있다. 부모님에게 치매가 있다. 자녀가 정신문제로 고생한다. 자녀가 학교에서 왕따를 당한다. 귀신역사로 고생한다. 신 끼로 고생한다. 식탐으로 먹고 토한다. 이런 모든 것이 현실의 문제입니다. 크리스천들이 바르게 알아야 할 것은 하나님은 성도들의 현실의 문제를 성령으로 인도하시면서 해결하게 하십니다. 신구약 성경을 자세히 보면 믿음의 사람들은 모두 현실의 문제를 하나님께 문의하여 해결하며 믿음의 사람이 되었습니다.

교회는 성도들의 신앙을 자라게 하는 곳입니다. 교회는 그냥 텅 빈 모임을 위한 공간이 아니라, 예수님의 이름을 붙인 성령님의 전인 것입니다. 교회 오는 사람들이 반드시 알아야 할 사항은 성령께서 교회를 세우셨고, 예수님은 어제나 오늘이나 영원토록 동일하시고, 우리와 함께 임재 하여 계심으로 우리는 교회의 살아있는 역사 속에 예배드려야 되는 것입니다. 목회자의 신앙지도를 받으면서 믿음이 자라게 해야 합니다. 거기다가 성령의 역사로 문제를 해결 받고, 상처를 치유하며, 병을 고치고, 스트레스를 성령의 역사로 몰아내는 것입니다. 성령으로 귀신을 몰아내는 곳입니다. 예수 그리스도는 어제나 오늘이나 영원토록 동일하시고, 성령도 동일하시니 교회에 나와서 예수님을 만나고 성령 충만해지고 죄 사함을 받고, 마귀를 쫓아내고, 저주에서 해방되어 축복을 받고, 은혜를 받아 천국을 선물로 가슴에 품고 매일매일 성령의 도우심을 받아 죄악을 씻고 주님 나라를 앙망하는 그곳이 교회인 것입니다.

교회는 우리에게 믿음을 줍니다. 믿음이 없이는 하나님을 기쁘시게 할 수 없습니다. 이 세상에서 물건을 사기 위해서는 돈이 필요합니다. 그런데 영적인 세계에서는 유통을 위하여 '믿음'이 필요합니다. 믿음만 가지고 있으면 없는 것도 있게 하시며 하나님은 믿음을 가진 자에게 기적으로 역사해 주십니다. 우리가 어떤 모습으로 나오든 그것은 문제가 되지 않습니다. 말씀을 통해서 믿음을 가지면 모든 문제가 해결됩니다. 믿음이 없이는 하나님을 기쁘시게 할 수 없습니다. 믿음은 바라는 것들의 실상이며 보이지 않는 것들의 증거입니다. 행복하고 기쁜 크리스천이 되기 위해서는 잘 되는 것을 바라봐야 합니다. 좋은 것을 바라보십시오.

믿음은 환경을 바라보는 것이 아닙니다. 하나님께서는 우리가 바라보고 선포하며 하나님을 의지하며 나가면 그대로 이루어주십니다. 지금 환경을 바라보고 좌절하면 안 됩니다. 믿음은 바랄 수 없는 중에서도 바라는 것임을 알아야 합니다. 힘들고 어려울 때도 좋은 것을 바라보고 될 것을 기대해야 합니다. 바랄 수 없는 중에 바라보는 것이 바로 믿음입니다.

교회는 바로 믿음을 주는 곳입니다. 믿는 자에게는 능치 못함이 없습니다. 믿음으로 간구한 것은 받은 줄로 아십시오. 우리가 간구하고 받지 못하는 것은 의심하기 때문입니다. 내가 할 수 있는 것은 하나님을 신뢰하고 하나님을 믿는 것입니다. 우리 자신들에게는 한계가 있을 수밖에 없지만 하나님을 의지할 때 불가능이 가능으로 바뀌게 됩니다.

하나님의 음성을 듣는 방법을 배우고 훈련하는 곳입니다. 하나님의 음성을 들어야 살 수 있기 때문입니다. 하나님의 음성을 들으려면 모든 통로를 열고 들으려고 노력해야합니다. 하나님의 자녀가 하나님의 음성을 듣는 것은 생사 간에 문제입니다. 자세한 것은 "하나님의 음성을 쉽게 듣는 법" 책을 참고하면 됩니다.

성령님과 동행하는 방법을 배우고 행하는 곳입니다. 성령님과 동행하는 삶을 살아가야 합니다. 하나님은 우리가 푸른 초장 맑은 시냇물 가에 있을 때에나, 사망의 음침한 골짜기를 지날 때에나 항상 함께 계십니다. 우리가 세상에서 어렵고 힘들고, 병들어 고통스러운 환난을 당하고 있다 할지라도 여전히 성령 하나님께서는 우리와 함께 동행 하십니다. 다윗은 "내가 사망의 음침한 골짜기로 다닐지라도 해를 두려워하지 않을 것은 주께서 나와 함께 하심이라."(시 23:4)고 노래했습니다. 성령님과 동행하는 방법에 대하여는 "강력한 능력을 이끌어내는 영적 비밀"을 읽어보시면 확실하게 알 수 있습니다.

천국과 지옥을 명확하게 배우고 누리는 곳입니다. 교회에 들어온 성도들이 지금 천국을 누리도록 해야 합니다. 하나님은 예수를 믿는 우리가 지금 심령천국을 이루고, 아브라함의 복을 받으며 살다가 영원한 천국에 입성하기를 소원하십니다. 우리가 잘못이해하고 있는 것이 있습니다. 예수를 믿으면 천국에 가는 것입니다. 그래서 불신자들에게 전도할 때 예수님 믿고 천국가세요? 합니다. 여기서 우리가 바르게 알아야 할 것이 있습니다. 죽어서 천국 가는 예수님만 믿으면 안 된다는 것입니다. 예수님은 지금 이 땅에 천국을 만드시려고 오셨습니다.

하나님의 입장에서는 지금 이 땅에 하나님의 나라가 건설되는 것이 중요합니다. 그렇기 때문에 예수를 믿는 우리가 지금 이 땅에서 심령에 천국을 누리면서 하나님의 나라를 건설하는 것을 하나님은 원하신다는 것입니다. 심령이 천국이 되어야 행복한 생활을 할 수가 있습니다. 심령을 천국 만드는 곳이 교회의 예배당이요, 행복발전소가 되는 것입니다.

22장 마음 성전을 가꾸어야 영혼이 만족한다.

(잠4:23)"모든 지킬 만한 것 중에 더욱 네 마음을 지
키라 생명의 근원이 이에서 남이니라"

우리가 영혼의 만족을 누리면서 행복하게 살기 위해서는 무
엇보다도 먼저 마음의 성전을 가꾸어야 되는 것입니다. "너희가
하나님의 성전인 것과 하나님의 성령이 너희 안에 거하시는 것
을 알지 못하느뇨"(고전 3:16). 성경은 '하나님의 성전,' 즉 '하나
님이 거하시는 성전'이 사람의 마음속에 있다고 말씀합니다. 우
리는 달력 등에 실린 삽화에서 예수님이 문밖에서 노크하고 계
신 그림을 본적이 있습니다(계 3:20). 우리의 마음 문밖에 서 계
신 예수님을 우리의 마음 안에 모셔 들입시다. 무너져 내린 마
음속의 성전을 다시 건축해야 합니다. 하나님께서 모세에게 "내
가 그들 중에 거할 성소를 그들을 시켜 나를 위하여 지으라"(출
25:8). 명하신 것처럼, 하나님께서 오늘 우리에게 다시 명하십
니다. '내가 거할 성소를 너희 마음 안에 지으라'. 수천 년 전 이
땅에 세워졌던 성전은 우리 마음 안에 건축되어야 할 성전의 표
상입니다. 하나님의 지도하심을 따라서 마음의 성전이 완성되고
예수 그리스도의 거룩한 피가 우리의 마음의 성전에 뿌려져야
합니다. 예수님께서 십자가에서 흘리신 보혈을 통해서 우리 마
음 안에 건축된 성전에 하나님께서 거룩하신 성령으로 임하십니

다. 거룩하신 성령께서 마음의 성전을 정결케 하실 것입니다. 그리고 영원히 마음 안에 거룩하신 성령으로 거하실 것입니다.

첫째, 마음을 청소하고 정리해야 영혼이 만족을 누리게 된다. 집안을 다스리려면 마음 안에 계신 성령하나님께서 주인으로 좌정하고 계셔야 합니다. 세상에서도 집안을 다스리려면 집안을 청소하고 정리해야 되는 것처럼 마음을 성령으로 청소하고 하나님께서 다스려야 되는 것입니다. 말씀과 성령으로 정신적으로 미움, 분노, 시기, 질투, 교만, 탐욕 같은 쓰레기더미의 원인을 찾아내고 양심에 고통스런 죄책을 다 회개하고 성령의 역사로 씻어야 마음을 다스릴 수가 있는 것입니다. 마음에 세상과 스트레스로 들어온 쓰레기가 잔뜩 쌓여있고 마음이 안정되지 못하고 불완전하게 흩어져서 정신을 차릴 수 없는데 다스려집니까?

마가복음 7장 21절로 23절에 "속에서 곧 사람의 마음에서 나오는 것은 악한 생각 곧 음란과 도둑질과 살인과 간음과 탐욕과 악독과 속임과 음탕과 질투와 비방과 교만과 우매함이니 이 모든 악한 것이 다 속에서 나와서 사람을 더럽게 하느니라" 우리 속에는 세상을 살아오면서 들어온 쓰레기더미가 있습니다. 너나 할 것 없이 우리 가슴을 활짝 펴고 성령으로 충만한 가운데 자신 안을 들여다보면 쓰레기더미가 다 있어요. 남에게만 쓰레기더미가 있다고 손가락질하지 말 것은 내 속에 쓰레기더미가 있는 것입니다. 그러므로 이것을 찾아서 청산해야 돼요. 쓰레기더미를 어떻게 청산합니까? 우리가 성령께서 인도하시는 회개를 통해서 청산할 수 있는 것입니다. 그리고 그때 들어온 귀신들을 성령으로 예수이름으로 몰아내야 합니다.

마음 안에 있는 성전에 하나님을 주인으로 모시고, 성령으로 마음을 정리정돈 하고 여유가 생겨서 마음속이 행복하면 환경이 행복한 환경으로 변화되는 것입니다. 먼저 버려야 할 사소한 생각으로는, 불행하다는 마음과 마음의 고통, 슬픔, 상처 등 주로 부정적인 것들을 다 밀어내야 합니다. 화, 불안, 분노, 비난 등 부정적인 감정들도 지금 당장 버리고 망설이고, 걱정하고, 불신하고, 갈등하고, 조급증, 적대감 등의 행동을 과감하게 성령의 역사를 통하여 버려야 합니다. 마음이 세상 것으로부터 해방되면 행복하게 된다는 것입니다. 우리가 영혼의 만족을 누리면서 성공적이고 행복한 삶을 살기 위해서는 무엇보다 먼저 우리의 생각과 감정과 행동 가운데 부정적이고 소극적인 쓰레기더미를 예수님의 보혈과 성령의 역사로 씻어내고 우리 마음을 십자가 구속의 은혜로 채워야 하는 것입니다.

둘째, 새로운 하늘나라의 마음을 품고 살아야 영혼이 강건해 진다. 하나님께서 마음 성전에 주인으로 계시니 우리는 천국의 삶을 사는 것입니다. 우리는 모두 다 영원한 천국의 꿈을 갖고 사는 것입니다. 꿈이 없는 백성은 망한다고 말한 것입니다. 적은 꿈, 큰 꿈, 살아있는 사람은 다 마음에 꿈을 갖고 있는 것입니다. 그런데 희망찬 꿈을 갖고 살아야지 꿈이 언제나 비관적이고 절망적이면 절대 행복하지 않습니다. 비관적인 꿈을 가진 사람들이 요사이 자살을 많이 하지 않습니까? 대학생들도 대학교수도 자살을 하거든요. 그러면 희망찬 꿈을 어디에서 얻을 수 있느냐. 우리는 갈보리 십자가를 바라보고 희망찬 꿈을 얻을 수 있는 것입니다. 예수님이 우리의 모든 절망을 십자가에서 청산해 주었기 때문에 십자가를 바라보아야 희망찬 꿈을 얻을 수가 있는 것입니다. 세상 꿈은 왔다갔다, 왔다갔다, 변화무쌍 합니다. 큰돈을 벌겠다고 애를 써서 돈을 벌고 난 다음 대개 건강을 잃어버리고 환경이 어려워지면 순식간에 돈은 다 날아가 버리고 빈손을 들게 되는 것입니다. 그러나 절대로 우리가 실망하지 않는 것은 갈보리 십자가에서 몸 찢고 피흘려 돌아가신 예수 그리스도를 바라보면 그 예수 그리스도 안에서 얻는 꿈은 희망차고 없어지지 않습니다.

마음 안에 주인으로 계시는 예수님을 쳐다보고 용서와 의의 꿈을 언제나 꿀 수 있고 거룩하고 성령충만한 꿈을 꿀 수 있고 치료받고 건강한 꿈을 꿀 수가 있고 아브라함의 복과 형통을 얻을 꿈을 꿀 수 있고 부활 영생 천국의 꿈을 꿀 수가 있습니다. 꿈은 꿈이니까요. 그래서 내 영혼이 잘됨같이 범사에 잘되며 강건하고 생명을 얻되 넘치게 얻는 꿈을 꾸고 나아가면 그 꿈이 우리들을 그 세계로 이끌어 가는 것입니다. 자신이 꿈을 이루는 것이 아닙니다. 절대로 그것은 오해하지 마십시오. 꿈을 가슴에 품고 있으면 성령께서 꿈이 이끌어 가는 것입니다. 그렇기 때문에 꿈을 갖는다는 것은 그렇게 중요한 것입니다. 믿음의 주요 또 온전케 하시는 예수를 바라보라고 성경에 말한 것입니다. 예수를 바라보고 나아가면 그 꿈이 우리를 예수께로 이끌어 주는 것입니다. 그래서 "누구든지 그리스도 안에 있으면 새로운 피조물이라 이전 것은 지나갔으니 보라 새것이 되었도다." 이전의 죄악된 삶, 부패한 삶, 병든 삶, 패배와 실패, 낭패, 가난, 저주의 삶. 죽음의 고통의 삶이 다 사라지고 새로운 삶, 영혼이 잘됨같이 범사에 잘되며 강건하고 생명을 얻되 넘치게 얻는 삶으로 변화되는 것입니다. 그것은 내가 노력하고 힘쓰고 애써서 되는 것이 아니라, 꿈이 그 세계로 이끌어 가는 것입니다. 마음 안에 예수님을 주인으로 모시면 성령이 오셔서 그 꿈대로 변화시켜 주는 것입니다.

셋째, 우리는 믿음을 활용해야 영혼이 만족해 진다. 마음 안에 계신 성령하나님의 권능으로 마음을 다스리기 위해서는 하나님을 주인으로 믿어야 되는 것입니다. 성경에는 하나님을 믿으라고 말했는데 세상 사람들은 믿을 데가 없잖아요. 지위, 명예, 권세, 돈 이런 것을 믿지, 하나님을 못 믿는 것은 하나님을 모르니까. 하나님이 보이지 않으니까! 그러나 극히 어려운 일을 당하면 하나님을 모르는 사람은 믿을 데가 없기 때문에 망하고 마는 것입니다. 이스라엘 백성이 애굽에서 나올 때 바로와 온 군대가 그들을 다 잡으러 나왔는데 홍해수가에 와서 올 데 갈

데가 없었습니다. 군대도 없고 무장도 안 되고 바로왕의 군대를 대항할 수도 없었습니다. 다 잡혀 죽을 수밖에 없었습니다. 그럴 때 이스라엘 백성은 무엇을 했습니까? 모세를 따라서 하나님을 바라보았었습니다. "너희는 오늘날 낙심하지 말고 하나님을 믿으라. 오늘 네가 본 애굽 군대를 다시는 보지 못하리라" 했는데 하나님께서 그들을 위해서 싸워서 홍해수가 갈라졌습니다. 상상할 수 없는 기적이 생겨난 것입니다. 우리가 하나님을 믿는다는 것은 상상할 수 없는 기적이 일어날 것을 기대하고 믿는 것입니다. 하나님을 믿는 것은 일반적인 상식적인 일이 일어날 것이면 하나님을 믿을 필요가 없어요. 우리 감각적으로나 경험 등으로나 이성적으로나 지적으로 가능한 것을 믿으면 그것은 믿음이 아니지요. 불가능한 것을 믿는 것입니다. 할 수 없는 것을 믿는 것입니다. 그렇기 때문에 내가 믿는다고 기도할 때는 반드시 기적이 일어날 것을 기대해야 되는 것입니다. 기적이 없는 믿음은 믿음이 아닙니다. 믿음은 기적이 일어나야 돼요. 내가 영적으로 믿으면 영적인 변화의 기적이 일어나야 되고, 육신적으로 믿으면 육신적인 치료가 기적적으로 일어나야 되고, 생활적으로 믿으면 생활에 사람이 상상할 수 없는 은총이 나타나야 되는 것입니다. 그러므로 하나님을 믿으라는 것은 기적이 일어날 것을 기대하는데 무엇을 믿을까요? 그렇게 말하는 사람이 많습니다. "믿음은 들음에서 나며 들음은 그리스도의 말씀으로 말미암는다고" 성경에 보면 하나님이 주신 약속이 얼마나 많은

지 모릅니다. 백화점처럼 많아요. 그러므로 말씀을 읽고 그 말씀이 우리들에게 레마가 되어서 감동을 주면 그 자리에서 무릎을 꿇고 기도해야 역사가 이루어지는 것입니다.

잠언 4장 20절로 22절에 "내 아들아 내 말에 주의하며 내가 말하는 것에 네 귀를 기울이라 그것을 네 눈에서 떠나게 하지 말며 네 마음속에 지키라 그것은 얻는 자에게 생명이 되며 그의 온 육체의 건강이 됨이니라." 말씀이 마음속에 들어오면 그것이 생명이 되고 온 몸에 건강이 되는 것입니다. "네가 내 안에 내 말이 너희 안에 있으면 무엇이든지 원하는 대로 구하라 그러면 이루리라." 우리는 정말로 튼튼한 백을 가지고 있습니다. 이런 하나님이 어디에 계십니까? 그러므로 우리가 예수 이름으로 말씀이 우리 마음속에 믿어지면고 기도하면 하나님이 이루어주시는 것입니다. 그렇기 때문에 믿음이라는 것은 기적을 기대하고 없는 것을 있는 것같이 생각하고 바라보는 것입니다. 없는 것을 있는 것같이 눈에는 아무 증거 안보이고 귀에는 아무 소리 안들리고 손에는 잡히는 것 없어도 내가 믿는다는 것은 없는 것을 있는 것같이 보고 생각하고 기대하는 것입니다. 그러므로 강하고 담대할 수가 있습니다.

창세기 13장 14절로 15절에 "롯이 아브람을 떠난 후에 여호와께서 아브람에게 이르시되 너는 눈을 들어 너 있는 곳에서 북쪽과 남쪽 그리고 동쪽과 서쪽을 바라보라 보이는 땅을 내가 너와 네 자손에게 주리니 영원히 이르리라" 지금 내 땅이 아닌데 바라보라는 것입니다. 바라봄의 법칙입니다. 바라보고 마음에 내 것이라고 믿고 선언하면 너에게 주겠다. 그런데 가나안 땅 동서남북의 땅을 아브라함과 그 자손에게 다 하나님이 다 주신 것입니다. 바라보라. 책을 읽는 당신은 지금 뭘 바라봅니까? 건강을 바라봅니까? 행복을 바라봅니까? 계속 바라보십시오. 그리고 믿으십시오. 기적이 일어날 것을 기대하십시오. 바라보고 믿고 기적이 일어날 것을 기대하고 입으로 하나님이 은혜를 주셨다고 시인하면 능력이 나타나게 되는 것입니다.

로마서 4장 18절에 "아브라함이 바랄 수 없는 중에 바라고 믿었으니 이는 네 후손이 이같으리라, 하신 말씀대로 많은 민족의 조상이 되게 하려 하심이라" 바랄 수 없는 중에 바라본다. 인간적으로 바랄 수 없는데 우리들은 바라고 믿어요. 하나님이 계시기 때문에…. 그러므로 내일은 오늘보다, 다음 달은 금번 달보다, 명년은 금년보다 나아질 수 있는 것은 마음속에 바라보는 법칙을 따라 바라보고 믿을 수 있기 때문인 것입니다. 마음에 바라보고 믿으면 운명과 환경이 믿음을 따라 변화되는 것입니다. 자꾸 '내 팔자가 나쁘다. 내 환경이 나쁘다. 시대가 나쁘다.' 그렇게 말하지 마십시오. 그 모든 것은 마음을 다스리면 자동적으로 다스릴 수 있습니다. 마음을 다스리고 난 다음에 다스린 마음으로 예수 이름으로 기도하고 명령하면 큰 변화의 역사가 환경에 다가오게 되는 것입니다.

마태복음 9장 20절로 22절에 "열두 해 동안이나 혈루증으로 앓는 여자가 예수의 뒤로 와서 그 겉옷 가를 만지니 이는 제 마음에 그 겉옷만 만져도 구원을 받겠다 함이라" 마음으로 바라봄의 법칙입니다. 아직 안 나았습니다. 혈루병으로 피를 철철 흘리며 고통스러웠습니다. 그런데 마음에 예수님의 옷 가에 손 만대면 낫는다고 바라보고 믿었는데 손을 대자마자 나아버렸습니다. "예수께서 딸아 안심하라 네 믿음이 너를 구원하였다" 보십시오. 먼저 믿음이 있고 그 다음 구원이 따라오는 것입니다. 우리는 그러므로 낙심하지 말아야 되는 것입니다. 용기를 내어서 담대하게 행하십시오. 용기를 잃어버리면 안 되는 것입니다. 행함이 없는 믿음은 죽은 믿음이기 때문에 바라보고 믿고 행하면 기적이 일어나게 되는 것입니다.

예수님께서 "볼지어다. 내가 세상 끝날까지 너와 항상 함께 한다"고 말한 것입니다. 주님께서 내가 하늘과 땅의 모든 권세를 다 가지고 있다고 말하셨습니다. 그분이 우리들과 같이 계시므로 마음속에 예수님을 바라보고 강하고 담대하고 두려워하지 말고 놀라지 말아야 되는 것입니다. 제일 나쁜 것이 두려움인 것입니다. 두려워하고 무서워하고 놀라면 주님은 도와줄 수 없고 사탄이 들어오는 것입니다. 왜냐하면 두려움과 놀라움은 사탄을 청하는 분위기를 만드는 것입니다. 욥이 패가망신하고 온 전신이 동양성 문둥병에 걸려서 기왓장으로 긁으면서 뭐라고 했습니까? 내 무서워하는 것이 내 몸에 왔고 내 두려워하는 것이 내 몸에 미쳤구나. 욥이 잘 나갈 때 마음속에 잘못된 것을 바라보았다는 말입니다. 마음속에 자기가 패가망신하고 문둥병이 걸릴 것을 꿈꾸었다는 말입니다. 그것이 두려움과 공포가 되어 있었는데 그대로 이루어졌어요. 긍정적으로 바라보면 긍정적인 일이 생기고, 부정적으로 바라보면 부정적인 것이 생기기 때문에 부정적인 것은 당장 회개하고 쫓아내 버리고, 긍정적인 것은 예수님의 말씀을 통해서 마음에 꿈꾸고 믿고 시인하십시오. 그러면 그것이 이루어지는 것입니다. 히브리서 10장 35절에 "너희 담대함을 버리지 말라 이것이 큰 상을 얻게 하느니라"

네 번째, 말로써 마음을 다스려야 영혼이 만족하게 될 것이다. 말이 제일 중요한 것은 말을 통해서 생각하고 말을 통해서 바라보고 말을 통해서 믿고 말을 통해서 행동하게 되는 것입니다. 사람은 말에 대해서 깊이 생각 안하는데 말이 자신을 붙잡고서 좌우하는 것입니다. 믿었다고 해도 말하지 않으면 믿음이 아니지 않습니까? 하나님께서 하실 줄 믿습니다. 말로 하면 믿음이 나타나는 것입니다. 꿈도 마음속에 가만히 혼자서 어떻게 꿈꿉니까? 나는 꿈을 꾸고 있습니다. 무슨 꿈을 꾸느냐. 영혼이 잘됨같이 범사에 잘되며 강건한 꿈을 꾸고 있습니다.

말을 하면 그 꿈이 선명해진다는 말입니다. 마음에서 올라오는 말을 해보십시오. 그 꿈이 마음에 아주 확실하게 되잖아요. 그렇기 때문에 자꾸 말로써 '나는 행복합니다. 나는 기쁘고 즐겁습니다.' 하면 마음속에 행복한 꿈과 즐거운 꿈이 마음속에 그려져요. 그런데 말을 안 하면 안 됩니다. 말을 할 때 영혼 속의 하나님의 권능이 나타나는 것입니다. 영혼의 권능은 말을 통해서 나타나는 것입니다.

잠언서 18장 21절에 "죽고 사는 것이 혀의 힘에 달렸나니" 힘이 있지요. 혀가 힘이 있습니다. "죽고 사는 것이 혀의 힘에 달렸나니 혀를 쓰기 좋아하는 자는 혀의 열매를 먹으리라" 영혼 속에서 입을 통하여 선포한 말이 공중분해 되는 것이 아니고, 말한 그대로 열매를 맺어서 먹도록 만들어 주는 것입니다. 야고보서 3장 2절에 "우리가 다 실수가 많으니 만일 말에 실수가 없는 자라면 곧 온전한 사람이라 능히 온 몸도 굴레 씌우리라" 말이 온 몸을 굴레 씌우는 것입니다. 그러므로 말이라는 자체가 얼마나 힘이 있는지 모릅니다. 말을 통해서 믿음의 분위기를 만들어야 됩니다.

왜냐하면 마음속에 긍정적인 생각과 긍정적인 꿈과 긍정적인 믿음과 긍정적인 말을 해서 긍정적인 분위기를 만들어 놓으면 성령이 임재하십니다. 분위기가 얼마나 중요한지 몰라요. 음식물 쓰레기가 들어있는 쓰레기통을 갖다 놓으면 쥐가 옵니다. 쥐가 오지 말라고 해도 쓰레기통을 갖다 놓으면 쥐가 오고 벌레들이 오는 것입니다. 그러나 꽃을 갖다 놓으면 나비와 벌들이 옵니다. 마음 안에 있는 영혼에 어떠한 분위기를 만드느냐에 따라서 환경이 달라지는 것입니다. 그러므로 마음 안에 예수 그리스도의 보혈로 말미암아 영혼이 잘되고 범사에 잘되며 강건한 분위기를 만들어 놓으면 좋은 일이 한없이 생겨나는 것입니다. 이 마음의 분위기를 잘 만드는데 가장 공로를 세우는 것이 말입니다. 로마서 10장 8절로 10절에 "말씀이 네게 가까워 네 입에 있으며 네 마음에 있다 하였으니 곧 우리가 전파하는 믿음의 말씀이라 네가 만일 네 입으로 예수를 주로 시인하며 또 하나님께서 그를 죽은 자 가운데서 살리신 것을 네 마음에 믿으면 구원을 받으리라 사람이 마음으로 믿어 의에 이르고 입으로 시인하여 구원에 이르느니라"

아무리 마음에 믿어도 말을 하지 않으면 구원에 이르지 않습니다. 처음 믿는 사람 일어나서 기도를 따라하는 이유가 거기에 있는 것입니다. 믿음으로 일어났지요. 그러나 내 말을 따라 해야 구원을 받는 것입니다. 말이 그렇게 중요해요. 마음의 긍정적인 분위기 속에 하나님께 집중적으로 성령으로 기도하면 기도가 응답이 되는 것입니다. 마음에 긍정적인 분위기가 되어서 "예수 안에서 할 수 있다. 하면 된다. 해 보자. 주님이 살아계신다. 하나님께서 나와함께 하신다." 레마의 말씀을 선포하면 주님이 이루어 주실 것을 믿고 말을 하면 믿음을 보시고 기적을 일으켜주십니다. 마음의 분위기가 만들어졌으니까. 환경이 만들어졌으니까, 기도가 마음 하늘에 능력 있게 상달되는 것입니다.

"아무 것도 염려하지 말고 다만 모든 일에 기도와 간구로, 너희 구할 것을 감사함으로 하나님께 아뢰라 그리하면 모든 지각에 뛰어난 하나님의 평강이 그리스도 예수 안에서 너희 마음과 생각을 지키시리라"(빌 4:6~7). 우리가 마음의 생각이 평강으로 꽉 들어차서 기도하면 모든 일이 다 이루어진다고 말씀해 주고 있는 것입니다. 마음 안에 있는 영혼에서 올라오는 기도는 하나님의 말씀이므로 말한 대로 이루어지는 것입니다.

다섯째, 마음의 성전을 가꾸어야 한다. 마음의 성전을 가꾸어야 영혼의 만족으로 행복합니다. 크리스천의 모든 권능은 마음 안에 있는 성전에서 흘러나오는 것입니다. 우리는 늘 깨어서 마음 안에 있는 성전에 세상 것들이 들어와 집을 짓지 못하도록 말씀을 묵상하고 성령으로 기도하면서 마음 성전을 정화시켜야 합니다. 아하스가 죽은 후, 그의 아들 히스기야가 왕이 되었습니다. 히스기야는 지난 세월 교만했던 이스라엘과 유다 왕들과는 달리 다윗이 한 모든 것을 그대로 본받아 행한 올바른 왕이었습니다. 그는 25세의 젊은 나이에 왕이 되었지만 하나님의 마음을 알았기 때문에 하나님 보시기에 옳게 행함으로 닫혀 있던 성전 문을 열고 수리했습니다. 그리고 제사장들과 레위 사람들을 모으고 자신을 성결케 하고 성전을 성결케 하여 더러운 것을 없애도록 지시했습니다. 이것이 바로 성전 정화 사건입니다. 신약에서 예수님도 성전을 정화하셨습니다. 사람들의 부패하고 그릇된 신앙의 척도를 바로잡기 위해 히스기야와 예수님은 성전을 정화한 것입니다.

필자도 하나님 앞에 무릎 꿇고 기도할 때마다 내 마음의 성전에 예수님이 주인으로 들어 오셔서 순결한 자녀라고 여겨주실지 생각하면서 성령으로 기도합니다. 내 안에는 열등감, 비교의식, 경쟁의식, 실패감이 깊게 자리 잡혀 있습니다. 어떤 상황 속에서는 이러한 의식이 수면위로 드러나면서 내 자신이 하나님 앞에서 순결해지는 것을 방해하고 공격적으로 만듭니다. 예수님은 이러한 의식들을 버리라고 말씀하십니다. 이러한 어둠에 속한 의식들을 내어버리고, 빛 가운데서 자유하며 살라고 말씀하고 계신 것입니다. 왜냐하면 내가 성결하게 되지 않고는 세상에 영향력을 줄 수 없기 때문입니다. 내가 성결하게 되는 것은 내 안의 마음의 성전에서 하나님의 권능이 흘러나와야 할 수 있기 때문입니다. 말씀을 묵상하고 성령으로 영의기도를 하면서 오늘 하루 내 자신을 성결하게하고 열등감과 비교의식, 경쟁의식을 버립니다. 그때마다 하나님은 내게 아버지의 마음을 느낄 수 있게 해주시고, 평안을 느끼게 하시고, 마치 다윗이 고백한 것처럼 "실로 내가 내 영혼으로 고요하고 평온하게 하기를 젖 뗀 아이가 그의 어머니 품에 있음 같게 하였나니 내 영혼이 엄마품에 있는 젖 뗀 아이와 같도다."(시 131:2). 항상 하나님의 얼굴을 구하면서 마음의 성전을 가꾸고 살아야 합니다. 하나님은 우리들에게 천국의 마음을 품고 사는 은혜를 허락하실 것입니다.

분명하게 보이는 건물이 성전이 아닙니다. 예수 믿는 내가 성전입니다. 마음 안에 하나님께서 좌정하고 계시는 성전이 있기 때문입니다. 자신은 걸어 다니는 성전입니다. 성전은 하나님을 만나는 곳이고 하나님의 기쁨이 되는 곳이기 때문입니다. 그러니 내가 교회에 오면 교회가 성전입니다. 내가 가정에 가면 가정이 성전입니다. 우리가 일터에 나가면 그곳이 성전입니다. 자신 안에 성전이 있기 때문입니다. 거기서 주님과 동행하며 주님의 기쁨이 되어야 하기 때문입니다. 그런데 그 성전이 인간의 욕망으로, 돈 때문에 타락하고 말았습니다. 예수님은 그 성전에 들어가셔서 모든 것을 뒤집어 엎으셨습니다. 예수님이 성전이시기 때문입니다. 돈이 기준이고 인간의 욕망이 기준인 곳은 이미 성전이 아니기 때문입니다. 주일은 영과 진리로 예배를 드리며 우리의 마음의 성전을 청소하는 날입니다. 우리의 마음의 성전, 주님이 우리 심령에 거하실만하실까? 우리의 마음은 깨끗할까? 그렇지 못하면 성령의 임재 가운데 주님의 보혈에 의지하며 고백하며 청소해야합니다, 그리고 말씀과 성령으로 충만하게 채워야 합니다. 그래야 다시 주님과 통할 수 있습니다. 우리 기도하십시다.

"예수님! 부족하고 연약한 자들을 성전 삼아 주시니 감사합니다. 오늘도 성전 된 우리의 심령을 성령의 임재 가운데 주님의 보혈과 생명의 말씀으로 청소하여 주옵소서. 그래서 걸어 다니는 성전으로 살게 하소서. 우리가 가는 곳이 성전이 되게 하소서. 가정이 일터가 운전하는 차 안이 우리의 입이, 우리의 눈과 귀가, 우리의 손과 발이 주님의 성전이 되게 하소서. 주님의 기쁨이 되게 하소서. 때때로 흔들리고 넘어지지만 다시금 일으켜 세우시고 회복시키실 줄로 믿습니다. 우리의 기도를 좋아하시는 예수님의 이름으로 기도합니다. 아멘."

23장 영혼의 만족은 가정에서 시작한다.

(딤전5:8)"누구든지 자기 친족 특히 자기 가족을 돌보지 아니하면 믿음을 배반한 자요 불신자보다 더 악한 자니라."

하나님은 예수를 믿는 크리스천의 가정들이 천국을 누리기를 소원하십니다. 가정이 천국이 되려면 먼저 가정의 구성원들이 천국을 누려야 합니다. 각 개인이 천국을 누리지 않고는 절대로 가정의 천국은 기대할 수가 없는 것입니다. 예수님은 마태복음 4장 17절에서 "천국이 가까이 왔다"고 말씀하셨습니다. 성령강림 후 천국은 먼저 우리 마음에 임했습니다. 그래서 먼저 각자 개인이 천국을 누려야 합니다. 성령님은 개인을 천국을 만들어 누리게 하신 후에 이제 가정천국을 만드십니다. 천국이 마음에 이루어진 식구에 의하여 가정은 천국으로 변하게 되는 것입니다. 우리가 이룰 가정천국은 어떠한가?

첫째, 부부가 하나 된 가정. 부부의 몸과 마음과 영이 하나가 되어야 합니다. 부부의 몸과 마음과 영은 성령으로 되는 것입니다. 성령이 아니고는 부부가 하나가 될 수가 없습니다. 부부가 성령으로 세례를 받고 구습을 말씀으로 치유 받아야 합니다. 반드시 인생을 살아오면서 받은 상처와 혈통의 문제를 치유해야 합니다. 그래야 부부에게 역사하던 세상신이 떠나가는 것입니다. 세상신이 떠나가야 부부가 하나가 되는 것입니다. 세상신이 떠나가지 않고는 하나가 되기 어렵습니다. 성령으로 하나가 되기 때문입니다. 부부의 하나가 됨의 가장 완벽한 원형은 하나님입니다. 하나님은 성부하나님 성자하나님 성령하나님이시데, 이 세 위가 완벽한 하나를 이루고 계십니다. 부부도 몸-혼-영이 하나가 되어야 온전한 부부가 됩니다. 그렇기 때문에 부부가 하나가 되는 것은 성령의 역사밖에 없는 것입니다. 아무리 대화를 하여 하나가 되자고 대화를 하며 노력을 해도 세상신이 방해하면 허사가 되는 것입니다.

하나님께서 사람을 창조하셨습니다. 창세기 1장 26절에 "하나님이 이르시되 우리의 형상을 따라 우리의 모양대로 우리가 사람을 만들고…. 남자와 여자를 창조하시고…." 예수님은 요한복음 17장 22절에서 "우리가 하나가 된 것같이 그들도 하나가 되게 하려 함이니이다." 하나가 되기를 원하십니다. 성령으로 영이 하나가 되지 않고는 절대로 하나가 되기 쉽지가 않습니다. 성령으로 하나가 되는 것입니다. 당신의 부부는 지금 어떠합니까? 이 책을 통하여 부부가 하나가 되기를 바랍니다. 그래서 가정 천국을 누리시기를 바랍니다.

한 실향민이 있었습니다. 1951년 1.4후퇴 때 이북의 고향을 떠나오면서 병든 노모를 두고 떠날 수 없다는 아내를 두고 떠나올 때, 한 달만 지나면 다시 오겠지만, 그간에 보고 싶으면 대신

보겠노라고 정표를 요구하여, 경황 중에 겨우 받은 '옷고름' 하나를 평생 가슴에 품고 지내다가 나이는 들고 언제 돌아갈지 모르는 고향을 그리워하며, 고향을 꼭 닮은 시골을 찾아 고향집과 같은 집을 짓고 살면서, 고향의 아내를 그리워하며 숨지는 남편도 있습니다. 그는 데리고 내려온 자녀들이 경상도 전라도로 뿔뿔이 흩어져 살면서 평안도 말씨를 잃어버리면 이제 통일되어 만날 아내 앞에 볼 낯이 없다고 극구 자녀들의 타관(他官) 결혼을 반대하던 남편…. 그토록 두고 온 아내를 사랑하는 마음으로 일관하며 남한에서 평생을 살다가 갔습니다. 이렇게 부부는 몸만 아니라, 마음도 하나가 되어야 합니다. 중매로 결혼했건, 연애로 했건, 어떻든지 부부가 되었으면, 마음도 하나가 되는 것이 성경적입니다. 이제부터라도 정처 없는 마음들을 거머잡아 성령으로 마음이 하나로 모아지는 역사가 있기를 주님의 이름으로 소원합니다.

성령으로 영이 하나가 되어야 합니다. 남편이나 아내가 안 믿는 경우가 아직 꽤 많습니다. 부부가 다 예수를 믿어야 깨끗한 자녀를 얻을 수 있습니다. 필자가 자녀들의 문제를 치유 받겠다고 필자에게 자녀를 데리고 온 사람들의 유형을 보면 부부가 함께 예수를 믿지 않는 가정이 대다수였습니다. 이런 영으로 하나가 되지 않은 가정에서 자녀들이 자라다가 영적이고 정신적인 문제로 고통을 당하는 것입니다. 치유가 그렇게 쉬운 것도 아닙니다. 영적인 문제가 있기 때문입니다. 어떻게 하면 좋겠습니까? 한쪽의 믿음이 분명해야 합니다. 진리의 말씀으로 무장하고 성령으로 충만해야 합니다.

아스팔트는 강하고 풀은 약합니다. 그런데 놀랍게 아스팔트를 뚫고 풀이 돋아나는 것을 봅니다. 아스팔트는 죽어있고 풀은 살아있기 때문입니다. 마찬가지로 믿는 쪽의 믿음이 정말 살아있고 성령으로 충만하면 믿지 않는 쪽의 영은 죽어있기 때문이 믿는 쪽의 영향을 받아서 믿게 되어있습니다. 이런 성도들은 바른 성령의 역사가 강하게 일어나는 교회에서 권세 있는 믿음 생활을 해야 합니다. 그래서 성령의 권능으로 강하게 무장해야 합니다. 그 다음 안 믿는 쪽이 볼 때 '아 이 사람이 정말 믿는구나!' 인정할 수 있어야 합니다. '믿는다는 사람이 뭐 저래!' '엉터리다!'하면 복음을 받아들이기가 그리 쉽지 않을 것입니다. 믿지 않는 배우자에게 '믿는 것이 좋기는 좋구나!'감동을 주어야 합니다. '믿는 사람이 역시 달라도 다르다!'이렇게 되어야 합니다. 그 다음은 자신이 바라는 것을 확실하게 전달해야 합니다. '나는 당신이 예수 믿는 것이 소원이다!' '나는 뭐니 뭐니 해도 당신이 예수 믿으면 제일 좋겠다' '당신은 내가 이렇게 소원하는 것을 왜 안 들어주느냐?' 분명히 하므로 '아! 내가 저 사람의 소원을 들어주어야겠다!' 마음을 열고 돌아서도록 해야 합니다. 이렇게 하려면 본인이 생명의 말씀과 성령이 충만하여 천국을 누리는 믿음의 상태가 되어야 합니다. 자신이 변화되어야 상대방도 변화가 된다는 확고한 신념이 있어야 합니다. 그리고 자신이 생명의 말씀과 성령으로 변화되려고 노력을 해야 합니다. 성령으로 세례 받고 내면의 상처와 혈통의 문제를 말씀과 성령으로 치유하면 평안이 자신을 주장하게 됩니다. 성령의 역사가 자신을 장악하면 할수록 마음이 평안하여 천국을 누릴 수가 있습니다. 절대로 말씀만으로는 변화될 수가 없다는 것을 명심해야 합니다. 살아계신 성령의 역사가 자신을 장악하고 지배할 때 천국의 마음으로 변화되는 것입니다. 바른 복음과 성령의 역사로 모두 성공하기를 축원합니다. 이 책을 통하여 부부들이 다 몸-혼-영이 하나가 되는 가정천국이 되기를 바랍니다.

에베소서 5장 22절/ 25절 말씀을 기억하기를 바랍니다. "아내들이여 자기 남편에게 복종하기를 주께 하듯 하라" 25절 "남편들아 아내 사랑하기를 그리스도께서 교회를 사랑하시고 그 교회를 위하여 자신을 주심같이 하라."

둘째, 부모는 하나님, 자식은 교회. 가정이 천국이 되려면 부모는 자녀에게 있어서 하나님 같아야 합니다. 하나님과 같이 자녀들을 사랑하라는 말입니다. 자녀는 부모에게 주께 하듯 해야 합니다. 부모는 자녀에게 하나님의 대리자가 되어야 할 책임이 있습니다. 자녀들은 하나님의 소유입니다. 하나님께서 부모들에게 양육을 의뢰한 것입니다. 하나님은 부모가 자식에게 하나님 대리자가 되는 권리를 주셨습니다. 부모는 자녀를 사랑해야 합니다. 한이 없이 조건이 없이 사랑해야 합니다. 이것은 본능적이고 인간적이고 하나님의 뜻입니다. 하나님이 사람을 한량 없이 사랑하는 것처럼, 사람도 자녀를 한없이 조건 없이 사랑하는 것이 부모의 자식사랑 아니겠습니까?

그런데 육신만 사랑하면 안 됩니다. 자녀의 혼(정신 마음)도 영(신앙 하나님관계)도 사랑해야 합니다. 사람에게 있어서 몸만 있으면 짐승보다 못해집니다. 사람에게는 머리가 있기 때문입니다. 사람에게는 사람다운 마음과 정신이 있어야 합니다. 그런데 정신과 마음은 영의 지배를 받습니다. 악한 영을 가진 사람은 마음도 악하고 정신도 악해지는 것이 보통입니다. 사람의 영은 곧 거룩한 영이 있어야 합니다. 성령으로 기도하여 성령으로 충만해야 합니다. 하나님이 사람을 만드실 때 '하나님의 형상대로'만드셨는데 '하나님의 형상'은 몸이 아닙니다. 하나님은 몸이 없으십니다. 하나님은 영이십니다. 그러므로 '하나님의 형상'은 '하나님의 영'을 말하는 것입니다. 성령이 임하시면 우리에게 '하나님의 영'이 있게 됩니다. 육체가 성령의 지배를 받게 되는 것입니다. 육체로 난 사람이 다시 영으로 '거듭나는' 것입니다. 쉽게 설명하면 육체를 가지고 있지만 성령께서 육체를 지배하고 있으므로 육체가 자기주장을 하지 못하는 것입니다. 하나님은 우리의 영이 잘되는 것에 대하여 관심이 많으십니다. 부모도 자녀의 영이 잘되는 것에 대하여 관심이 많아야 합니다. 영이 혼과 몸을 지배하는 것이 영이 잘되는 것입니다.

자녀를 잉태할 때부터 기도해야 합니다. 영으로 찬송해야 합니다. 자녀의 영이 잘 되기 위해서 입니다. 출산하고서는 함께 기도하고 함께 찬송하고 함께 성경말씀을 나누어야 합니다. 신명기 6장 4절에 얼마나 강조했습니까? "하나님말씀을 나가도 가르치고, 들어가도 가르치고, 이마에 새기고 손에 새기고 발에 새기고…." 신앙교육은 가정에서부터 시작되어야 합니다. 그리고 교회에 보내어 성령의 임재가운데 영과 진리로 예배하게 하고 주의 교양기관에서 양육 받도록 해야 합니다. 어려서 성령으로 세례를 받게 해야 합니다. 학교는 못 가도 교회는 가야 합니다. 어려서부터 교회는 자신의 심령교회를 잘되게 하는 곳이라는 것을 알고 믿게 해야 합니다. 즉 자신이 잘되게 하기 위해서 교회는 꼭 나가야된다는 것을 마음에 심어줘야 합니다. 그러기 위해서는 체험하게 하는 것이 중요합니다. 성령을 체험해야 살아 역사하시는 하나님이라는 것을 믿기 때문입니다. 자녀들의 신앙생활이 실패하는 것은 말로 이론으로 믿게 하기 때문입니다. 반드시 체험하도록 해야 합니다. 말로는 안 됩니다.

세상일에는 능하지 못해도 하나님 일에는 능해야 합니다. 세상의 요령은 잘 몰라도 하나님의 마음은 잘 알아야 합니다. 이것이 부모의 진정하고 참된 자식 사랑입니다. 그리 되어야 합니다. 에베소서 6장 4절에 "아비들아 너희 자녀를 노엽게 하지 말고(자기의 방식 자기의 목적대로 키우지 말고) 오직 주의 교훈과 훈계로 양육하라." 가슴에 새겨야 합니다.

자녀는 부모를 하나님 대하듯 해야 합니다. 즉 부모를 어렸을 때는 순종하고 커서는 공경해야 합니다. 자녀들이 세상 사람을 주께 대하듯 하고, 세상일을 할 때도 주의 일을 하듯 해야 합니다. 하물며 부모를 대할 때 주께 하듯 해야 하지 않겠습니까? 자녀는 부모에게 주께 하듯 해야 합니다. 이렇게 부모는 자녀에게 하나님이 하듯 하고, 자녀는 부모에게 주께 하듯 하면 부모 자식관계가 좋아집니다. 자동으로 가정천국이 됩니다. 모두 다 이런 가정천국이 되기를 소원합니다.

셋째, 가정천국을 위하여 영혼이 잘되어야 한다. 신앙생활이 중요합니다. 예배가 중요합니다. 출애굽기 16장 5절에 "여섯째 날에는 그들이 그 거둔 것을 준비할지니 날마다 거두던 것의 갑절이 되리라." 안식일 곧 지금의 주일을 준비하기 위하여 여섯째 날에는 갑절을 거두도록 하셨습니다. 다른 날에는 일용할 양식만 거두고 남기지 말라, 남기면 썩고 냄새가 나고 벌레가 생기게 하심으로 하나님말씀에 순종치 않음에 대하여 진노하셨습니다. 주일을 위해서는 평일의 배나 거두게 하시고, 남겨도 상치 않게 하실 뿐 아니라, 주일을 준비하라 하십니다. 주일예배가 예배답게 되려면 적어도 그 전날, 가능하면 일주일 내내 준비하라 하십니다. 마음을 준비해야 합니다. 헌금을 준비해야 합니다. 교회의 봉사를 맡았으면 봉사를 위하여 준비해야 합니다. 예배의 순서에 들어가 있다면 마음을 다해서 준비해야 합니다. 마음으로 기도하며 주일을 준비해야 합니다. 사모하고 기다려야 합니다.

그래야 예배 시에 강력한 성령의 역사로 마음이 천국으로 변화되는 것입니다. 온 가족이 주일을 이렇게 준비하면 이것이 가정천국을 이루는데 놀라운 능력을 발휘한다는 것입니다.

미국을 세운 힘이 바로 이것입니다. 미국 건국의 아버지들(Pilgrim fathers)은 고된 일주간을 살고 나서 주일을 얼마나 온 가족이 준비했는지 모릅니다. 그 결과 하나님께서 그 새로운 땅에서 그들에게 복을 내리셨습니다. 놀라운 나라를 만들어주신 것입니다. 요즘 이것이 흐려지면서 미국도 흐려지고 있습니다. 노르웨이는 척박한 땅입니다. 그러나 이것이 있음으로 점점 더 잘살게 되는 것 같습니다. 평북 선천은 주일에는 일본사람들도 가게를 열지 못했다고 합니다. 한인들이 다 가게를 닫고 흰옷을 입고 줄줄이 주일아침에 교회로 향하곤 했기 때문입니다. 그런데 요즘은 한인들이 미국에까지 가서 주일에 가게 문을 열므로 미국사람들도 주일에 가게 문을 열게 만들고 있습니다. 잘못된 일입니다. 한국에 이랜드라는 기업이 있습니다. 철저히 주일성수, 세금철저납부입니다. 중요한 교훈입니다.

출애굽기 16장 6-7절에 "저녁이 되면 너희가 여호와께서 너희를 애굽 땅에서 인도하여 내셨음을 알 것이요, 아침에는 너희가 여호와의 영광을 보리니" 가정예배는 본래 아침과 저녁에 드렸습니다. 하루에 한 번으로 줄더니, 일주일에 두 번으로 줄더니, 한 달에 한 번, 아예 안 드리게 되었습니다. 한국교인 가정이 점점 경제적으로 여유가 있게 되고, 세상적으로 강한 욕구가 일게 되면서입니다. 결과는 무엇일까요? 한국교회가 100년 전에는 그 작은 숫자와 어려움 가운데서도 한국민족을 이끌어 왔는데, 지금은 6만의 교회와 천만의 신자를 가지고도 사회에 끌려가지 않습니까? 가정예배를 드리는 가정은 결코 망하지 않습니다. 어떤 고난이 있어도 일어납니다. 가정예배를 드린 자녀는 결코 잘못되지 않습니다. 멀리 갔다가도 돌아오게 되고, 넘어졌다가도 일어서게 됩니다. 우리 가정으로 하여금 '아침에는 여호와의 영광을 보게' 합시다. 저녁이 되면 '주께서 인도하셨음'을 알도록 합시다. 이런 가정에는 하나님의 영광이 덮이게 될 것입니다. 이런 가정에는 하나님의 인도하심이 끊이지 않을 것입니다. 가정이 천국이 될 것입니다.

가족끼리 서로 원망하지 말아야 합니다. 서로 남의 탓을 하며 원망하지 말아야 합니다. 그것은 하나님을 원망하는 것이 되기 때문입니다. 출애굽기 16장 8절에 "여호와께서 자기를 향하여 너희가 원망하는 그 말을 들으셨음이라. 우리가 누구냐 너희의 원망은 우리를 향하여 함이 아니요 여호와를 향하여 함이로다." 우리는 피차 원망하여 하나님을 원망하는 사람이 아니라, 아침에 하나님의 영광을 보고, 저녁에 주의 인도하심을 감사하는 가정이 되기를 바랍니다. 날마다 성령의 함께 하심과 역사하심을 체험하시기를 바랍니다.

하나님은 우리 가정이 그리스도로 구속을 받고 성령의 도움을 받아 가정천국을 이루어 살기를 원하십니다. 가정을 사랑하십니까? 그러면 가정천국을 이루려고 노력하시기를 바랍니다.

넷째, 일과 소득은 가정천국을 이루는 중요한 요소이다. 에덴동산에서 하나님은 아담과 하와의 가정에 일을 주셨습니다. 아담은 하나님의 대리자로서 피조물을 다스리는 일을 했습니다. 하와는 아담의 일을 보필하면서 자녀를 양육하는 일을 하였습니다. 일을 하되 아주 즐거움으로 했습니다. 그 결과도 아주 만족스러운 것이었습니다. 소득은 어떠했습니까? 땅의 모든 것이 하나님의 것이자 동시에 자기의 것이었으니 따로 무슨 욕심을 부릴 일도 없었고 만족하였습니다. 뜻은 항상 하나님의 뜻과 같았으니 염려할 것도 근심할 것도 없었습니다. 아담이 명하면 땅의 모든 것이 아담에게 순종하였습니다. 창세기 1장 28절에 "하나님이 그들에게 땅을 정복하라 바다의 물고기와 하늘의 새와 땅에 움직이는 모든 생물을 다스리라 하시니라."

그랬던 가정에 죄가 들어왔습니다. 그 다음은 어떻게 되었을까요? 창세기 3장 17절에 "땅은 너로 말미암아 저주를 받고 너는 네 평생에 수고하여야 그 소산을 먹으리라" 23절에 "여호와 하나님이 에덴동산에서 그를 내보내어 그의 근본이 된 땅을 갈게 하시니라." 땅을 정복하고 땅의 모든 생물을 다스리는 일과는 딴판인 일입니다. 일의 즐거움은 사라지고 고통이 따르게 되었습니다. 소득은 어떻게 되었을까요? 창세기 3장 18절에 "땅이 네게 가시덤불과 엉겅퀴를 낼 것이라 네가 먹을 것은 밭의 채소인즉 네가 흙으로 돌아갈 때까지 얼굴에 땀을 흘려야 먹을 것을 먹으리니 네가 그것에서 취함을 입었음이라 너는 흙이니 흙으로 돌아갈 것이니라." 참 비참한 존재가 되었습니다.

일을 해도 소득이 잘 나지 않습니다. 땅이 저주를 받아서 일을 해도 가시덤불과 엉겅퀴를 내게 되었습니다. 얼굴에 땀을 흘려야 겨우 먹고 살게 되었습니다. 인간이 생존을 위하여 일을 하여야만 하는 존재로 타락하였습니다. 더욱이 그마저 계속되지 못하고 흙으로 돌아가게 되었습니다. 죄가 없었으면 흙으로 돌아가지 않고, 몸을 가진 영으로서 영생하고 영화로웠을 터인데…. 참으로 안타깝습니다.

죄로 말미암아 엉망이 된 가정을 하나님은 그리스도 안에서 회복하시되 일과 소득도 회복하십니다. 그 최초의 것은 출애굽해서 만나와 메추라기를 주신 것입니다. 출애굽기 16장 4절에 "그 때에 여호와께서 모세에게 이르시되 보라 내가 너희를 위하여 하늘에서 양식을 비같이 내리리니 백성이 나가서 일용할 것을 날마다 거둘 것이라." 중요한 것은, 양식은 하나님께서 주신다는 것입니다. 그러므로 무엇을 먹을까 염려하지 말라는 것입니다. 마태복음 6장 25절에 "내가 너희에게 이르노니 목숨을 위하여 무엇을 먹을까 무엇을 마실까 몸을 위하여 무엇을 입을까 염려하지 말라" 32절에 "이는 다 이방인들이 구하는 것이라 너희 하늘 아버지께서 이 모든 것이 너희에게 있어야 할 줄을 아시느니라." 그러면 우리가 무슨 일을 할 것입니까? 마태복음

6장 33절에 "그런즉 너희는 먼저 그의 나라와 그의 의를 구하라 그리하면 이 모든 것을 너희에게 더하시리라." 요한복음 6장 27절에 "썩을 양식을 위하여 일하지 말고 영생하도록 있는 양식을 위하여 하라."

소득은 무엇입니까? 일용할 양식이면 족하게 여기라는 것입니다. 욕심을 부리지 말라는 것입니다. 출애굽기 16장 4절에 "백성이 나가서 일용할 것을 날마다 거둘 것이라." 정당하게 벌어서 사용해야 합니다. 하나님은 예레미야 17장 11절에서 "불의로 치부하는 자는 자고새가 낳지 아니한 알을 품음 같아서 그의 중년에 그것이 떠나겠고 마침내 어리석은 자가 되리라" 라고 경고하십니다. 이제 일용할 양식 사상으로 돌아가야 합니다. 하나님은 디모데전서 6장 8-10에서 "우리가 먹을 것과 입을 것이 있은즉 족한 줄로 알 것이니라. 부하려 하는 자들은 시험과 올무와 여러 가지 어리석고 해로운 욕심에 떨어지나니 곧 사람으로 파멸과 멸망에 빠지게 하는 것이라. 돈을 사랑함이 일만 악의 뿌리가 되나니 이것을 탐내는 자들은 미혹을 받아 믿음에서 떠나 많은 근심으로써 자기를 찔렀도다." 불의를 사용하여 돈을 버는 자들에게 경고하는 말씀입니다.

성도들도 일용할 양식 사상에 투철해야 합니다. 하나님은 이것을 실행하나 안 하나 시험해 보시겠다고 말씀하셨습니다. 출애굽기 16장 4절에 "이같이 하여 그들이 내 율법을 준행하나 아니하나 내가 시험하리라." 아굴의 잠언30장 8-9절에 "나를 가난하게도 마옵시고 부하게도 마옵시고 오직 필요한 양식으로 나를 먹이시옵소서, 혹 내가 배불러서 하나님을 모른다 여호와가 누구냐 할까 하오며 혹 내가 가난하여 도둑질하고 내 하나님의 이름을 욕되게 할까 두려워함이니이다." 가정천국은 일과 소득과 불가분의 관계입니다. 소득이 없으면 가정이 천국이 되지를 못할 것입니다. 만약에 소득이 부족하다면 하나님께 기도하여 원인을 찾아서 해결해야 합니다. 반드시 하나님께서 알려주시는 원인을 해결해야 합니다. 원인이 있을 것입니다. 일용할 양식사상으로 다 가정천국을 이루기를 축원합니다.

자신을 사랑하지 못하는 자는 가족을 사랑하지 못합니다. 가족을 사랑하지 못하는 자도 남을 사랑할 수는 없습니다. 가족을 사랑합시다. 더 나아가 이웃을 사랑합시다. 먼저 자신을 사랑해야 합니다. 믿는 자를 사랑해야 합니다. 더 나아가 믿지 않는 자도 사랑합시다. 마태복음 5장 46절에 "너희가 너희를 사랑하는 자를 사랑하면 무슨 상이 있으리요, 세리도 이같이 아니하느냐." 나를 사랑하는 자를 사랑합시다. 더 나아가 나를 사랑하지 않는 사람도 사랑합시다. 나를 힘들게 하고 괴롭히는 사람도 사랑합시다. 나를 원수로 아는 사람에게 떡을 하나 더 줍시다. 가정을 말씀과 성령으로 충만하게 합시다. 그래서 우리 가정이 온전한 가정이 되어 봅시다. 가정의 천국을 이룹시다.

결론적으로 가정이 천국이 되어야 하는 이유는 생존경쟁에 시달리고 지치고 혹은 상처 입은 인간은 따뜻한 사랑과 이해와 동정과 치료가 있는 훈훈한 가정의 품을 항상 마음속에 동경하면서 살게 됩니다. 가정은 우리를 치료시키고 휴식을 주며 내일에 대한 희망과 용기를 주는 가장 아름답고, 그리고 가장 친밀한 삶의 보금자리요, 운명 공동체인 것입니다. 그러나 현실은 그렇지만은 않습니다. 갈기갈기 찢기어지고 피투성이가 된 가정들이 허다히 많이 있습니다.

어찌하면 가정들이 천국이 되겠습니까? 그것은 예수 안에서 성령으로 하나가 되는 것입니다. 가정에 성령의 역사가 일어나, 가정의 행복을 저해하는 세력들이 떠나가야 가정이 천국이 될 수가 있는 것입니다. 어찌 하든지 성령의 역사가 가정에서 일어나게 해야 합니다. 우리가 예수를 믿는 것은 자신의 마음이 천국이 되고, 가정이 천국을 누리기 위해서 예수를 믿는 것입니다.

가정이 천국이 되려면 가정에 항상 예수님이 주인이 되게 해야 합니다. 예수님이 가정의 주인이 되게 하려면 성령께서 가정을 지배하게 해야 합니다. 성령이 가정을 지배하게 하려면 가족의 구성원들에게서 성령의 역사가 일어나야 합니다. 성령의 역사가 일어나 마음에 천국이 이루어져야 합니다. 그러니까, 각자 가정의 구성원들이 먼저 성령으로 장악이 되어야 한다는 말입니다. 가족의 구성원들이 성령으로 지배를 받으면 그 가정은 성령의 역사가 장악할 수가 있습니다. 그렇지 못한 가정은 가정에서 예배를 자주 드리시기를 바랍니다.

찬양하며 예배를 자주 드리면 성령의 역사가 일어나게 되어 있습니다. 성령으로 세례를 받지 못했다면 만사를 뒤로하고 받아야 합니다. 성령의 역사가 일어나 가정을 장악해야 가정에 역사하는 지옥의 영들이 떠나가는 것입니다. 부부나 가족이 아무리 대화를 하여 문제를 해결하려고 해도 되지 않는 것이 보통입니다. 왜냐하면 가정과 부부의 문제 뒤에는 귀신이 역사하기 때문입니다.

이 근원인 귀신이 떠나가야 가정과 부부가 하나가 되고 성령으로 천국이 이루어지는 것입니다. 가정과 부부가 하나가 되지 못하면 아무리 열심히 해도 경제가 풍성해지지 않습니다. 귀신이 방해하기 때문입니다. 성령의 역사로 부부와 가정이 하나가 되면 방해하던 귀신이 서서히 떠나갑니다. 귀신이 떠나가니 가정의 경제가 풀어지고 가정이 천국이 될 수가 있습니다.

충만한 교회는 말씀과 성령으로 성도들을 깨워서 영적인 자립을 하는 것을 목표로 훈련합니다. 하나님께서 부여하신 권능을 사용하여 세상을 장악하게 합니다. 그래서 주일날도 강한 성령의 역사가 일어나는 예배를 드립니다. 예배 시간은 1부 11:00-/ 2부 13:30-입니다. 영적인 눈이 열리고 사고가 영적으로 변하는 말씀을 준비하여 교재로 제공하고 설교를 합니다. 기도를 50분 이상 하면서 담임 목사가 일일이 안수하여 성령으로 충만 받도록 합니다. 자신의 영을 자신이 지킬 수 있는 강한 성도가 되게 훈련하고 있습니다.주일만 제대로 참석해도 모두 성령 세례받고 충만 받을 수 있습니다.

24장 영혼이 육체를 지배해야 영이 만족한다.

(롬8:14)"무릇 하나님의 영으로 인도함을 받는 사람
은 곧 하나님의 아들이라"

인간은 영이 혼 즉 마음으로 더불어 육체 속에 살도록 하나님
께서 지었습니다. 인간의 영은 하나님과 함께 거하며 하나님과
동행하고 하나님의 모든 계시를 받았습니다. 인간은 그 영을 통
하여 혼을 지배하고, 그 혼을 통해서 지성과 감정과 뜻을 펴며,
인격적인 활동을 하고, 또 육체의 감각을 통하여 물질적인 세계
와 접촉하고 삽니다. 그러므로 사람 자체는 영입니다. 하나님
은 영이시라고 말했습니다. 우리는 하나님의 형상과 모양대로
지음 받았기 때문에 우리는 영입니다. 영이 마음 즉 혼을 통해
서 인격적인 활동을 하고 육체를 통해서 세계와 사물과 접촉하
며, 또 세계와 사물을 다스리면서 살아가는 것입니다.

그러나 인간이 하나님을 반역한 이후로 그 영이 하나님께로
부터 단절되고 하나님의 계시를 받지 못하게 되자, 인간은 앞날
을 알 수 없고 갈팡질팡하게 되었고 이제 하나님의 도움을 받지
못함으로 인간은 오직 혼과 육체를 의지하고 살게 되었습니다.
그러므로 자연적으로 인간은 하나님을 잃어버리고 인간 중심이
되는 인본주의자가 되고 오직 혼과 육으로만 살게 되었고 타락
하게 되었습니다. 타락한 인간은 오직 혼으로 살고 육체의 노예
가 되어 죄의 종으로 살아왔습니다. 그런데 이제 예수께서 오셔

서 십자가에 못박혀 몸찢고 피를 흘려 죽으심으로 우리 죄를 사하고 하나님과 우리 사이를 화목케 함으로 우리 영이 살아났습니다. 하나님과 함께 교제하게 되고 하나님과 함께 거하게 되고 하나님의 성령이 우리 영속에 들어와 하나님의 계시를 받고 은혜 속에 살게 된 것입니다.

그러므로 주를 믿는 사람은 이제 반드시 영으로 살아야 됩니다. 마음과 육체를 영의 지배하에 두어야만 하는 것입니다. 그러면 이와 같이 우리가 영적인 사람이 되었은즉, 이제 혼으로 살지 아니하고 육체로 살지 아니하고 영의 새로운 것으로 우리는 살아야 되는 것입니다.

첫째, 영으로 육체를 지배하는 삶을 사는 것입니다. 우리가 혼으로 살 때, 육체를 통해서 살 때의 생각을 벗어나서 이제 영의 새로운 생각을 갖고 살아야 되는 것입니다. 영의 새로운 의식이란 뭐냐? 영이 육체를 지배하는 삶을 말합니다. 육체는 영의 지배를 받아야 삶에서 천국을 누릴 수가 있습니다. 예수 그리스도의 십자가의 희생과, 우리 마음속에 하늘나라가 임하여 계셔서 하늘나라의 법칙으로 우리는 살아간다는 것을 깨달아 알아야 되는 것입니다. 우리가 예수 그리스도를 믿어서 천국이 우리 마음속에 들어오면 우리는 영의 새로운 의식을 가져야 되는데 그 영의 새로운 의식이란 바로 예수 그리스도의 십자가 보혈을 통해서 하나님이 이루게 해주신 하늘나라 의식인 것입니다. 예수님은 십자가를 통하여 우리의 일생의 죄악을 청산하시고 믿음으로 말미암아 용서받은 의인들이 되게 만들어 주신 것입니다. 하나님의 사랑 받는 자가 되었다는 것을 알고 용서받은 의인이라는 영적인 새로운 의식을 가져야 되는 것입니다.

그리고 예수 그리스도의 십자가 보혈을 통하여 하나님과 화해했음으로 하나님의 성령이 충만히 나와 같이 거하시고, 나는 24시간 성령님과 함께 산다는 의식을 가져야 되는 것입니다. 고아와 같이 버림받지 아니하고 인간의 수단과 방법으로 사는 것이 아니라, 나와 같이 계신 성령께서 나를 돕는 자가 되어서 항상 나를 붙들어 주시고 이끌어 주심으로 성령이 함께 계신 것을 늘 의식하고 성령님을 인정하고 환영하고 모셔 들이고 의지하는 성령 충만 의식을 가지고 우리는 살아야만 하는 것입니다.

또한 우리들은 치료와 건강의식을 가지고 살아야 됩니다. 옛날에는 육체가 영을 지배하여 늘 병들고 고통당하고 그것에 대한 두려움으로 살았는데, 우리는 예수 그리스도의 십자가 보혈을 통하여 육체가 영의 지배를 받아 치료받고 건강을 얻었다는 영적 의식을 가져야 되는 것입니다. 저가 우리 연약한 것을 친히 담당하시고 병을 짊어지고 가셨다고 말씀했으며 저가 채찍에 맞음으로 너희가 나음을 입었다고 말했었습니다. 이러므로 영의 새로운 의식은 십자가를 통하여 우리들은 병을 벗어나고 우리는 모든 고통에서 해방을 얻었다. 그리스도가 나의 치료가 되었다는 영의 새로운 의식 속에 살아야 되는 것입니다.

그리고 우리는 저주에서 해방과 아브라함의 축복의식을 가지고 늘 살아야 됩니다. "우리의 저주는 예수님이 십자가에 걸머지고 청산했음으로 우리의 삶의 저주와 가시와 엉겅퀴는 다 청산되어 버리고 예수로 말미암아 아브라함의 복을 받고 사는 사람이다. 나는 그러므로 복 받은 사람이다"는 영의 새로운 의식을 가지고 살아야 됩니다. 언제나 좌절되고 부정적이고 낭패와 실망의식으로 꽉 들어차고 무능력의식으로 들어차고 나는 못한다, 안 된다, 할 수 없다는 이와 같은 부정적인 의식에서 해방되어야 되는 것입니다.

둘째, 성령으로 충만한 믿음으로 인생을 사는 것입니다. 영의 새로운 생활방식이란 우리가 이제 믿음으로 말미암아 인생을 살아갑니다. 우리는 보는 것으로 살지 아니하고, 듣는 것으로 살지 아니하고, 감각하는 것으로 살지 않고, 우리는 믿음으로 말미암아 사는 것입니다. 영의 새로운 생활방식이란 하나님이 우리에게 주신 은혜를 우리가 믿음으로 받아들이고 믿음으로 삽니다. 그리고 하나님의 약속의 말씀을 깊이 믿습니다. 베드로후서 1장 4절에 "이로써 그 보배롭고 지극히 큰 약속을 우리에게 주사 이 약속으로 말미암아 너희로 정욕을 인하여 세상에서 썩어질 것을 피하여 신의 성품에 참예하는 자가 되게 하려 하셨으니"라고 말씀한 것입니다.

이러므로 하나님의 약속의 말씀을 우리는 절대로 믿습니다. 우리의 감각에 위배될지라도 우리의 생각에 위배된다고 생각할지라도 하나님의 말씀은 살았고 운동력이 있어 좌우에 날선 어떤 검보다 예리하여 혼과, 영과 및 관절과 골수를 쪼갭니다. 하나님의 말씀은 저 하늘이 무너지고 이 땅이 꺼져도 일점일획도 변치 않는다고 말씀하셨습니다. 하나님은 말씀으로 천지를 지으시고 천지를 붙잡고 운영하고 계십니다. 이러므로 영의 새로운 생활방식이란 우리가 창세기부터 계시록까지 말씀을 읽고 묵상하고 그 말씀을 마음속에 깊이 믿고 말씀에 서서 우리는 살아나가는 것입니다.

그리고 우리가 믿음으로 산다는 것은 하나님은 죽은 자를 살리시며 없는 것을 있는 것같이 부르시는 하나님이기 때문에 기적을 믿습니다. 죽은 자를 살리는 것은 기적인 것입니다. 우리의 삶 속에 하나님이 함께 계셔서 기적을 베풀어주실 것을 우리는 믿습니다. 그리고 없는 것을 있는 것 같이 부르신 하나님이기 때문에 우리의 현재 환경에 좌우되지 않습니다. 눈에는 아무 증거 안보이고 귀에는 아무 소리 안 들리고 손에는 잡히는 것 없어도 하나님의 말씀과 하나님의 언약이 우리 마음속에 주어지면 우리는 그 약속을 굳세게 믿고 조금도 흔들리지 않고 나가는 삶을 사는 것입니다.

그뿐 아니라 우리는 이 땅에서 천국을 누리다가 영원한 천국이 있습니다. 이 세상을 하직하면 저 건너편에 하늘나라가 있는 것을 당연히 믿습니다. 그렇기 때문에 육신이 죽는 것을 두려워하지 않습니다. 때가 이르러 우리가 육신의 장막 집을 벗어버리면 손으로 짓지 아니한 영원한 집이 우리에게 있는 줄 확실히 믿습니다. 그러므로 우리의 모든 생활방식은 믿음으로 시작해서 믿음으로 끝냅니다. 우리는 믿음으로 살고 우리의 눈으로 보는 것으로 살지 않습니다. 이것이 영의 새로운 생활방식인 것입니다.

또 영의 새로운 생활 방식은 소망의 생활방식인 것입니다. 우리는 절대로 소망을 져버리면 안 됩니다. 예수 믿는 사람이 절망해서 좌절하거나, 그렇지 않으면 자살하거나 하는 것은 중대한 범죄입니다. 왜냐하면 우리는 궁극적인 소망을 가지고 있습니다. 이것은 우리가 세상을 떠나더라도 영원한 천국이 기다리고 있는 것입니다. 이 땅의 천국보다 훨씬 더 좋은 영원한 천국이 우리에게 약속되어 있기 때문에 우리는 끝없는 소망을 마음속에 가지고 있습니다. 베드로전서 1장 3절로 4절에 "찬송하리로다. 우리 주 예수 그리스도의 아버지 하나님이 그 많으신 긍휼대로 예수 그리스도의 죽은 자 가운데서 부활하심으로 말미암아 우리를 거듭나게 하사 산 소망이 있게 하시며 썩지 않고 더럽지 않고 쇠하지 아니하는 기업을 잇게 하시나니 곧 너희를 위하여 하늘에 간직하신 것이라"말한 것입니다.

이러므로 우리는 소망의 사람들이기 때문에 언제나 소망의 생활방식을 가져야 되는 것입니다. 우리의 현실적인 생활에도 하나님께서 우리의 현실의 삶을 다스린다는 것을 우리가 마음속에 깊이 알아야 되는 것입니다. 시편 145편 13절에 보면 "주의 나라는 영원한 나라이니 주의 통치는 대대에 이르리이다" 주께서 우리를 통치하시며 하나님이 우리를 다스려 주시기 때문에 우리는 영원한 소망을 가집니다. 현재는 어떠한 어려움이 다가와도 결국 하늘에 계신 하나님이 모든 것을 다스리고 계신다는 것을 알고 희망을 져 버리지 말아야만 되는 것입니다. 로마서 8장 28절에 "우리가 알거니와 하나님을 사랑하는 자 곧 그 뜻대로 부르심을 입은 자들에게는 모든 것이 합력하여 선을 이루느니라"고 말한 것입니다.

좋은 일과 나쁜 일, 슬픈 일과 기쁜 일, 잘 되는 일과 잘 안 되는 일, 이런 것을 다 합쳐서 종국에는 하나님께서 선하게 만든다고 말씀하셨음으로 우리는 그러기 때문에 종국적인 소망을 저버려서는 안 되는 것입니다. 성경에는 하나님은 좋으신 하나님이라고 말씀했습니다. 도적이 오는 것은 도적질하고 죽이고 멸망시키는 것뿐이요, 인자가 온 것은 양으로 생명을 얻되 더 풍성히 얻게 하러 왔다고 예수님 말씀했습니다. 다윗은 "하나님은 나의 목자시니 내게 부족함이 없다"고 말한 것입니다. "사랑하는 자여 네 영혼이 잘됨같이 네가 범사에 잘되며 강건하기를 간구한다"고 하나님이 말씀하고 있는 것입니다. 하나님은 좋은 하나님인 것입니다. 좋은 하나님을 모시고 있음으로 우리의 마음속에 좋은 소망이 넘쳐나지 아니할 수가 없습니다. 그러므로 영의 새로운 것으로 섬기는 우리들은 이제 소망의 생활방식을 가지고 언제나 마음을 긍정적으로 생각해야 됩니다. 프러스로 생각해야 됩니다. 좋은 일이 일어날 것을 기대하고 소망을 가져야 되는 것입니다.

그다음 사랑의 방식으로 살아야 되는 것입니다. 여기에 사랑이란 아가페 사랑인 것입니다. 요한복음 13장 34절에 "새 계명을 너희에게 주노니 서로 사랑하라 내가 너희를 사랑한 것같이 너희도 서로 사랑하라"고 말한 것입니다. 우리가 예수 그리스도 안에서 새로운 것으로 살기 위해서는 영의 새로운 것의 최첨단인 사랑의 방식을 가지고 살아야 되는 것입니다. 사랑은 내가 십자가를 짊어지는 사랑인 것입니다. 가정에서도 내가 그리스도의 사랑의 방식으로 사는 것은 남편이 먼저 가족의 모든 십자가를 앞서 걸머집니다. 아내가 십자가를 걸머집니다. 자녀가 십자가를 걸머집니다. 어려움을 내가 먼저 담당하고 다른 사람에게 도움을 베푸는 이것이 바로 사랑인 것입니다. 우리가 사랑의 생활을 한다는 것은 내가 다른 사람에게 무슨 도움을 받을까를 기대하는 것이 아니라, 내가 다른 사람에게 무슨 도움을 베풀 수 있을까? 수고하고 무거운 짐을 내가 걸머지고 다른 사람에게 쉼을 주고 자유를 주고 기쁨을 줄 수 있을까? 이것을 생각하는 것이 바로 사랑의 생활양식인 것입니다. 사랑이라는 것은 베푸는 것이지 사랑은 언제나 내게 주시옵소서 내게 주시옵소서 하는 이기주의적인 탕자적인 요구가 아닌 것입니다.

셋째, 영이 이성을 장악한 새로운 정서를 가지고 살아야 하는 것입니다. 영의 새로운 정서란 영의 새로운 감정의 생활인 것입니다. 영으로 이성이 지배당한 삶입니다. 성경에는 "항상 기뻐하라 쉬지 말고 기도하라 범사에 감사하라"고 말했습니다. 예수 믿고 거듭난 사람은 영의 새로운 것으로 섬기기 위해서는 항상 기뻐하면서 살아야 하는 것입니다. 오늘날 이 의학계에서는 이제 사람의 생각은 곧 물질로 하여 몸에 나타난다고 말한 것입니다. 사람들은 생각하기를 아! 우리 생각은 추상적인 것인데 그저 생각했을 뿐이지 뭐! 무슨 관계가 있느냐? 그렇게 말합니다. 그러나 그렇지가 않습니다. 우리의 생각은 곧장 우리의 육체에 관련해서 물질적으로 나타나게 되는 것입니다. 그러므로 우리의 마음속에 긍정적인 생각, 기쁨의 생각은 우리의 뇌 속에 엔도르핀이라는 호르몬을 생산해 냅니다. 이 엔도르핀은 저항력을 가지고 몸의 병을 저항해서 건강을 가져오고 면역성을 강하게 해서 병이 들지 않게 합니다. 젊음을 새롭게 하고 마음의 기쁨과 의욕을 일으키는 그런 호르몬인 것입니다. 이러므로 나는 단지 생각했을 뿐인데…. 아니요! 생각이 우리 뇌에 끼치는 영향력이 막대합니다. 그 생각에 따라서 뇌에서 발생하는 호르몬이 달라지는 것입니다. 그러기 때문에 우리가 긍정적인 생각을 하고 기쁜 생각을 하고 진취적인 생각을 하면 우리의 뇌 속에 엔도르핀이 끊임없이 생산됩니다. 이 엔도르핀이 생산되기 때문에 언제나 기분이 좋습니다. 몸이 튼튼합니다. 병에 들지 않습니다. 젊음이 유지됩니다. 마음에 의욕이 충천하고 넘쳐나는 것입니다.

예수 믿는 사람들이 곱게 깨끗하게 젊게 늙는다는 이유는 예수 믿고 기뻐하기 때문에 언제나 엔도르핀이 생산되어서 끝까지 건강하고 피부도 아름답고 윤택하고 곱게 늙어가는 것을 말하는 것입니다. 그래서 육체가 영의 지배를 받으면 몸이 건강하게 지내는 것입니다. 성경에는 주의 앞에는 기쁨이 충만하고 그 우편에는 즐거움이 넘친다고 말한 것입니다. 우리 예수 믿는 사람은 항상 주님을 의지해서 기뻐하고 감사하면서 살아야 하는 것입니다. 어떠한 부정적인 환경에 갖다 놓더라도 항상 기쁨을 잃지 말라는 것입니다. 그렇게 해야 자신의 몸 속에 엔도르핀이 끊임없이 생산되어 그 어려운 역경을 이기고 나갈 수 있는 마음의 용기와 꿈과 건강과 능력이 생겨나는 것입니다.

사람의 육체가 영을 지배하여 부정적인 생각을 하면 아드레날린이 머리속에 많이 생산되어서 이 아드레날린은 강한 독성을 가졌다고 말합니다. 의학 잡지에 보니까 뱀의 독 다음에 가장 무서운 독이 우리 사람의 마음에 분노하고 염려하고 근심하고 흥분할 때 나오는 아드레날린 독이라는 것입니다. 뱀 다음으로 무서운 독이라는 것입니다. 그러므로 이 아드레날린이 자꾸 계속 생산되면 혈관이 수축되고, 그래서 혈액이 잘 순환되지 않음으로 고혈압이 되고 심장병 혹은 뇌졸증이 일어나고 세포가 노화되고 또 활성산소를 많이 발생해서 면역력을 없애고 늙어져버리고 아주 패배하게 만드는 것입니다.

사람이 질병의 70%나 80%가 스트레스에서 일어난다고 합니다. 사람이 스트레스를 당하면 아드레날린이라는 독성이 막 몸에서 피 속으로 콸콸 쏟아져 들어옵니다. 그러므로 면역성이 없어지고 저항력이 없어지므로 그냥 병에 걸려서 팍팍 쓰러집니다. 성인병의 100%는 스트레스로 온다고 합니다. 이 스트레스를 제하는 길은 영이 육을 지배하는 길밖에 없는 것입니다. 성령으로 기도하여 영이 육을 지배하도록 해야 합니다. 성령으로 기도하고 주님께 맡겨 버리면 마음이 스트레스에서 해방되는 것입니다.

저도 마음속에 스트레스가 쌓여서 그냥 잠을 이룰 수 없어 가슴이 답답할 때가 한두 번이 아닙니다. 그럴 때마다 주님께 엎드려서 한 30분 동안 간절히 기도하고 나면 싹 씻은 듯이 스트레스가 사라지고 마음의 평화가 가득 차게 되는 것을 경험하게 되는 것입니다. 그러기 때문에 쉬지 말고 기도하는 것은 끊임없이 마음속의 스트레스를 제하고 하나님의 평화로 넘치는 삶을 살라고 주님께서 말씀하는 것입니다. 그리고 범사에 감사하는 정서를 가지고 사는 것은 불평은 어두움을 가져오고 감사는 밝음을 가져오게 되는 것입니다.

범사에 우리가 자꾸 감사하면 기뻐지는 것입니다. 사람들은 생각하기를 단지 내 생각에 불과하다고 말하는데 생각은 반드시 뇌를 자극하고 그 생각이 물질화 되는 것입니다. 생각은 바로 물질이다! 그걸 잊지 말아야 되는 것입니다. 그것이 바로 몸의 영향을 미칠 뿐 아니라, 그 사람의 인격에 영향을 미쳐서 그 사람이 성공하기도 하고 실패하기도 하는 원인이 되는 것입니다. 영이 육을 지배해야 육체와 정신이 건강합니다. 성령으로 기도함으로 영을 강하게 하시기를 바랍니다.

넷째로, 영의 새로운 도덕을 가지고 살아야 되는 것입니다. 성경은 에베소서 4장 24절에 "하나님을 따라 의와 진리의 거룩함으로 지으심을 받은 새사람을 입으라" 우리가 예수를 믿었으면 영의 새로운 도덕을 가지고 섬겨야 되는 것입니다. 즉 영의 새로운 도덕이란 의를 가지고 살아야 합니다. 의란 것은 어린양에다가 밑에 내 아(我)자를 적은 것으로 '양을 내가 머리에 이고 산다. 즉, 다시 말하면 언제나 예수님을 모시고 산다.' 어떠한 일이 있어도 예수님이 이 자리에 계시면 어떻게 했었을까? 예수님이 나와 함께 하시면 어떻게 판단했었을까? 예수님은 이 일을 했으면 어떻게 했을까? 언제나 예수님을 생각 위에 이고 사는 삶이 바로 의의 삶인 것입니다.

오늘날, 우리가 개인적인 사업을 하든지, 공무원으로 일하든지, 또 공공사업에 책임을 지고 있던지, 나 혼자 산다고 생각하지 말고, 영의 새로운 도덕을 가진 사람은 예수님을 언제나 머리 위에 이고 살아야 되는 것입니다. 그래서 예수님이면 어떻게 하겠는가?를 생각하고 예수님의 생각을 따라 성령의 인도로 살면 그 사람은 자동적으로 의롭게 살게 되는 것입니다. 의를 저버리면 개인도 망하고 사회도 국가도 망합니다. 정의가 없어지면 모든 것은 파괴되어 버리고 마는 것입니다. 그 다음 영의 새로운 도덕은 진리를 따라 사는 것입니다. 거짓을 버리고 참을 나타내야 됩니다. 골로새서 3장 9～10절에 "너희가 서로 거짓말을 말라 옛사람과 그 행위를 벗어버리고 새사람을 입었으니 이는 자기를 창조하신 자의 형상을 좇아 지식에까지 새롭게 하심을 받는 자"라고 말한 것입니다.

마귀는 거짓의 아비라고 말했습니다. 우리가 거짓말을 말할 때 마다 마귀를 초청합니다. 마귀의 영이 그 사람을 점령합니다. 성령은 진리의 영입니다. 우리가 진리를 말할 때마다 하나님의 성령을 인정하는 것이고, 거짓을 말할 때마다 마귀를 인정하게 되는 것입니다. 그 결과가 어떻게 되겠습니까? 마귀가 들어오면 종국적으로 도적질하고 죽이고 멸망시키는 일이 생길 것이요, 성령이 들어오면 생명을 얻되 넘치게 얻는 역사를 베풀게 될 것입니다. 말이 씨가 된다는 것을 잊지 말아야 됩니다. 거짓말은 파괴의 씨앗이 되고 참말은 건설적인 성공의 씨앗이 되는 것입니다. 이러기 때문에 진리를 따라 우리는 살아야 됩니다.

그리고 영의 새로운 도덕은 거룩함을 가지고 살아야 됩니다. 세속의 부패에서 벗어나서 살아야 되는 것입니다. 고린도후서 7장 1절에 "그런즉 사랑하는 자들아 이 약속을 가진 우리가 하나님을 두려워하는 가운데서 거룩함을 온전히 이루어 육과 영의 온갖 더러운 것에서 자신을 깨끗케 하자" 우리는 더러운 것에서 우리를 깨끗하게 하자는 것입니다.

우리가 그러기 때문에 언제나 예수 믿는 사람은 영의 새로운 도덕을 가지고 의와 진리와 거룩함을 지키도록 노력하면서 애써야 되는 것입니다. 우리가 예수 믿고 새로운 피조물, 즉 영의 사람이 되었으니 이제 영의 사람으로 살아야만 합니다. 영의 사람만이 하나님과 함께 사는 사람이요, 하나님의 영광을 맡은 사람이 되는 것입니다. 영의 사람을 통하여서 하늘나라가 이 땅에 나타나고 하늘나라의 역사가 넘쳐나게 되는 것입니다.

우리들은 옛사람이 아닙니다. 그리스도 안에서 이전 것은 다 벗어 버렸습니다. 새로운 피조물이 되었습니다. 영으로 사는 사람이 된 것입니다. 이 세상 사람처럼 혼 즉, 인간중심으로 살고 육체로 살지 않습니다. 영이 마음과 몸을 다스리면서 영의 새로운 것으로 살아야만 되는 것입니다. 영의 새로운 의식을 가져야만 하는 것입니다. 영의 새로운 방식을 가져야만 되는 것입니다. 영의 새로운 정서를 가져야 되는 것입니다. 영의 새로운 도덕을 가지고서 우리가 살아갈 때 우리가 참 크리스천이 되고 우리의 사회와 국가와 세계를 변화시킬 수 있는 위대한 능력이 우리에게 나타나게 되는 것입니다. 그럴 때 영혼이 잘 되고 범사가 잘 되며 강건하고 생명을 얻되 넘치게 얻으면서 살아갈 수 있게 되는 것입니다.

성령이 전인격을 장악하여 하나님의 나라(천국)가 되었으니 육체(몸)이 건강한 것은 당연한 것입니다. 문제는 자신의 전인격이 성령의 지배를 받느냐, 받지 못하느냐가 문제입니다. 성령의 지배를 받으려면 먼저 성령으로 세례를 받아야 하기 때문입니다. 성령께서 전인격을 지배하면 몸이 건강한 것은 당연한 것입니다. 마음이 성령의 지배를 받아 천국이 되면 육체도 건강합니다. 그래서 예수를 믿으면 수명이 5-7년이 길어지는 것입니다. 왜냐하면 성령으로 심령이 지배를 받으면 마음이 평안해지기 때문입니다. 마음이 평안하니 몸이 제 기능을 다하니 건강할 수밖에 없는 것입니다. 모든 육체의 질병은 영에서 시작됩니다. 영이 제 기능을 하지 못하면 마음이 평안하지 못합니다. 영이 육체를 장악하도록 영의 의식으로 살아가시기를 바랍니다. 그래서 삶에서 육체가 건강한 천국을 누리시기를 바랍니다.

25장 예수님과 동행해야 영혼이 만족한다.

(요 14:16-17)"내가 아버지께 구하겠으니 그가 또 다른 보혜사를 너희에게 주사 영원토록 너희와 함께 있게 하리니"

예수님은 세상 끝 날까지 너희와 항상 함께 하시겠다고 말씀하셨습니다(마 28:20). 예수님을 믿고 성령으로 거듭난 성도는 성령으로 마음 안에 오신 예수님과 동행해야 합니다. 그래야 이 땅에서 천국을 누릴 수가 있습니다. 성령으로 세례 받고 성령으로 기도하여 성령이 충만한 상태가 되어야 영이신 예수님과 동행할 수 있다는 것을 먼저 이해해야 합니다. 성도가 예수님과 동행을 해야 하나님의 은혜로 천국을 누릴 수가 있는 것입니다. 천국을 누리려면 영이신 하나님과 교통하는 성도이기 때문입니다.

예수님의 은혜로 이 땅에서 천국을 누리려면 예수님을 향한 사고와 생각이 바뀌어야 합니다. 예수님을 섬기기 위해서 믿음 생활하는 것이 아니고, 예수님과 동행하기 위해서 믿음 생활을 하는 사고로 바뀌어야 합니다. 예수님의 뜻에 합해야 동행할 수 있습니다. 하나님께서는 아모스 3장 3절에서 "두 사람이 뜻이 같지 않은데 어찌 동행하겠으며"라고 말씀하셨습니다. 예수님과 생각이 같아야 동행할 수 있습니다.

예수님과 영성이 같아야 동행할 수 있습니다. 예수님과 동행할 수 있어야 영육이 말씀과 성령의 지배를 받아 이 땅에서 천국을 누릴 수가 있는 것입니다. 예수님과 동행하려면 성령으로 거듭나 예수님을 닮아가야 합니다. 예수님을 닮아가려면 예수님만 바라보아야 합니다. 예수님을 생각하며 예수님을 바라보면 예수님을 닮아가기 때문입니다.

첫째, 하나님을 섬기기 위해서 믿음 생활하는 성도가 있습니다. 하나님을 섬기는 것에는 반대할 이유가 없습니다. 그러나 바르게 알고 섬겨야 합니다. 예수님은 마태복음 20장 28절에서 이렇게 말씀하십니다. "인자가 온 것은 섬김을 받으려 함이 아니라 도리어 섬기려 하고 자기 목숨을 많은 사람의 대속 물로 주려 함이니라." 예수님도 섬김을 받으러 오시지 않았다고 말씀하시는 것입니다. 반대로 많은 사람들의 대속 물로 자기 목숨을 주시려고 오셨다는 것입니다. 한마디로 죄인들을 살리려고 오셨다는 것입니다. 기독교는 생명의 복음입니다. 신을 섬겨서 복을 받으려는 죽은 종교가 아니라는 것입니다.

죄인이 예수를 믿어 죄를 사함 받아 새사람(하나님의 자녀)으로 태어나는 생명의 복음입니다. 일부 성도들이 하나님을 섬기는 신앙 생활을 하는 이유가 있습니다. 우리는 모두 세상에서 죄인으로 살다가 계기가 되어 예수를 믿고 교회에 들어온 성도들입니다. 세상에서 살아갈 때에 샤머니즘 신앙생활을 했습니다.

샤머니즘의 신앙의 기본 틀이 신을 섬기는 것입니다. 신을 잘 섬겨서 신에게 복을 받으려는 신앙입니다. 신에게 잘 못 보이면 저주를 받는다고 알고 믿고 있습니다. 그래서 신에게 잘 보여야 되기 때문에 신을 두려워하며 섬기는 것입니다. 신의 노여움을 사지 않고, 신에게 도움을 받아 잘 되기 위하여 신에게 비는 것입니다. 신에게 빌기 위하여 신이 계시는 장소를 찾습니다. 절이나 사당이나 신을 모신 장소에 가서 손이 발이 되도록 빕니다. 심지어 가정에도 신을 모시는 장소를 만들어 놓습니다.

이렇게 신앙생활 하던 것이 습관이 되어 예수를 믿고 교회에 들어와도 고쳐지지 않습니다. 예수를 믿고 성령으로 거듭나는 것에 목적을 두지 않고 하나님께 잘 보이려고 빕니다. 하나님과 동행이 무엇인지 교통이 무엇인지 알지 못합니다. 하나님께 잘 되게 해달라고 빌어야 하기 때문에 하나님이 계신 곳을 찾습니다. 보이는 교회에만 하나님께서 계신다고 믿고 교회를 찾아 하나님께 비는 것입니다. 공공연하게 하나님을 잘 섬겨야 복을 받는 다고 말합니다. 또한 성경에 기록된 교회를 눈에 보이는 유형교회로만 인식을 합니다. 실상은 자신의 마음 안에 교회가 있는데 말씀과 성령으로 거듭나지 못하니 자신 안의 교회가 보이지를 않습니다.

그러니 자신 안에 있는 교회에 관심을 갖지 못합니다. 하나님께서 분명하게 마태복음 16장 18절에서 "또 내가 네게 이르노니 너는 베드로라 내가 이 반석 위에 내 교회를 세우리니 음부의 권세가 이기지 못하리라" 성경에 기록된 교회는 유형교회도 있지만, 성도의 심령에 있는 무형교회를 말하기도 합니다.

저는 개인적으로 이렇게 생각을 합니다. 율법주의자는 성경에 기록된 교회를 모두 유형교회로 본다는 것입니다. 율법주의자는 성령으로 영이 깨어나지 않는 신자이니 모두 보이는 것으로만 판단하기 때문입니다. 보이는 교회에 하나님께서 계신다는 것입니다. 율법으로 믿음 생활하는 사람들은 율법을 지켜야 하기 때문에 행위 위주의 믿음 생활을 하므로 구습이 변하지 않는 것입니다. 반드시 성도는 성령이 역사하는 진리를 듣고 말해야 변합니다.

반대로 예수를 믿고 성령으로 거듭나 영이 깨어나 진리를 알아듣고 말하는 성도는 성경에 기록된 교회를 무형교회로 본다는 것입니다. 이렇게 보는 것이 정확합니다. 하나님은 자신 안에 계십니다. 하나님은 고린도전서 3장 16절에서 "너희는 너희가 하나님의 성전인 것과 하나님의 성령이 너희 안에 계시는 것을 알지 못하느냐" 하나님은 영이시기 때문에 보이는 성전(유형교회)에 거하시는 것이 아니고, 성도의 마음 성전에 임재 하여 계십니다. 영이신 하나님은 특정한 장소(유형교회)에 거하지 않으시고, 예수를 주인으로 영접한 사람의 심령에 좌정하고 계신다는 말입니다. 그래서 자신 안에 임재 하여 계신 하나님과 교통해야 합니다. 그래야 하나님과 항상 동행할 수 있습니다.

그렇다고 보이는 성전(교회)이 필요가 없다는 것이 아닙니다. 자신 안에 있는 성전을 깨끗하게 하려면 생명의 말씀을 들어야 합니다. 성령의 역사가 심령에서 일어나게 해야 합니다. 이렇게 자신의 심령이 생명의 말씀을 듣고 깨어나게 하려면 교회에 가서 예배를 드리면서 목사님으로부터 진리의 말씀을 들어야 합니다. 성령으로 기도하여 성령 충만을 받아야 합니다. 이렇게 자신의 영을 깨우고 성령으로 충만 받으려면 자신의 능력으로는 한계가 있습니다. 한계를 극복하기 위하여 유형 교회가 있는 것입니다. 성도 간에 친교를 하고 모여서 말씀을 배우고 영성훈련을 하기 위하여 유형 교회가 필요한 것입니다. 깊은 영성을 유지하고 영적으로 자라야 하나님과 동행하며 친밀하게 지낼 수가 있습니다. 자신이 영적으로 자라는 만큼씩 하나님의 복이 따르는 것입니다.

자신의 믿음이 자라게 하기 위하여 보이는 유형교회가 필요한 것입니다. 유형교회에서 깊이 있는 생명의 말씀을 듣고, 성령으로 기도하며 성령 충만 받아 세상에서 살아가면서 자신 안에 계신 하나님과 끊임없이 교통하며 친밀하게 지내야 합니다. 그렇기 때문에 유형교회와 무형교회 모두가 잘되어야 하는 것입니다. 유형교회에 가서 목회자로부터 체험적인 진리의 말씀을 듣고 성령으로 기도하여 자신의 믿음이 자라기 위하여 보이는 교회가 잘 되어야 합니다. 그런데 하나님을 섬기기 위하여 신앙생활을 하는 신자들은 하나님을 섬기기 위하여 보이는 교회만을 생각하고, 보이는 교회 중심으로 믿음 생활을 하게 됩니다. 보이는 유형교회중심으로 믿음 생활을 하다가 보면 자신에게 중요한 심령교회에 관심을 갖지를 못합니다. 자연스럽게 중요한 자신의 심령 관리에 등한하게 됩니다. 이런 이유로 인하여 예수를 십년을 믿어도 믿음이 자라지 않고, 전인격이 변하지 않는 것입니다. 성도는 심령이 거하신 성령님이 자신을 완전하게 장악할 때에 예수님의 인격으로 변화되는 것입니다.

그런데 보이는 성전에만 관심을 가지고 자신의 심령 성전에 관심을 등한히 합니다. 자연스럽게 자신 안에 성령하나님과 관계가 막혀서 예수를 믿어도 오만가지 문제로 고통을 당하면서 세상을 살아가는 것입니다.

그것뿐만이 아닙니다. 유형교회에 하나님이 계신다고 믿고, 자신의 문제나 가정의 문제나 자녀의 문제가 생기면 교회에서 살다시피 합니다. 실상은 자신의 심령에 계신 하나님께서 역사하셔야 문제가 풀리는데 말입니다. 그래서 교회나 기도원에 가서 기도하느라고 자녀들이나 가정관리를 등한히 하는 성도들이 많다는 것입니다. 제가 개인 특별집중치유를 하다가 보면 참으로 안타까운 경우를 봅니다. 마음의 상처로 인하여 영적으로 정신적으로 고통당하는 성도들 치유하다가 보면 이런 일이 있습니다. 성령의 임재가 환자를 완전하게 장악을 하면 엄마~ 엄마~ 무서워요. 하는 분들이 있습니다. 성령님께 문의하면 유아시절에 혼자 집에 있을 때 두려움의 상처가 생겼다는 것입니다.

그래서 보호자에게 문의 하면 백이면 백 모두 이렇게 대답을 합니다. 아기를 집에 두고 교회에 가서 기도를 했다는 것입니다. 하루 이틀 했으면 환자가 그렇게 외마디 소리를 하겠습니까? 참으로 무지한 것입니다. 이렇게 교회에서 철야해도 문제는 해결이 되지 않습니다. 교회에만 하나님이 계시는 줄 착각했기 때문입니다. 정작 자신 안에 하나님이 계시는데 보이는 교회에서 하나님께 목이 터지라고 기도했으니 문제가 해결이 될 리가 만무한 것입니다. 인간의 모든 문제는 자신 안에 계신 성령하나님이 역사해야 해결이 됩니다. 자신 안에 계신 하나님께 관심을 갖지 않으니 하나님께서 주무시는 것입니다. 그래서 문제가 해결이 되기는커녕 더 나빠지는 것입니다. 성령으로 기도하여 자신 안에 계신 하나님을 깨워야 합니다. 영의 통로를 열어야 합니다.

보이는 성전 중심으로 믿음 생활을 하면 중요한 자신 안의 심령 성전이 더러워질 수 있습니다. 하나님은 고린도전서 3장 17절에서 "누구든지 하나님의 성전을 더럽히면 하나님이 그 사람을 멸하시리라. 하나님의 성전은 거룩하니 너희도 그러하니라." 여기서 말하는 하나님의 성전은 자신 안에 있는 심령 성전을 말하는 것입니다. 자신 안에 심령성전이 더러워서 성령하나님의 역사가 일어나지 않으니 자신에게 부과되고 있는 문제가 점점 더 강해지는 것입니다. 하나님은 사도행전 17장 24절에서 "우주와 그 가운데 있는 만물을 지으신 하나님께서는 천지의 주재시니 손으로 지은 전에 계시지 아니하시고" 분명하게 사람의 손으로 지은 전에 계시지 않는 다고 말씀하십니다. 우리 하나님은 우리의 심령 성전에 계십니다. 그래서 하나님을 섬기면서 믿음 생활을 하는 성도는 하나님의 종입니다. 반대로 하나님과 동행하기 위하여 믿음 생활하는 성도는 하나님의 자녀입니다.

우리는 바르고 정확하게 알고 믿음 생활을 해야 합니다. 막연하게 알고 믿음 생활하면 낭패를 당합니다. 그래서 저는 우리 성도들에게 이렇게 말합니다. 하나님을 섬기기 위하여 믿음 생활하지 말고, 하나님과 동행하기 위하여 믿음생활을 하라고 합니다. 하나님은 사도행전 17장 24-25절에서 "우주와 그 가운데 있는 만물을 지으신 하나님께서는 천지의 주재시니 손으로 지은 전에 계시지 아니하시고, 또 무엇이 부족한 것처럼, 사람의 손으로 섬김을 받으시는 것이 아니니, 이는 만민에게 생명과 호흡과 만물을 친히 주시는 이심이라" 하나님은 사람의 손으로 섬김을 받지 않는 분입니다. 하나님은 예수님을 믿는 자들에게 생명과 호흡과 만물을 친히 주시는 하나님이십니다. 생명을 주시는 하나님에 대해 잘못알고 하나님을 섬기려니 보이는 교회를 찾는 것입니다. 하나님께서 보이는 성전에 계신다고 믿기 때문입니다.

그러나 실상은 보이지 않는 자신 안에 거하십니다. 자신 안에 임재 하여 계시는 하나님과 친해지려면 자신 안에 계신 하나님을 주인으로 모시면서 관심을 가져야 합니다. 그래야 하나님과 동행할 수가 있는 것입니다. 하나님과 동행하면서 믿음생활을 하면 하나님의 역사로 세상에서 삶이 평안해지는 것입니다. 하나님의 역사로 마귀가 덤비지 못하기 때문입니다.

둘째, 하나님과 동행하기 위해서 믿음 생활을 하는 성도가 있습니다. 세상에는 하나님과 동행하면서 믿음 생활을 하는 성도들이 많습니다. 하나님과 동행을 한다는 것은 하나님과 뜻이 동일하다는 것입니다. 하나님과 생각이 동일하다는 것입니다. 하나님과 의지가 동일하다는 것입니다. 영이신 하나님과 24시간 교통한다는 것입니다. 하나님과 24시간 교통한다는 것은 무시로 기도한다는 것입니다. 하나님이 말씀하시는 "항상 기뻐하라. 쉬지 말고 기도하라. 범사에 감사하라"가 지속적으로 이루어지고 있다는 것입니다. 순간순간 하나님의 음성을 듣고 순종한다는 것입니다. 요셉이 보디발 장군의 집에서 머슴을 살 때도 함께 동행하셨습니다. 성경은 창세기 39장 2절에서 "여호와께서 요셉과 함께 하시므로 그가 형통한 자가 되어 그의 주인 애굽 사람의 집에 있으니"라고 말씀하십니다. 하나님이 요셉과 동행하니 보디발의 집이 잘됩니다. 하나님이 책을 읽는 당신과 함께하니 매사가 형통한 것과 마찬가지입니다. 그리고 창세기 39장 23절은 "간수장은 그의 손에 맡긴 것을 무엇이든지 살펴보지 아니하였으니 이는 여호와께서 요셉과 함께 하심이라 여호와께서 그를 범사에 형통하게 하셨더라" 심지어 요셉이 감옥에 들어갔어도 하나님께서 요셉과 함께 하시니 감옥이 잘됩니다. 하나님께서 요셉과 동행한 것은 요셉이 하나님의 마음에 합했기 때문입니다.

모세는 출애굽기 34장 9절에서 이렇게 기도합니다. "이르되 주여 내가 주께 은총을 입었거든 원하건대 주는 우리와 동행하옵소서, 이는 목이 뻣뻣한 백성이니이다. 우리의 악과 죄를 사하시고 우리를 주의 기업으로 삼으소서" 하나님께서 모세의 기도를 들어주시어 모세와 동행합니다. 모세가 기도하는 것마다 응답하여 주십니다. 홍해에 길을 내주시고, 마라의 쓴물을 달게 하시고, 반석에서 물을 내시고, 불 뱀에 물려 백성들이 죽어갈 때, 놋 뱀을 만들어 장대에 달게 하여 쳐다보는 자마다 살게 하십니다. 민수기 12장 3절에 "이 사람 모세는 온유함이 지면의 모든 사람보다 더하더라" 하나님께서 인정한 사람이 모세입니다. 모세는 하나님과 동행하며 대면한 사람입니다. "그 후에는 이스라엘에 모세와 같은 선지자가 일어나지 못하였나니 모세는 여호와께서 대면하여 아시던 자요"(신 34:10). 우리도 하나님과 대면하면서 살아가려면 하나님과 동행해야 합니다. 모세는 달랐습니다.

민수기 12장 8절로 10절에 보면 "그와는 내가 대면하여 명백히 말하고 은밀한 말로 하지 아니하며 그는 또 여호와의 형상을 보거늘 너희가 어찌하여 내 종 모세 비방하기를 두려워하지 아니하느냐, 여호와께서 그들을 향하여 진노하시고 떠나시매, 구름이 장막 위에서 떠나갔고 미리암은 나병에 걸려 눈과 같더라. 아론이 미리암을 본즉 나병에 걸렸는지라" 우리도 모세와 같이 하나님과 동행하면서 대면하는 영성이 되어야 합니다.

하나님과 동행하면 기적은 우리 안에 있습니다. 하나님을 주인으로 모시고 동행할 때 하나님의 생명이 우리 안에 역사하는 것입니다. 하나님과 동행하면 하나님만이 하실 수 있는 일이 우리 삶에 이루어집니다. 한마디로 기적을 체험한다는 것입니다. 하나님께서 성령으로 감동하실 때 순종하면 기적을 체험하는 것입니다. 그런데 아무리 입으로 주여!를 일 년 내내 외쳐도 하나님만이 하실 수 있는 일이 우리 삶에 이루어 지지 않는 다면 하나님의 생명이 끊어진 죽은 자에 지나지 않습니다. 빨리 원인을 찾아 해결해야 합니다. 우리는 기적을 바라고 찬양도 하지만, 그 기적이 우리 삶에 실제로 이루어지리라고 기대하지 않습니다. 그래서 뜨겁게 기도하면서도 금방 불평하고 낙심하는 자리에 갑니다. 우리는 늘 하나님의 기적을 체험하며 살아가는 자가 되어야 합니다. 기적은 사소한 일상에서 일어나며 말씀과 성령으로 깨어있는 자는 볼 수 있습니다. 하나님과 동행하려면 우리들을 향하신 하나님의 생각을 알아내기를 열망해야 합니다. 우리는 자기 자신의 생각을 하나님이 알아주시고 이루어 주시길 바라는 데 익숙해 있습니다. 그렇게 되면 우리의 신앙은 자라나지 않습니다. 우리는 하나님의 생각을 알기를 열망하고 하나님의 생각대로 행동하려고 결단해야 합니다. 하나님과 동행하는 성도는 하나님의 생각을 알기를 열망해야 하고, 하나님의 생각을 따라 순종해야 합니다.

하나님이 무엇을 기뻐하시는지에 초점을 두어야 합니다. 자신의 생각을 붙잡는 자는 자기를 기쁘게 하는데 초점을 두고,

하나님의 생각을 붙잡는 자는 하나님이 기뻐하시는 데에 초점을 둡니다. 하나님은 하나님을 섬기려고 하는 종교의식을 기뻐하지 아니하십니다. "주께서는 제사를 기뻐하지 아니하시나니 그렇지 아니하면 내가 드렸을 것이라 주는 번제를 기뻐하지 아니하시나이다. 하나님께서 구하시는 제사는 상한 심령이라 하나님이여 상하고 통회하는 마음을 주께서 멸시하지 아니하시리이다"(시 51:16). 하나님과 동행하려면 하나님의 음성을 들어야 하며, 또 하나님의 음성 듣기를 열망해야 합니다. 하나님의 음성을 들으려면 하나님께 끊임없이 질문해야 합니다. 우리가 하나님의 음성을 듣지 못하기 때문에 자기방식대로 하나님을 사랑하며 하나님을 섬기는 것입니다.

하나님과 동행하려면 하나님을 알기를 열망해야 합니다. 하나님의 길을 따라가야 합니다. 성령의 인도를 받으라는 말입니다. 그래서 늘 성경을 가까이 하고 성경을 볼 때에도 하나님의 관점에서 하나님이 무엇을 말씀하시고자 하는 지에 초점을 두어야 합니다. 하나님의 뜻대로 행하는 것이 의무가 아니라, 하나님과 교통하는 것이 즐거움이 되어야 하나님과 동행합니다.

셋째, 하나님과 동행하는 믿음 생활을 하기 위해서 어떻게 해야 합니까? 에녹과 같은 삶을 살아야 합니다. 창세기 5장 24절에서 "에녹이 하나님과 동행하더니 하나님이 그를 데려가시므로 세상에 있지 아니하였더라" 에녹은 도덕적 능력이 매우 약한 부패한 세대에 살았습니다. 그의 주위는 더러움이 만연하였으나 그는 하나님과 더불어 동행하였습니다.

에녹은 마음을 하나님께 바치도록 교육을 받았기 때문에 순결하고 거룩한 사물들을 생각하였습니다. 그러므로 에녹은 거룩하고 신령한 사물에 관하여 이야기하였습니다. 에녹은 하나님의 동료가 되었습니다. 에녹은 하나님과 동행하였으며 그의 권면을 받았습니다. 에녹은 우리와 마찬가지로 우리가 만나는 동일한 시험들과 더불어 싸우지 않으면 안 되었습니다.

에녹을 둘러쌌던 사회는 현재 우리를 둘러싸고 있는 사회보다 더 의롭지 못하였습니다. 에녹이 숨을 쉬던 분위기는 우리의 분위기와 마찬가지로 죄와 부패로 더럽혀져 있었습니다. 그러나 에녹은 그가 살았던 세대의 만연된 죄로 인하여 더럽혀지지 않았습니다. 그러므로 우리도 충실한 에녹이 행한 것처럼, 순결하고 부패되지 않은 채 남아 있을 수 있습니다. 그것은 성령의 인도를 받는 것입니다.

우리가 성령의 인도함을 받기 위해서는. 성령 안에서 기도하고, 성령 안에서 찬송하며, 성령 안에서 봉사하고, 성령 안에서 치유하며, 성령 안에서 사는 법을 배워야 합니다(빌3:3).

먼저, 성령 안에서 기도하는 생활을 통하여 성령의 인도를 받아야 합니다. 기도는 영혼의 호흡이요, 하나님과의 대화라 합니다. 이것은 가장 깊숙한 곳에 거하는 영의 흐름이 외부적으로 흘러나오는 것입니다. 영력이 흘러나오고 영적 생명이 흘러나옴으로 영에 몰입됨으로 인하여 성령 안에서 기도할 수 있게 되는 것입니다. 영력은 우리 몸의 지성소인 영속에 임재 하여 계시는 하나님의 능력입니다. 우리가 지성소에 계시는 하나님을 만나기 위해서는 성령의 인도를 받는 깊은 영의 기도가 되어야합니다.

이 기도를 통하여 하나님으로부터 주어지는 각종 은혜와 능력과 응답을 받게 됩니다. 이러한 기도를 통하여 하나님으로부터 주어지는 생명이 우리의 심령을 거룩하게 만들어가고, 영적인 생명과 능력을 키워 나가는 것입니다. 열매가 맺어지고 영적인 지각이 예민해지고 영성이 개발되어집니다.

그러므로 성령 안에서 기도하는 훈련이 필요합니다. 우리의 간구는 마음의 소원이나 원하는 바를 구함으로 성령 안에서 기도하기가 심히 어렵습니다. 그러나 영으로 기도하고 마음으로 기도하면 성령 안에서 기도하기가 쉬워집니다. 성령에 몰입되어 아무런 자신의 생각이나 욕심도 없이 오로지 하나님으로부터 주어지는 것을 받게 되는 기회가 되기 때문에 영으로부터 주어지는 각종 은혜와 능력과 은사가 넘치게 됩니다.

영적인 기능과 지각이 발달됨으로 성령의 인도함을 따르는 성도가 됩니다. 성령 안에서 기도하기 위하여 성전 뜰에서 먼저 육신의 생각으로 기도하지만, 시간이 흐르고 마음이 안정이 되고, 생각이 주님의 사랑과 말씀을 묵상하면서 진지하고 순전한 마음으로 하나님의 성소에서 깊어지는 영의기도를 하게 됩니다.

동행하는 예수님의 지혜를 구합니다. 예수님을 대신하여 성령님이 자신을 돕기 위해 보혜사로 와 계시는 것입니다. 성령님은 자신의 동업자로써 돕기를 원하십니다. 언제나 나와 함께 거하시면서 나의 연약함을 도우시는 보혜사인 것입니다. 예수님이 내 곁에 계시다는 생생한 사실을 말입니다. 오늘 예수님은 눈에 보이지 않는 성령으로 당신 곁에 나를 돕기 위해 보혜사로 오셨습니다.

그러므로 순간순간 당신 곁에 계신 보혜사 성령님께 도움을 구하는 말을 하십시오. "성령님, 저의 사업을 어떻게 해야 합니까?" "존귀하신 성령님, 성경을 잘 깨달을 수 있도록 도와주세요." "사랑하는 성령님, 말씀을 잘 들을 수 있도록 제 귀를 열어주세요." 우리가 절망적인 한계에 부딪쳤을 때는 이렇게 말씀드리면 됩니다. "성령님, 저를 바른 길로 인도해주세요." 이 성도는 어떻게 안수해야 질병이 치유가 됩니까? 항상 성령님과 대화하며 사시기를 바랍니다. 그래야 영혼의 만족을 누립니다.

어려운 일을 당하면 혼자 고민하지 말고 성령님께 도움을 요청하세요. 머리가 아프고 복잡하면 성령님 내가 지금 머리가 복잡합니다. 도와주세요. 성령님 내가 지금 물질이 나를 유혹합니다. 저를 유혹에서 구해 주세요. 성령님 지금 내가 불순한 생각이 나를 사로잡고 있습니다. 나를 도와주세요. 성령님 내가 지금 누구를 향해 분노가 올라와 참을 수가 없습니다. 도와주세요. 성령님 지금 내가 누구를 미워하고 있습니다. 내 마음을 만져 주세요.

계속 마음이 가라않고 성령님이 주시는 지혜의 말씀이 올라올 때까지 숨을 들이쉬면서 성령님 내 품으면서 간구를 계속하시기 바랍니다. 이와 같이 성령님과 날마다 동행하는 삶을 사시기를 바랍니다. 그러면 성령님의 깊은 임재 가운데 마음의 상처나 아픔을 아시고 치유하여 주시고 올바른 하나님이 원하시는 길로 인도하여 주십니다. 우리 모두 성령님을 나의 주인으로 모시고 사시기를 소원합니다.

성령님은 우리를 가르치면서 함께 하십니다. 아무리 함께 하셔도 지식이 없는 동행은 의미가 없습니다. 서로를 알고, 서로의 필요를 알고, 그 가르침이 따르는 것은 말할 수 없는 도움인 것입니다. 성령님은 결코 우리가 무지 속에 있기를 원하시지 않는 분이십니다. 성령님은 가르쳐 주시면서 우리와 함께 하시는 것입니다. 성령님은 지혜와 지식 그리고 모략의 신이신 것입니다. 성령님이 가르쳐 주시는 대로 나아가는 사람은 초자연적인 위대한 삶을 살아가게 됩니다. 이런 사람을 기뻐하시기에 하나님은 세상 끝날 까지 영원히 함께 하시는 것입니다. 성령의 가르침으로 영혼에 만족을 누리면서 예수님께 쓰임을 받기를 바랍니다.

성령님과 함께 하는 사람은 불가능이 없습니다. 우리가 성령님과 함께 거하면 무엇이든지 이루지는 것입니다. 성령님을 부르는 자에게 성령님이 함께 하십니다. 성령님을 찾아야 성령님은 임재 하여 주시는 것입니다. 성령님의 임재를 확인하며 동행하는 즐거움을 항상 누리시어 영혼의 만족을 누리는 우리가 되시기를 주의 이름으로 소원합니다.

이 책을 통해 예수님이 땅끝까지 전파 되기를 소원합니다.
(출판으로 인한 이익금은 문서선교와 개척교회 선교에 사용합니다.)

영혼이 만족해야 성공한다.

발 행 일 l 2016. 02.01초판 1쇄 발행

지 은 이 l 강요셉

펴 낸 이 l 강무신

편집담당 l 강무신

디 자 인 l 강요셉

교정담당 l 원영자

펴 낸 곳 l 도서출판 성령

신고번호 l 제22-3134호(2007.5.25)

등록번호 l 114-90-70539

주   소 l 서울 서초구 방배천로 4안길 20(방배동)

전   화 l 02)3474-0675/ 3472-0191

E-mail l kangms113@hanmail.net

유   통 l 하늘유통. 031)947-7777

ISBN l 978-89-97999-40-8 부가기호 l 03230

가   격 l 16,000원